本书系湖南省教育厅资助科研项目、湖南省高等学校2005年度科学研究项目
"知识经济时代知识分子阶级属性研究"
（编号05B024）的最终成果

本书获长沙理工大学出版资助

马 克 思 主 义 与 当 代 中 国

知识经济时代的知识分子

INTELLECTUALS IN KNOWLEDGE ECONOMY ERA

刘保国 / 著

社会科学文献出版社

SOCIAL SCIENCES ACADEMIC PRESS (CHINA)

目 录
Contents

001 | 导　言

001 | **第一章　知识分子的界定**

　　第一节　知识分子的词源与定义 ………………………… 001

　　第二节　知识分子的特征与分类 ………………………… 009

　　第三节　知识分子的产生与演变 ………………………… 019

027 | **第二章　知识分子的地位**

　　第一节　知识分子地位的演变 …………………………… 027

　　第二节　中国转型时期知识分子的社会地位 …………… 032

　　第三节　知识分子在知识经济时代的地位 ……………… 037

050 | **第三章　知识分子的阶级属性**

　　第一节　马克思主义对知识分子阶级属性的判定 ……… 050

　　第二节　中国共产党对知识分子阶级属性的认识 ……… 064

　　第三节　知识经济时代的知识分子新阶级论 …………… 079

087 | **第四章　知识分子与经济**

　　第一节　知识分子与经济建设 …………………………… 087

　　第二节　知识分子的劳动价值 …………………………… 093

　　第三节　知识分子与市场经济 …………………………… 100

　　第四节　知识分子与知识经济 …………………………… 105

111 | 第五章　知识分子与政治

　　　第一节　知识分子的政治角色：从依附到独立 ……… 111

　　　第二节　知识分子的政治参与 …………………………… 127

　　　第三节　知识分子的政治与学术 ………………………… 133

　　　第四节　知识经济时代西方知识分子的改良主义倾向 …… 140

144 | 第六章　知识分子与文化

　　　第一节　知识分子是文化建设的主体 ………………… 144

　　　第二节　知识分子的精神特质 ………………………… 150

　　　第三节　知识经济时代知识分子的文化使命 ………… 162

170 | 第七章　知识分子与中国现代化

　　　第一节　中国现代化的国情与时代条件 ……………… 170

　　　第二节　知识分子在现代化建设中的作用 …………… 180

　　　第三节　充分发挥知识分子的作用 …………………… 191

202 | 第八章　中国共产党的知识分子政策

　　　第一节　马克思主义的知识分子思想 ………………… 202

　　　第二节　中国共产党知识分子政策的历史演变 ………… 218

　　　第三节　中国共产党知识分子政策的经验、

　　　　　　　反思与启示 …………………………………… 230

244 | 主要参考文献

247 | 后　记

　　知识分子是以脑力劳动为主的社会群体，是人类社会阶级分化的直接产物。知识分子产生的原因和阶级产生的原因是同一的，知识分子形成的过程与阶级形成的过程也是同一的。知识分子的产生、存在和发展从根本上说受生产力发展水平的制约。在生产力水平极端低下的原始社会，没有剩余产品，也就没有由剩余产品供养、专门从事脑力劳动的知识分子。在生产力发展到一定水平之后，足够的剩余产品出现，才能承载相应数量的知识分子。这时，伴随社会分工的发展，知识分子应运而生。

　　知识分子的产生是一部分人得以脱离直接生产劳动的结果。那时的直接生产劳动是与体力劳动联系在一起的，生产的发展使得体力劳动所提供的剩余产品能使一部分人脱离体力劳动，专门从事脑力劳动。在知识经济的时代到来以前，受生产力发展水平的限制，社会能够供养的职业脑力劳动者人数有限，这就决定了知识分子分布的领域狭窄，他们只能在诸如教育、意识形态、政府管理等上层建筑领域工作，其主要任务是进行文化知识的传承、创造和社会的治理。这就使得从事脑力劳动的知识分子被排除在了直接的物质生产活动之外，远离生产领域，与生产关系较为疏远，难以取得自己独立的经济基础，只能依附于其他阶级而存在。

　　知识经济时代的到来，为知识分子摆脱依附的地位提供了条件。20世纪中期以来，科学技术日新月异，生产力水平空前提高，在新科技革命推动下，经济增长方式发生重大变革，知识经济初显端倪。知识经济是以生产力的知识要素为主导的经济。转化为生产力的知识，作为人类智力的结晶，主导经济增长和发展，产生相应的经济效益，就形成了知识经济。它是一种基于高科技和人类知识精华的经济形态。在这种经济形态里，知识代替自然资源成为生产的第一要素。在知识经济时代，知识分子牢固地与生产结合起来了。知识分子的结构主体是科技型、管理型、应用型，这些类型的知识分子直接为生产服务。大批的工程技术人员和管理人员在生产企业中工作，是生产的直接参与者和领导者。大部分科学研究人员虽然不在生产部门工作，但他们研究、开发的基本目的是促进生产发展。今天，教育和行政管理领域的知识分子也都比以前更多地服务于发展生产力。教育是培养高素质劳动力的途径，行政管理则随着国家经济职能的强化，更多地涉及生产发展的各个领域。可见，有些知识分子是直接的生产者，有些知识分子与生产关系很密切，还有些知识分子则与生产有着这样那样的联系，这就使得知识分子彻底摆脱了过去那种远离生产领域，而没有自己独立的经济基础的状况，从而结束了延续几千年的依附地位。

知识经济社会是知识分子的主舞台，知识分子是知识经济社会的建设者和主体力量。与工业经济的利益驱动相比，知识经济形成了知识驱动，大批人将跨入知识分子行列。电子计算机技术在社会生产中的广泛应用，使得社会生产的自动化、信息化、智能化水平不断提高。以计算机为主体的各种信息装置和智能系统不仅完全代替了体力劳动的职能，而且代替了脑力劳动的部分职能。社会物质生产正以不可阻挡之势发生着由主要依靠体力劳动或体力劳动的机械化向主要依靠脑力劳动或脑力劳动的自动化的重大转变。在使用计算机控制和机器人操作的"无人工厂"里，体力劳动消失了。这一伟大的历史转变，要求劳动者必须通过系统学习和训练，掌握科学技术才能从事生产劳动，意味着体力劳动将在生产中逐渐被脑力劳动所代替，脑力劳动将日益成为社会的主要劳动，知识分子将日益成为社会的主要劳动者。

展望未来，可以相信，知识经济社会将经历一个知识分子队伍不断壮大→全民知识分子化→脑体分工消失→阶级消亡的过程。知识经济时代必然是知识分子发挥决定性作用、队伍迅速壮大并上升为社会的主体力量、成为社会物质生产和精神生产的主力军并推动历史进步与发展的过程。与知识分子队伍壮大的过程相反，其他一切阶级包括资产阶级和产业无产阶级的队伍则渐趋缩小。从发达国家的现状和趋势看，农业经济时代遗留下来的农民阶级与工业经济时代的产业工人阶级的绝对数量及其在经济社会中的重要性日益下降；拥有有形资本的资产阶级的历史稳固性发生变异，曾经在历史上起过革命作用的资本家中，那些对力学一窍不通而使用机器的工厂主，那些对化学极其无知的化学工厂主，成了"多余的人从生产过程中消失了"，而"那些不能在任何名义下，既不能用借贷也不能用别的方式占有资本的单纯的经理"① 则走向了历史的前台。这种势头的进一步发展必然导致社会各阶级均向知识分子转化，并加入到知识分子的队伍中来，否则，这个阶级就成为时代的落伍者而惨遭淘汰。在这个转化过程中，越来越多的人将摆脱几千年来主要用体力劳动去从事延续人类自身所必需的物质生产的历史，而以更多的知识性生产去创造精神财富，从事科学、文化、艺术、教育、信息等工作，充分享受知识劳动所带来的快乐与幸福。从而，使得脑体差别的消失，通过体力劳动不断减少，脑力劳动不断增多，脑力劳动最终取代体力劳动来实现。随着知识经济的高度发展，全社会成员都知识分子化，阶级存在的条件被经济发展的成就所消灭时，人类社会就会由知识分子主导的社会进入无阶级的社会。

---

① 《马克思恩格斯全集》第 25 卷，人民出版社，1974，第 436 页。

第一章

知识分子的界定

知识分子是一个被广泛、频繁使用的概念，但关于这一概念却没有一个明确、公认、凝固的定义。可以说，有什么样的知识分子，就有什么样的对知识分子的理解。任何一种定义都只是在特定历史语境下产生的知性认识，知识分子的内涵和外延，总是会随着社会情境和文化情境的改变而不断发生变化。因此，对知识分子的概念界定，不能以一种非历史的、普遍性的并为所有人都接受的方式来进行，而只能将它放在具体的历史语境中加以考察和把握。

第一节　知识分子的词源与定义

一　知识分子的词源

"知识分子"是一个使用极为广泛的词语，但关于什么是知识分子，中外学界并无统一认识。有的人从受教育程度方面来界定知识分子，认为受过高等教育的人是知识分子；有的人从职业类型方面来界定知识分子，认为如教师、记者、编辑、作家、艺术工作者、科研工作者等都属于知识分子。不同的国家、不同文化背景的人，对知识分子的界定存在很大差异。即使在同一国家的不同时期，界定知识分子的标准也不完全相同。

为什么在知识分子的界定问题上众说纷纭呢？这是因为：第一，知识分子是一个历史范畴，它是随着社会生产力发展、剩余产品出现以及脑力劳动与体力劳动分工才产生的，并不是从来就有，也不会永远存在下去，它将随着科学技术的发展，工农之间、城乡之间、脑力劳动与体力劳动之间差别的消失而消失。因此，知识分子是一个发展变化的概念，古今中外，不可能有统一的标准。第二，知识分子有鲜明的时代性，它随着一个国家教育文化发展水平的不断提高而变化，每一个时代都有特定的衡量尺度。例如，我国在 1949 年以前，能识片言只字，能算简单的账的人，就可视为知识分子；新中国成立初期，高级小学毕业就算是知识分子。而今天看来，这只不过是区分文盲半文盲的标准。

尽管对知识分子的界定是形形色色的，要揭示知识分子的真义，仍可从知识分子的词源学意义入手。根据雅克·勒戈夫的说法，知识分子一词出现在中世纪盛期，在 12 世纪的城市学校里传开来，从 13 世纪起在大学中流行。它指的是以思想和传授其思想为职业的人。把个人的思想同在教学中传播这种思想结合起来，勾勒出了知识分子的特点。但他所说的知识分子，只是一个特定概念，主要指中世纪随着城市的发展而从事精神劳动、以教学为职业的教士。而且，这只是雅克·勒戈夫的一种提法，他并没有详细说明和证实知识分子这个词因何出现在中世纪时期，在哪儿出现，是谁首先提出和使用的，等等。这就给后人的争论不休埋下了种子。

从词源上看，知识分子一词有三个来源：英语、法语、俄语。就字面意义而言，知识分子的含义显然与"智力"、"理解力"有关，指那些"智力水平高"、"理解力强"的人，而这一字面含义或者说基本含义首先来源于英语的 intellectual。法语词"知识分子"（intellectuel）开始作名词用是在 19 世纪，俄语中的"知识分子"（интеллигенция）来自波兰语，也是 19 世纪才产生。而英语中作人称名词用的 intellectual 早在 17 世纪中叶就出现了，意思正是"智力水平高的人"、"智者"。此后，随时代更迭，"知识分子"的词义也有变化，但直至今日，"智力水平高的人"仍是它的基本含义。

1. 英语词"知识分子"（intellectual，intelligentsia）

英语中与"知识分子"对应的词有两个：intellectual 和 intelligentsia。据现有文献看，1652 年，玄学派诗人本洛斯（Benlowes）第一个用 intellectual 指人，意为"理解力强的人"、"智者"，其实就是今天的"知识分子"。英语中的 intelligentsia 由俄语的 интеллигенция 转写而来，intelligentsia 在形成后的很长一段时间里，基本只用于俄语国家及东欧社会，英语世界里只要一提 intelligentsia，往往就会与"对现状不满"、"革命者"等词联系起来。不过，随着时间的推移，intelligentsia 一词不再仅仅适用于俄语国家和东欧社会，意思也不仅仅是"对现状不满"、"革命者"，也用来指"任何受过良好教育者"。需要指出的是，学术界普遍认为，英语词"知识分子"有法语和俄语两个源头，且该词在产生时均有"对社会现状不满"、"批判"、"反叛"之义。实际上，学者们在作出这种判断之际不知不觉犯了一个错误：认定"知识分子"只有"社会现实批判者"这一含义。众所周知，在现今实际使用中，"知识分子"除此含义之外，还有"智力水平较高的人"的意思，且后者才是该词的字面含义和基本含义。

2. 法语词"知识分子"（intellectuel）

法语中的"知识分子"（Intellectuel）一词滥觞于 1894 年发生在法国的德雷福斯（Dreyfuss）案件。当时，在法国军官德雷福斯以莫须有的间谍罪名被判终身监禁后，引起了一批具有正义感与社会良知的法国知识界人士的义愤。他们公开抨击这一不公正的审判，以左拉、普鲁斯特等作家为首，于 1898 年在一家报纸上签署发表了要求重审德雷福斯案件的声明，该报编辑克雷孟梭（Clemenceau）给它加上了"知识分子宣言"（Manifesto of Intellectuals）的标题。后来这批具有较高知识水平、为社会正义辩护的人士就被他们的敌对者蔑视地称为"知识分子"。Intellectuel 产生后，虽说常将那些支持德雷福斯的人作为实际指称对象，但其本义仍是指那些"文化水平较高的人"。例如，布律内梯埃（Brunetiere）在 1898 年发表的一篇文章中说："有人最近创造了知识分子这个词，用来指那些生活在实验室和图书馆里的个体，纵使他们是贵族，这件事乃是我们这个时代最荒唐的怪事之一。"① 从这里的"有人最近创造了知识分子这个词"可以得知，intellectuel 一词直到 1898 年仍不为人们所熟悉。知识分子"用来指那些生活在实验室和图书馆里的个体"，表明 intellectuel 的本义就是指有文化的人，至于"批判"、"反叛"之类只是它的次生含义罢了。

3. 俄语词"知识分子"（интеллигенция）

俄语"知识分子"（интеллигенция）一词乃经由波兰文之 intelligencja 演变而来，源自拉丁文的 intelligentia（理解、智力）。该词为整个知识界所接受并流行开来是 19 世纪 60 年代之后的事。интеллигенция 一词产生后，

---

① 〔美〕拉塞尔·雅各比：《最后的知识分子》，洪洁译，江苏人民出版社，2002，第 95 页。

含义并不是单一的。文献表明，在 19 世纪后半期，интеллигенция 一词的语用学含义至少有以下三种：第一，有修养、举止风雅的人，类似于汉语中的"社会名流"；第二，对社会现状不满，富于道德情怀、致力于社会进步的精英分子，这主要是盛行于 19 世纪 70 年代的民粹主义鼓吹者拉夫罗夫、米海洛夫斯基等人对 интеллигенция 一词的阐释；第三，任何受过良好教育的社会成员，这是普列汉诺夫、列宁等俄国早期马克思主义者对 интеллигенция 一词的理解。综上所述，俄语中的 интеллигенция（英语的对应词为 intelligentsia）一词在诞生之时确实含有"对现状不满"、"批判"、"革命"的意思在里面，但这只是它的三个基本含义之一，而非唯一含义。

4. 汉语词"知识分子"考辨

汉语词"知识分子"一词早在五四运动时期即已出现。在 1920 年 11 月 7 日出版的《共产党》第 1 期中，有一篇署名"无懈"、题为《俄国共产政府成立三周年纪念》的文章，其中便使用了"知识分子"一词。该文指出："在无产阶级和资产阶级奋战的时候，他们来助无产阶级；并且无产阶级的群众，反为他们的知识分子所引率。"[1] 1925 年 1 月下旬，中国共产党青年团第三次全国大会通过的《宣传及煽动决议案》再度使用了"知识分子"一词："本团的宣传工作，应当矫正从前专注重一部分较进步的知识分子的弊病。"[2] 上述较早使用"知识分子"一词的几个实例表明，该词并非译词，也非借形于日语（日语中并无"知识分子"一词）。

汉语词"知识分子"是五四运动时期及稍后一代学人在"知识"、"分子"两词已被广泛使用，"知识阶级"一词业已十分流行的情况下，依照汉语本身表达需要而创出的新词。"知识分子"一词在 1925 年被重新使用后，人们很快便发现它在语言表达上比"知识阶级"更灵活、更好用。人们可以在其前面直接加"一个"、"两个"、"某些"、"爱国"等数量或性质限定词，也可用之指称整个群体，代替"知识阶级"。是故，相对于"知识阶级"，越来越多的人更喜欢用"知识分子"。1949 年后，"知识分

---

① 无懈：《俄国共产政府成立三周年纪念》，《共产党》1920 年第 1 期，第 9 页。
② 共青团中央青运史工作指导委员会、中国青少年研究中心、中央档案馆利用部编《中国青年运动历史资料》第 2 册，中国青年出版社，1957，第 53 页。

子"成了国人的常用词，而"知识阶级"却日趋生僻，难得一用了。

尽管"知识分子"只是一个近代的语词，但并不是说具有知识分子特征的群体或个体仅仅出现在近代，事实上，知识分子所具有的精神特质也不是在 Intellectual 或 intelligentsia 出现之时或之后才得以形成并呈现的。在人类文明的不同历史阶段，我们都能够找到近现代知识分子的原型，或者说近现代知识分子依然有其古代形态和历史渊源。尽管岁月悠悠，称谓各异，行为方式也大不相同，但在精神特质上，他们却有着公共性、共通性和一致性。

二 知识分子的定义

知识分子是一个历史的文化的范畴。作为一个社会阶层，它是在人类发展的一定历史阶段和一定的文化条件下产生的。在不同历史时期和文化背景下，人们对知识分子的理解和界说也颇为不同，可谓仁者见仁，智者见智。然而，关于知识分子的理解和界说是否已经到了毫无共识的地步呢？回答是否定的。

在各种各样的诠释中，有几点或几个前提是被普遍认可的：首先是知识水平，亦即知识分子必须具备高出社会一般成员的知识或文化水平。这其中最具有量化性的标准便是学历。当然，具备什么样的学历才有资格成为知识分子，则又是一个历史的标尺。其次是劳动性质，也就是说，知识分子一般是脑力劳动者。再次，是工作或职业性质，也就是说知识分子一般是在文化、教育、科技领域内工作，以精神生产活动来养活自己并贡献于社会的人。最后是社会角色，知识分子代表着社会的良心，是人类基本价值的维护者。依上述几个标准或前提，学界的主流看法是，知识分子是受过专门训练，掌握专门知识，以知识为谋生手段，以脑力劳动为职业，从事精神生产活动，具有强烈的社会责任感的群体。

知识分子的这一定义包含以下几层意思：第一，知识分子是具有较高文化知识的人。所谓文化知识，是人类在社会实践中所取得的认识成果的结晶，包括经验知识和理论知识。经验是知识的初始形态，系统的科学理论是知识的高级形态。高级形态的知识通常表现为概念、判断、推理、假说和想象、预见等思维形式和范畴体系。知识分子是指有文化知识的人，而且具有较高的知识水平。第二，知识分子主要以精神劳动或脑力劳动为职业。一般而言，知识分子主要从事脑力劳动，进行精神生产。脑力劳动的特点是：以消耗脑力为主，表面清闲，实际上很艰苦，常常要夜以继日地工作，每一件精神产品的创作都是知识分子殚精竭虑的结晶；脑力劳动属于复杂劳动，创造的价值远远高于体力劳动；与体力劳动相比，知识分子的脑力劳动表现出更明显的创造性、求新性和探索性。第三，知识分子扮演着大众启蒙者的角色，代表着社会正义和良知。知识分子除了献身专业工作以外，同时还必须深切关怀国家、社会乃至世界上一切有关公共利害之事。社会之所以产生并需要知识分子，主要就是由于要有一批以从事脑力劳动、精神生产为职业的人群来关心民众与社会，为社会的进步奔走呼号，极大地促进人类基本价值的实现。第四，知识分子在经济发展和社会进步中发挥着重要作用，而今后随着科技的发展和社会进步，知识分子的作用会越来越大。科学技术已成为第一生产力，知识和知识分子的价值上升是不可逆转的时代大趋势。

在上述关于知识分子的界定中，许多学者特别强调第三点，即认为知识分子应当具有社会批判精神，并以此形成其社会角色，即作为真理、正义的代表而存在。美国学者利普塞特和巴苏认为："大多数讨论知识分子问题的分析性文献都强调了他们那种看来像是与生俱来的批判现状的倾向，而这种批判则是从一种自命高明的，以为放之四海皆准的理想观念出发的。"① 具有批判性反映了知识分子对于人类社会的一种广泛的关注，对于现实不合理的不妥协，以及基于真理、正义立场对社会、政治的怀疑和针砭。科塞也说："知识分子从不满足于事物本身，不满足于习俗惯例，他们从一个更高的、更广大的真理的角度去怀疑现今的真理。"② 而萨义德更是指出，知识分子是这样一种人，"他或她全身投注于批评意识，不愿接受简单的处方、现成的陈腔滥调或迎合讨好、与人方便的肯定权势者或传统者的说法或做法。"③ 基于这种对世俗社会存在的不合理现象的批判，知识分子在形象上必须具有超人的道德和智慧，并始终站在永恒的真理和正义的立场上。正如余英时总结说："今天西方人常常称知识分子为'社

---

① 梁从诫主编《现代社会与知识分子》，辽宁人民出版社，1989，第132页。
② L. Coser, *The Men of Ideas*, New York, Free Press, 1970, p. 328.
③ 〔美〕萨义德：《知识分子论》，单德兴译，三联书店，2002，第43页。

会的良心'，认为他们是人类的基本价值（如理性、自由、公平等）的维护者。知识分子一方面根据这些基本价值来批评社会上一切不合理的现象，另一方面则努力推动这些价值的充分实现。"① 对于知识分子这样的界定，与其说是一种描述，不如说是对于知识分子应该是什么的一种目标指引。但是这样的一种目标在现实中却很难得以实现。各种基本的价值在现实生活中的冲突，导致了知识分子选择的困难；而知识分子理想角色的光辉也就在遵从不同价值原则作出不同选择的过程中大打折扣。

余英时认为，西方学人所刻画的知识分子的基本性格和中国的"士"极为相似。孔子所最先揭示的"士志于道"便已规定了士是基本价值的维护者。这一原始教义对后世的士发生了深远影响，而且越是在天下无道的时代越显示出它的力量。汉末党锢领袖如李膺，史言其"高自标持，欲以天下风教是非为己任"，北宋承五代之浇漓，范仲淹提倡士当"先天下之忧而忧，后天下之乐而乐"，终于激起了一代读书人的理想和豪情。明末东林党人事事关心，一直到近现代还能震动中国知识分子的心弦。如果根据西方的标准，士作为一个承担着文化使命的特殊阶层，自始便在中国历史上发挥着知识分子的功用。

可见，知识分子不同于一般意义上有知识的人，不同于只知"独善其身"的读书人，不同于陷进专业的学者。"知识分子在他们的活动中显示出一种对社会核心价值的显著关心。他们是寻求提供道德标准和维护有意义的一般象征的人……他们认为自己是像理性、正义和真理这样的抽象观念的专门看护人，是常常在市场与权利场所遭到忽视的道德标准的谨慎的保护人。"② 所以，真正的知识分子除了知识之外还应有道德和良知，除了科学世界之外还应有人文世界，除了知识的世界之外还应有人的世界、人类的世界。知识分子除了对真的追求之外还应有对善的眷恋，除了对真理的求索之外还应有价值的担当。

在这里，知识分子并不是通常所理解的脑力劳动者，而是指脑力劳动者中关心人类文化价值、具有社会责任担当意识的那一部分人，大体上相当于"思想家"。如果一个杰出的科学家竭其一生，不辞辛劳地发明了原

---

① 王小波等：《知识分子应该干什么》，时事出版社，1999，第 4 页。
② 张汝伦：《思考与批判》，上海三联书店，1999，第 521～522 页。

子弹，为人类文化添加了重要的内容，但是他却没有在发明过程中探究原子弹可能带来的后果，那么，这样的科学家是创造者，但不属于典型的知识分子。一个科学家或学者不一定就是知识分子，除非他关注事关社会乃至整个人类发展的大问题（如战争、贫穷、可持续发展等）；一个小说家或电影导演也不一定就是知识分子，除非他写作、导演的东西不纯为感官娱乐而或明或暗地触及深层次的社会问题。与此相关，知识分子有一个被认为是基本界说的特殊含义，即知识分子是一个关心他所身处的社会及时代的批判者与代言人。

应该说，这样界定的知识分子是理想化的知识分子。但是在现实生活中，这种典型的知识分子毕竟只是极少数，通常我们所说的知识分子并不是指这种理想化的知识分子形象。在《现代汉语词典》中，通常把知识分子解释为"具有较高文化水平、从事脑力劳动的人。如科学工作者、教师、医生、记者、工程师等"①。按照罗森塔尔和尤金主编的《简明哲学辞典》，知识分子是由脑力劳动者所构成的社会阶层，工程师、技师及其他技术人员的代表、医生、律师、艺术工作者、教师、科学工作者和大部分职员都属于这一社会阶层。随着现代化进程的不断推进，西方学术界有关知识分子的认识明显地对我国产生了巨大影响。仅从近几年大量刊发的有关知识分子的文章中就可以发现，学术界、思想界甚至包括理论界的相当一部分人，实际上已经越来越多地接近了西方学术界对"知识分子"本质的学理认识。人们普遍认为，知识分子主要不是由其职业特点决定的，而是由建立在其职业特点基础上的批判性和道义担当决定的。笔者在本书中虽然有时也遵从学术界的这一理解，但主要从宽泛的意义上使用"知识分子"这一概念。

需要指出的是，在中国现当代历史研究的语境中，知识分子界定问题上的主流观点是从政治视角出发、围绕着知识分子的阶级属性展开的。换句话说，对知识分子阶级属性的定位成为界定知识分子、评价其历史和现实作用的基点。提起知识分子，首先就是关于其阶级性的界说——是属于资产阶级、小资产阶级的还是无产阶级的。然后，再据此来分析其在历史和社会中的角色和地位。这种研究范式的形成有其特定的历史和社会背

---

① 《现代汉语词典》，商务印书馆，2005，第1746页。

景。中国共产党在 1949 年以前，是作为一个革命者出现在历史舞台上的，是一个革命的政党。革命，首先必须有一个清晰的敌、我、友的判断。正如毛泽东所说："谁是我们的敌人？谁是我们的朋友？这个问题是革命的首要问题。"① 一个革命政党，必然也必须对社会上的各种群体作出阶级分析和阶级划分，知识分子作为一个社会群体，也必然被革命政党放在阶级分析框架内、放在革命斗争的视野下加以审视。中国共产党在民主革命时期，关于知识分子的主体属于小资产阶级和资产阶级的理论，关于知识分子应该走与工农相结合的道路，关于知识分子必须努力改造世界观以成为无产阶级知识分子的政策等，有其特定的历史合理性和正当性，对此必须给予"同情的理解"和评价。

第二节　知识分子的特征与分类

一　知识分子的特征

与其他社会群体相比，知识分子具有明显的特征，这就是知识性、流动性、开放性和批判性。

1. 知识性

知识分子是受过专门训练，掌握专门知识，懂得使用象征符号来解释宇宙人生的人，他们实现自身价值或影响社会的方式是通过脑力劳动而不是体力劳动。作为脑力劳动者，知识分子与非知识分子的差别不仅表现在知识的多少即量的差别上，而且表现在知识的形式即质的差别上。在人类认识史上，正是"形式"的一次次更新极大地促进了认识的扩展和深入。这种认知形式的本质变化，就是一种种新的符号象征系统、"新语言"的产生。人类在早期的生活中积累了大量的知识，这些知识口口相传。随着生产、生活的进一步社会化和复杂化，逐渐产生了文字——第一种可记录的符号象征系统。最初专门掌握文字的人——最初的知识分子，也因为掌握了一种特殊"语言"，而成为显赫的阶层——文士阶层。其后，随着人

---

① 《毛泽东选集》第 1 卷，人民出版社，1991，第 3 页。

类认识向大自然的深度挺进，又形成了一套套自然科学的语言：数学的语言、力学的语言、化学的语言。20世纪数理逻辑和计算机的发展又带给人们一种崭新的"电脑语言"。这一套套语言都是人类的思维模式和工具，也是人类对大自然及自身思维结构的理解和把握。掌握了这种种特殊语言系统的人就是各个历史阶段中的知识分子。

根据唯物史观，知识分子是社会历史发展到一定阶段的产物。恩格斯指出："当人的劳动生产率还非常低，除了必需的生活资料只能提供微少的剩余的时候，生产力的提高、交换的扩大、国家和法律的发展、艺术和科学的创立，都只有通过更大的分工才有可能，这种分工的基础是，从事单纯体力劳动的群众同管理劳动、经营商业和掌管国事以及后来从事艺术和科学的少数特权分子之间的大分工。"[①] 这就是说，知识分子是社会分工即脑力劳动和体力劳动分离的产物。由此而论，知识分子是社会的"脑力劳动者"。

当代社会学大师帕森斯（T. Parsons）从结构功能主义出发，揭示了知识分子存在的文化根源。帕森斯认为，知识分子的存在依赖于文字的出现和哲学的突破。文字的出现是知识分子产生的首要前提，而哲学的突破是知识分子出现的重要条件。哲学的突破是指人对自身赖以生存的自然环境、宇宙世界有了一个概念化的掌握，即意识到人与世界的关系。人不只是一个生物性的存在，他除了生物性的需求之外，还有心理性的需求，即对于生命意义的追求，对终极价值的追求，同宇宙世界接触的追求。为了满足这种需求，出现了文化事务专家即某种意义上的知识分子。知识分子最主要的功能就是思索解答这些问题。这就是知识分子几乎都起源于教士、先知、哲学家的原因。因此，知识分子的功能主要是文化性的，他们所从事的是有关价值、观念、符号等文化性的活动。在社会发展的早期，文字是极少数人能够掌握的象征符号，因此具有"神圣的"性质。在一个文字被社会大众崇拜的社会里，知识分子才能成为一个阶层，一个身份集团。从这个角度看，知识分子是文化事务专家，而非一般的脑力劳动者。也可以说，知识分子是脑力劳动者中关心并从事创造、阐发、传播文化价值的那一部分人。

---

① 《马克思恩格斯选集》第3卷，人民出版社，1995，第525页。

2. 流动性

知识分子以知识为谋生手段，以脑力劳动为职业，形成一个与社会中其他阶级不充分整合的、不依附于现存体制的、"自由飘游"的、相对独立的社会阶层。

知识分子仅仅掌握知识而不占有物质生产资料，在社会生产关系体系中并不占有独立的地位，在某些社会的特定历史时期，甚至也不同任何一个社会阶级或阶层充分整合，因此，知识分子本身不是一个独立的社会阶级，而是一个社会中相对自由飘游的集团。马克思在《关于费尔巴哈的提纲》一文中就统治阶级的情况指出，分工也以精神劳动和物质劳动的分工的形式出现在统治阶级中间，精神劳动者的任务是为本阶级制造思想和理论，并为之鼓吹和传播，以至为之培养干部和产生领袖人物。被统治阶级之有知识分子，也同样是出于阶级内部分工的需要。知识分子的社会属性是固定的，但在特定的历史条件下会发生阶级属性的质变。因此，他们在各阶级之间有流动性，这一阶级的知识分子经过质变过程流向那一阶级，成为那一阶级的一部分。

从阶级性上看，知识分子是一个易变的社会群体。知识分子没有一成不变的统一的利益、统一的理想，他们分散在各个阶级中与所属阶级有统一的利益和一致的理想，成为所属阶级的成员。但他们与本阶级的其他人员有不同的特点，即他们是知识分子，从事脑力劳动。马克思在划分社会群体时，主要从经济关系考察社会，特别是依据生产关系的不同，将社会成员划分为不同的阶级。按照马克思主义的观点，在阶级社会中，每个社会群体都不能游离于阶级之外。阶级属性无疑也是知识分子这个集团的最重要的社会属性，或者说知识分子不能不具有阶级性。与社会基本阶级相比，知识分子在阶级性方面又有着自己的特点。知识分子特别是人文知识分子虽然不能说是完全站在生产关系之外，但他们与生产关系确实较为疏远，其阶级性远不如那些社会基本阶级如奴隶和奴隶主、农民和地主、产业工人和资本家所表现的那么强烈。由于阶级性不那么鲜明，他们在社会阶级中就有一定的选择余地，比那些基本阶级更易于改变自己的身份。资本家要改变自己的身份，就要摒弃私有财产，这是相当不容易的；地主要改变自己的身份，就要放弃原有的土地，也是很少有地主愿意的；至于要奴隶主卖身为奴，则更是难上加难。而知识分子要改变自己的身份，则是相对容易的。他们因为无恒产，在政治立场、思想倾向的改变上就没有这些身外之物的羁绊。

原始社会个别出现的知识分子作为整个社会的一员，是为原始社会的全体成员服务的。在阶级社会中，知识分子则是分别为其所属的各个阶级服务的。列宁指出："知识分子之所以叫知识分子，就是因为他们最有意识、最彻底、最准确地反映了和表达了整个社会的阶级利益的发展和政治派别划分的发展。"① 在这里，列宁清楚地指出了知识分子存在于"整个社会的阶级"中。这就是知识分子能在社会各阶级之间流动的基础。

正是由于知识分子具有流动性，各个阶级对知识分子的争夺也十分尖锐，统治者为了巩固自己的统治要争取知识分子；被统治阶级要推翻统治者，也要争取知识分子。在奴隶社会，大多数知识分子都转到奴隶主方面去了，但奴隶阶级仍然有自己的知识分子。在封建社会，既有农奴主和地主阶级的知识分子，也有农奴和农民的知识分子，还有小工商业者以及后来的市民阶级（即资产阶级的前身）的知识分子。在资本主义社会，资产阶级大多数不是自己出马，而是通过选举由资产阶级知识分子组织政府，代替资产阶级对全国实行统治和管理。

知识分子在社会各阶级之间的流动是有原则的，就是按照知识分子的运动规律而流动。一般地说，没落腐朽的统治阶级，总是无力维持社会繁荣和政治安定，总是闹得经济衰退、民生凋敝、社会混乱、政治腐败，这就必然逼得大多数知识分子颠沛流离，无法安居乐业。这种政治经济的存在，决定他们的思想要疏远、离开旧的统治阶级。同时，他们有觉悟有远见，能看到新兴阶级的光辉前途，这就决定他们的思想行动要转向新兴阶级，真正成为新兴阶级的代言人和先行者，从而促进历史向前发展。可以说知识分子的历史任务，主要在于推动历史的前进。凡是担负着历史前进任务的阶级，知识分子就向它流去；凡是逆历史潮流的反动、没落的阶级，绝大多数知识分子是不会投向它的。知识分子的总趋势是向前进步，这是历史规律。新兴阶级在发展的过程中，一面大力培养自己的知识分子，一面竭力争取别的阶级的知识分子。新兴阶级只有在拥有了一支相当强有力的文化队伍之后，才能取得胜利。

---

① 《列宁全集》第 7 卷，人民出版社，1986，第 324 页。

知识分子为什么会趋向新兴阶级，除了决定性的自身运动规律外，还由于知识分子独特地担负着继承、发展科学文化的历史任务。社会生产力总是不断向前发展的，在社会正常发展的时期中（在革命突变时期有所不同），总是科学文化的发展引导着生产力的发展。所以，知识分子必然具有明显的或潜在的进步性和阶级属性质变的可能性。到了社会主义社会，由于剥削阶级作为一个阶级已经被消灭，作为精神生产劳动者的知识分子的属性理所当然属于工人阶级，是工人阶级的一部分。由于知识分子独特地担负着发展科学文化的任务，他们还是工人阶级的精华部分。

3. 开放性

知识分子的另一个重要特性就是其开放性和超越性。前述知识分子的流动性侧重于知识分子流向不同阶级；这里所说的知识分子的开放性则侧重于不同阶级的成员均可流向知识分子。所以，从成员来源上看，知识分子是一个开放的社会群体。

一般来说，社会各阶级和各阶层都不是封闭的。上层社会中总有一些来自下层的攀升人士，下层社会中也不免有一些过去上层的坠落者。但对于许多社会阶层来说，这种流动是不显著的。封建的等级制、财产的继承制，都在相当大的程度上阻塞了阶级阶层流动的通道。相对来说，知识分子在本质上是开放的，其成员是从社会各个阶层中不断得到补充的。个人知识没有继承性，它是在后天努力的基础上获得的。知识分子也很难将自己的聪明才智"遗传"给自己的后代。洛克菲勒的财富遗留造就了一个巨大的财富家族，而爱因斯坦的后代却并不见之于知识界。知识是凝聚在个人身上的财富，个人生命的终结就意味着凝聚在个人身上的知识的终结，所以，知识分子的后代，并非一定能成为知识分子。许多知识分子也并非出自知识分子家庭。知识分子的后代成为知识分子的比例虽然较大，但这并不存在像财富那样的直接继承，而且知识分子的后代不同于父辈的可能性更大。知识分子在各种社会中都显示出比其他阶层更为开放的特征。例如，在中国的科举制下，进入知识分子行列的，包括最高的进士层次，也有将近一半的人来自布衣家庭。在社会生产力水平提高、人们普遍有望成为知识分子的时代条件下，这种开放性就更加显著。不同的阶级来源，使他们或多或少地烙上了所出身阶级的政治倾向和思想观点的印记。

从事知识创造和解释的知识分子在很大程度上可以不受社会条件的限制，可以来源于所有的社会阶层，其群体中的成员出身具有完全的开放性，这还表现在他们的思想来源上。知识社会学的创始人曼海姆在他的名著《意识形态与乌托邦》中认为，知识分子可以持有任何阶级的观念，或者综合所有阶级的观念，这种开放性正表现了知识分子可以超越所有的阶级阶层利益，提出自己宝贵的见解。他们都表现出一个共同的特点：对社会公共问题的共同关怀，无论他是历史学家还是经济学家。显然，我们不能仅仅以功利主义或者经济利益的诱惑去解释这些不同专业背景的学者和专家对公共问题关注的动机，这恰恰表明了知识分子本来就有一种天然的社会责任感和重要特性：开放性。

阶级学说常常把知识分子开放性或思想上的超越性批判为"知识分子脱离社会"。其实，社会是一个分工的社会，分工越来越细，人们的活动越专业，离社会就会越远。从这个意义上看，没有一个人不脱离整体。我们能够说知识分子脱离社会，其他人群不脱离吗？每个人只知道社会非常小的一部分，大部分事情都不知道。认为知识分子脱离实际事物，脱离工农业生产，可是这种脱离有时恰恰为他们提供了某种从事实际工作的人所不具备的眼光。从事实际工作是有代价的，从事者往往眼光很受局限；相反，知识分子正是因为脱离实际事物，而具备了超越实际事物的一种眼光。从事实际工作的人容易养成一种实用主义的倾向，而教育在更大程度上不只是要培养实际操作能力，更是要培养出一种眼光，要帮助人们获得更多的参照系，开拓人们的想象力。知识分子因为没有从事实际工作，没有卷入阶级，所以才具有了一种超越的眼光。

4. 批判性

知识分子具有强烈的社会责任意识，对现状往往不满，对时政往往采取批判态度。这就是知识分子的批判性。

知识分子的功能表现在解释外在世界，自然总是倾向怀疑与批判，他的想法和看法与社会现状总有距离。没有一个现实社会是圆满的，因此知识分子总是对社会现状不满足，总是批判他所处的社会，总是企图按照理性和自己的理想改造或改良社会。这也许是古今中外典型的知识分子的形象。由于这个形象，他们被浪漫地认同为社会的良心。马克思、恩格斯可算是典型代表，他们创立了科学社会主义学说，揭示了资本主义社会发生、发展以至最终灭亡的客观规律，号召无产阶级充当资本主义的掘墓人，敲响旧制度的丧钟。马克思、恩格斯被尊奉为"无产阶级革命导师"，但是他们并非来自无产阶级，其真正的社会成分是知识分子。就此而言，知识分子又是社会的自我批判力量及大众的代言人。知识分子在法国就被称为对现实和传统具有批判精神并且受过教育的人，他们通过批判活动去直接或者间接地影响社会。在19世纪的俄国和波兰，有很多学者对当时的社会秩序和社会体制相当不满并进行强烈的批判，由于他们以其对现实的批判精神著称，批判性成为他们的共性，一开始就被认为是知识分子的重要特性。在落后社会与现代社会共存的时代里，批判性的知识分子或者知识群体更容易在落后社会里诞生。

知识分子的批判性总是与怀疑精神和犹豫态度联系在一起的。而这也遇到了阶级社会学的批判。一种批判是在革命的时代，政治家认为知识分子在加入革命队伍时，不坚定不可靠，总处于犹豫状态。其实，犹豫怎么来的？它产生于怀疑。怀疑应该是知识分子的特征，也是科学的特征，科学的本质就是怀疑精神。想得越多、越深的人，越容易犹豫。想得少，没有参照系，信息少，往往比较坚定。知识分子常与各种思想理论打交道，容易受到各种思想的影响。一般来说，如果一个知识分子没有被某一种理论完全征服，或通过自己的探索坚信某一种理论为唯一正确的理论，那么他就很有可能在各种理论和思想之间摇摆不定，随波逐流。在社会大变革时期，当知识分子所维系的正统思想受到冲击甚至破灭之时，他们更是显得彷徨和无奈。而很多理论并非绝对真理，往往真理中混杂着谬误，谬误中包含着真理，都只是在一种层面上有道理，又都在另一种层面上没道理，知识分子难以在其中进行有效选择。知识分子所受的科学训练，使得他们考虑问题时总要去怀疑前人的解释，寻求比前人更加完美的解答，而完美的解答谈何容易？知识分子没有皈依一个解释、一个答案。搞科学的人精神处于悬置状态，没有去信奉什么，将自己放在一个未定的状态中，不断思考自己的前提，为"绝对"打上问号，这些都是智力活动的必要基础，是科学的本质。这种悬置状态是很特殊的状态，不是人人都能承受的。有的人希望很多东西都是确定的，愿意每个问题都有答案。他们不能忍受讨论了半天还没有答案。其实，人的一生当中，不是每段时期都是一样的。大多数人到了中年后思想趋于稳定，只有一部分人终生保持不确定状态，处于悬置状态，这一部分人就是知识分子。社会是分工的社会，有些人固守一些观念，还有些人富于怀疑精神，社会需要一些这样的人。

二　知识分子的分类

许多学者对知识分子进行过分类，所有的分类都是在某一定义的基础上，根据某一维度进行的。

从知识分子与社会现实的关系上来说，可将知识分子分为专业知识分子和批判知识分子。专业知识分子以冷静的态度对对象进行客观的审视和研究，一般对社会现状不太关心，即便关心，也只是将其作为普通研究对象来关心。批判知识分子对社会现状强烈关注，且往往以"真理代言人"、"正义担当者"的身份对其进行充满激情的批判，许多批判知识分子都有自己的特殊研究领域，而且是该领域的佼佼者。他们在业已取得专业声望的基础上，利用这种声望和影响力，对现实予以评判。

根据对对象关注的不同，可将知识分子分为科技知识分子和人文知识分子。科技知识分子主要以实验的、实证的、量化的、情感中立的方法观察研究对象；人文知识分子主要以想象的、情感介入的方法观察对象。当然，大部分科技知识分子以自然界为关注对象，大部分人文知识分子以人类社会为观察对象。

从在社会中所处的位置来看，可将知识分子分为体制内知识分子和体制外知识分子。体制内知识分子被现行体制收编在册，如科学院院士、大学教授等。体制外知识分子活动于体制之外，如自由撰稿人等。

根据职业方式，知识分子又可作不同的划分。社会分工所产生的劳动方式是区分知识分子与非知识分子的主要标志之一，而劳动性质的差异则形成了简单的体力劳动与复杂的脑力劳动之分，以及直接为社会创造物质财富的脑力劳动和间接为社会创造物质财富的脑力劳动之分。知识分子的职业结构和职业形态也由此而出现。第一，从劳动任务上讲，知识分子可以分为理论型知识分子和操作型知识分子。前者的基本使命在于构建各种基本理论和探索客观规律，后者的主要职责在于在一定理论指导下将抽象的理论转换为具体的操作程序和物质形态。第二，从劳动对象上讲，知识分子又可分为传播授业型知识分子、科研创造型知识分子、文化艺术型知识分子、管理服务型知识分子和工艺技术型知识分子。传播授业型知识分子以传授、转移、加工知识为主，如教师、新闻工作者；科研创造型知识分子以基础理论和应用开发研究为主，如科学家、专利发明人员；文化艺术型知识分子以文学创作和艺术表演为主，如作家、演员；管理服务型知识分子以掌握管理知识（技术）并为社会提供中介服务为主，如律师、经济管理人员；工艺技术型知识分子以应用或实现知识（技术）并直接从事物质生产过程为主，如工程技术人员、设计人员及医务工作者等。

著名社会学家默顿是最早对知识分子进行类型划分的学者之一。他说："我们可以便利地把知识分子划分为两大类型，那些在官僚组织中行使顾问或技术功能的知识分子，和那些不捆绑在任何官僚组织上的知识分子。"他认为前者要屈从组织机器，听命于上级命令。"政策制定者提供目的，我们这些技工在专业知识基础上提供达到目的可供选择的手段。"[1] 因此，这类知识分子自由选择的范围十分狭小，而不捆绑在官僚组织上的知识分子的自由度大得多。

葛兰西将知识分子分为传统的知识分子和有机的知识分子。葛兰西认为，在当今社会，过去以"自由漂游者"形式存在的知识分子队伍继续存留了下来，并不同程度地适应新阶级和新社会的要求，这就是所谓"传统的知识分子"，如牧师、大学教授等，他们大体保持了"无所归属"和"无根基"的状态和境遇。随着社会的进步和知识分工越来越细密，随着知识体制的不断发展和完善，当代的知识分子也越来越趋向于专业化和有机化，成为某个阶级或利益集团的"代言人"，这就是"有机的"知识分子。例如，在军队里从事知识分子工作的军官、公司法律顾问、企业的代言人等都属于此类。

齐格蒙·鲍曼把知识分子分为作为立法者的知识分子和作为阐释者的知识分子。他认为，知识分子社会地位的变迁表明：用"立法者"描绘的知识分子的传统职能，正逐渐被另一种职能——"阐释者"职能——所取代。在后现代文化理论中，知识分子的立法者角色最终被放弃，而阐释者的角色逐渐形成。"立法者"角色这一隐喻，是对典型的现代型知识分子职能的描述。作为"立法者"的知识分子掌握了一整套客观的、中立的、

---

[1]　R. Merton, *Social Theory and Social Structure*, Glencoe, 1957, pp. 165, 167.

程序性的陈述和规则，所以他们能够超越其他阶层，成为知识的仲裁者。"阐释者"角色这一隐喻，是对典型的后现代型知识分子职能的描述。到了后现代社会，由于整个社会开始多元化，所以整个知识系统也开始解体，不再有一个统一的知识场。这样，知识分子的功能实际上发生了变化，变成了一个"阐释者"。

福柯把知识分子分为普遍型知识分子和特殊型知识分子。前者作为普遍价值的代表让人们倾听其呼声，但现在看来这已经是历史了，因为他们已经销声匿迹了。由于科学技术的发展，现代知识分子已经不再充当原来的角色了，现在只剩下在各专业领域里忙碌的"专门家"，他们作为专家、学者在特定的部门工作，而不研究普遍的、典范的知识，也不代表超验的价值。福柯认为，我们正处于一个必须对特殊型知识分子的职能重新考虑的时刻，虽然还有人在怀念普遍型知识分子，但特殊型知识分子的作用越来越重要。当代，随着科学技术的快速发展和知识经济的悄然兴起，似乎越来越证明了福柯的正确性。

我国学者郑也夫在文化层次中自下而上把知识分子分为四种类型：①非文化型知识分子，他们具有大学学历，但不从事文化工作，而在机关部门从事管理和事务性工作。②传授与应用型知识分子，这类知识分子直接从事某种知识活动，他们基本上不是创造，而是传播和应用现有知识，如教师、工程师、临床医生等。③创造型知识分子，这类知识分子大体上包括学者、科学家、作家、艺术家中对新知识、新思想作出一定贡献的人。④批判型知识分子，这一类型知识分子的特征是："他们在精通某一符号系统的同时企图超越它，企图认识各符号系统之间的关系，并综合各个符号系统中的全部知识探讨人生、社会、自然中更一般、终极的问题，他们把专家在本专业内的怀疑与创新精神推向一般的、普遍的领域和重大的、终极的问题上。"[①] 这种划分并不表示知识的多少，而是着重表示不同的人、不同的职业角色在不同的层次上，以不同方式同知识文化发生关系。

需要指出的是，对知识分子的各种分类只是出于研究知识分子整体的需要，而不是知识分子群体之间的绝对的分界。

---

① 郑也夫：《知识分子研究》，中国青年出版社，2004，第15页。

第三节　知识分子的产生与演变

一　知识分子的产生

知识分子的产生与阶级的产生密切相关。阶级是社会结构中处于特定地位的社会集团。知识分子是以脑力劳动为基础的社会群体。阶级是与生产资料的占有与否相联系而划分的社会集团，知识分子是与劳动的具体形式为分野而划分的社会群体。作为以脑力劳动为基础的社会群体，知识分子是人类社会阶级分化的直接产物。

知识分子的产生从根本上说受生产力发展水平的制约。在生产力水平极端低下的原始社会，没有剩余产品，也就没有由剩余产品供养的从事脑力劳动的知识分子。生产力水平的高低既决定着剩余产品的有无，也决定着脑体分工的程度。生产力水平越高，脑力劳动的比率越大。在漫长的原始社会，生产力水平极其低下，为了维持生存，人类不得不从事艰难繁重的体力劳动，不可能出现独立的专门的脑力劳动。伴随着生产力的不断发展，产生了剩余产品，为脑力劳动和体力劳动的社会分工提供了物质前提，三次社会大分工及随之而来的私有制、阶级和国家的产生又为脑力劳动和体力劳动的分工提供了社会条件。在此基础上，专门从事社会和国家的管理、宗教艺术、科学研究等活动的脑力劳动者就出现了。也即当人类走出野蛮蒙昧的原始社会，进入奴隶社会之时，随着社会生产力水平的提高，出现了剩余产品及脑力劳动和体力劳动的分工，一小部分人不再直接参加社会物质生产劳动，而专门从事自然、社会、宗教等问题的思考和文学艺术的创作，这一部分人就是人类历史上的第一批知识分子。

马克思、恩格斯详细分析了社会分工在知识分子产生过程中所起的作用。他们在《德意志意识形态》中指出："分工起初只是性交方面的分工，后来是由于天赋（例如体力）、需要、偶然性等等而自发地或'自然地产生的'分工。分工只是从物质劳动和精神劳动分离的时候起才开始成为真实的分工。从这时候起意识才能真实地这样想象：它是同对现存实践的意识不同的某种其他的东西；它不想象某种真实的东西而能够真实地想象某种东西。从这时候起，意识才能摆脱世界而去构造'纯粹的'理论、神学、哲学、道德等等。"马克思在"真实的分工"这几个字的页边上写道："与此相适应的是思想家、僧侣的最初形式。"① 后来，恩格斯在《家庭、私有制和国家的起源》中又对分工的发展作了详细的论述，提出了三次大分工的模式：第一次社会大分工是游牧部落从其他野蛮人群中分离出来；第二次社会大分工是手工业与农业的分离；第三次社会大分工是商业同畜牧业、农业、手工业的分离。恩格斯说："当人的劳动的生产率还非常低，除了必需的生活资料只能提供很少的剩余的时候，生产力的提高、交往的扩大、国家和法的发展、艺术和科学的创立，都只有通过更大的分工才有可能，这种分工的基础是从事单纯体力劳动的群众同管理劳动、经营商业和掌管国事以及后来从事艺术和科学的少数特权分子之间的大分工。这种分工的最简单的完全自发的形式，正是奴隶制。"② 人类原始社会的氏族制度就是这样"被分工及其后果即社会之分裂为阶级所炸毁"③。可见，正是社会分工引起社会分裂和阶级分化。从经典作家的论述中也不难看出，脑力劳动者或从事脑力劳动的知识分子的产生与阶级的产生基于同一原因即生产力发展基础上剩余产品的出现和社会分工的发展，属于同一过程即原始社会末期的社会分化和氏族公社解体并向奴隶社会过渡的过程。

马克思、恩格斯认为，阶级是由分工决定的。"分工的规律就是阶级划分的基础。"④ 由社会分工所形成的不同职业集团，正是演化为不同阶级的历史起点。前述的三次社会大分工把人们分割为从事农业、畜牧业、手工业和商业的不同人群，他们随着私有制的发展，就逐渐演化为土地所有者和农民、牧主和牧民、作坊主和工匠以及店主和店员等不同的阶级。而脑体分工显然造就了一个脱离以体力劳动为主要特征的直接物质生产劳动的脑力劳动者群体，他们从事不同于体力劳动的政治、法律、国家管理等活动以及文学、艺术、宗教、教育等精神活动。恩格斯在《反杜林论》中指出："只要社会总劳动所提供的产品除了满足社会全体成员最起码的生活需要以外只有少量剩余，就是说，只要劳动还占去社会大多数成员的全

① 《马克思恩格斯全集》第 3 卷，人民出版社，1960，第 35～36 页。
② 《马克思恩格斯选集》第 3 卷，人民出版社，1995，第 525 页。
③ 《马克思恩格斯选集》第 4 卷，人民出版社，1995，第 169 页。
④ 《马克思恩格斯选集》第 3 卷，人民出版社，1995，第 632 页。

部或几乎全部时间，这个社会就必然划分为阶级。在被迫专门从事劳动的大多数人之旁，形成了一个脱离直接生产劳动的阶级，它掌管社会的共同事务：劳动管理、国家事务、司法、科学、艺术等等。"① 恩格斯的论述明确告诉我们，知识分子是人类社会阶级分化的第一个直接产物。

人猿揖别，依赖三个基本条件：一是手脚分工，二是学会用火，三是制造和使用工具。人类出现以后，为了满足果腹和蔽体基本生存需要而进行的生产劳动，无一例外都离不开手、脑及其并用。劳力是生产劳动的外在现象，劳心才是其实质。在原始的劳动生产过程中，以结绳记事为起点，数学逐步产生；以"吭唷、吭唷"劳动号子声来协调动作，诸如诗歌之类的文学开始萌芽；按照事物形象刻画出传递信息的符号，文字也走进了人类的生产劳动。这些，大概就是科学文化产生的源头。由此观之，劳动不但创造了人类本身，创造了世界，也创造了科学文化，而且还证明，动手和动脑、体力劳动与脑力劳动，本来就是生产劳动的两个方面，缺一不可。

恩格斯指出，人类是从猿群中分裂出来的。"首先是劳动，然后是语言和劳动一起，成为两个最主要的推动力，在它们的影响下，猿的脑髓就逐渐地变成人的脑髓……在脑髓的进一步发展的同时，它的最密切的工具，即感觉器官，也进一步发展起来了。""脑髓和为它服务的感官，愈来愈清楚的意识以及抽象能力的发展，又反过来对劳动和语言起作用，为两者进一步发展提供愈来愈新的动力。"② 这里说的"意识"、"抽象能力"和"推理能力"即脑力劳动所产生的思维能力。人们最初运用石器这种工具去猎取食物，切碎肉食等，以便于嚼食，为维持生存和繁殖后代服务。这些经验经过长期积累就形成了知识。由于当时社会生产力非常低，所以体力劳动和脑力劳动是紧紧结合在一个人身上的。直到原始社会的晚期，随着社会生产力的发展和剩余产品的增加，才使一部分人逐渐地脱离体力劳动而成为脑力劳动者，即知识分子。最初的知识分子一般被认为是"巫"。知识分子出现以后，推动了生产力和社会分工的迅速发展。随着私有财产的逐渐发展，对知识分子的社会需要也逐渐增多，使个别

① 《马克思恩格斯选集》第 3 卷，人民出版社，1995，第 632 页。
② 《马克思恩格斯选集》第 4 卷，人民出版社，1995，第 377 页。

地存在的知识分子得以发展为一个社会集团，继而成为社会的一个特殊阶层。知识分子阶层形成以后，就成为文明社会存在和发展的一种重要力量。

天行有常，人类历史是按自身发展规律前进的。在蒙昧为文明所取代的同时，科学文化也从简单的生产劳动中分离出来。这种分离，是一种历史的进步。专门劳心的群体，在总结人类生产劳动的经验中取得文化科学时，使文化科学走向博大精深；劳力的群体在劳心者指导下，劳动生产率可以获得更快的提高，人类的生产力水平就迅速向前发展了。也就是说，生产劳动产生了知识和知识分子，并且促进了生产力发展，这是历史唯物主义的基本常识。

二 知识分子的演变

考察古代史，并没有知识分子这个特定的概念。只是到了近代，才开始出现"知识分子"一词。在对古代社会各阶层的分析中，也很难发现和今天的知识分子在内涵上完全相同的群体。但在一定时期，产生了以精神活动为主、对人类精神和文化成果掌握较多的知识阶层。这个知识阶层至少可以称为知识分子的原型或起源。下面以我国为例，分析一下知识分子的演变过程。

1. 酝酿时期

在人类的原始社会阶段，体力劳动和脑力劳动是结合在一起的，还没有产生专门从事脑力劳动的知识分子，它的出现还在酝酿之中。

我国原始社会的历史，从云南元谋人的时代算起，经历采集经济时代、渔猎经济时代，进入初期农业经济时代，由原始人群、母系氏族社会进入父系氏族社会。在这100多万年的漫长岁月中，体力劳动和脑力劳动是结合在每一个社会成员身上的，即每一个社会成员既是体力劳动者，又是脑力劳动者，两者没有分工，没有出现专业的脑力劳动者。原始社会的生产力很低，公共的劳动成果养活集体的每一个人。因为一个人的劳动成果养活自己都很困难，更没有剩余产品来养活不从事体力生产劳动的人了。另外，这种很低的生产力水平和很低的文化水平，不可能也不需要有体力劳动与脑力劳动的社会分工。

2. 萌芽时期

随着私有财产出现，阶级开始分化，原始公社瓦解，原始社会向奴隶社会过渡。这时，从事脑力劳动的知识分子开始个别地出现。

我国原始社会的生产力，经过在母系氏族社会长时间的发展，到父系氏族社会的大汶口文化时期，已发展到相当高的水平。由于农业、畜牧业、手工业等新的劳动生产部门的出现和发展，原始社会晚期已经出现剩余产品，过去氏族部落间战争的俘虏，因为还不能生产出剩余产品，俘虏总是被杀掉或吃掉，现在则留下来作为生产剩余产品的成员了。部落战争频繁，有些战争就是为了俘虏劳动力以扩大生产的，这奠定了私有制和阶级出现的基础。

随着剩余产品转化为私有财产和阶级对抗的出现，第三次社会大分工开始露头了。就在这样的情况下，体力劳动和脑力劳动开始个别地分开，专门从事脑力劳动的知识分子个别地产生了。这样的人被称为"巫"。他们往往是氏族统治者的一部分，是适应社会分工、适应统治者的需要而产生的。由于氏族社会的生产力低下，生产规模狭小，虽有了剩余物，但还不多，氏族或氏族联盟的范围也还不是很大，城乡的对立尚未出现，国家尚待形成。就是说，私有财产制度尚处于发轫阶段，统治者、剥削者还未形成一个阶级，因此，专为剥削阶级服务、成为剥削阶级一员的知识分子阶层也还不会形成。总之，在原始社会向奴隶社会过渡的时期，专门从事脑力劳动的知识分子只是开始个别地出现，还没形成一个专职的、有分工的知识分子阶层。

3. 形成时期

社会发展从无阶级的社会进入有阶级的社会，在阶级社会的第一个社会形态——奴隶社会——中，专业的知识分子阶层随着第三次社会大分工的形成而形成。

我国从原始社会到阶级社会，有一个过渡时期，这个过渡时期持续了数百年之久。这个时期相当于传说中的黄帝时代，经尧、舜、禹到夏代，随之才到达奴隶社会。这相当于龙山文化时期。社会生产力得到迅速的发展，农业生产有了更多的剩余，于是最迟在夏代的晚期，第三次社会大分工正式出现了。恩格斯指出，这种分工的最简单的完全自发的形式，正是奴隶制。于是脱离体力劳动、专门从事脑力劳动的知识分子，不是个别地出现，而是在多个部门和更多方面出现了。就部门来说，有管理劳动的部门，经营商业的部门，掌握国事的部门，以及从事科学、技术、文学、艺术的部门。这些有相当水平的科学、技术、文学、音乐、舞蹈的存在，说明了恩格斯说的第三次社会大分工中稍后出现的"从事艺术和科学"的特权分子也已经出现了。这就是第三次社会大分工正式形成，脑力劳动者、知识分子的队伍也正式形成的情况。

产生不劳而获的剥削者及其知识分子的条件，首先是看食物的生产条件如何。奴隶生产的粮食有了大量剩余，也就可以用来养活相当数量的脱离体力劳动、专门从事脑力劳动的人了。所以只有到夏、商、西周时期，这个基本物质条件才具备，才可能大批地、分门别类地产生从事各种各样活动的知识分子。另外，真正的知识分子不言而喻是和文字分不开的，文字发展的水平如何，知识分子出现的速度和广度就如何。体力劳动和脑力劳动的一个重要不同之处，在于体力劳动所创造和积累的经验，依附于具体的生活着的人的身上，只能身教、口传。个人的生命不能长存，人死了，经验就会中断。口传也会失真、失传，因此体力劳动所积累的经验，单靠口传、身教是缓慢的，而且不可能普遍地、历史地、系统地进行总结、提高和传递下去。只有有了语言文字这样的工具，这个问题才能解决。严格地说，到此时才出现真正的知识分子，知识分子才能继承、总结、提高和创造文化，并通过文字一代代传下去。只有历史具备了这样的条件，知识分子才有必要和可能大规模地从体力劳动者中分化出来，发展起来。

原始社会中，虽然已有文字的发轫，但还没有能写成文章的工具，那时的个别的脑力劳动者，只能称为还未完成的知识分子，或者只能叫做"前知识分子"。自从有了能写成文章的文字工具以后，知识分子的社会成长才发生了飞跃，并使掌握文字和运用文字，成为知识分子不同于其他社会阶层的基本特征。从此，只有掌握一定的文字、拥有一定的文化水平的人，才能称为知识分子。根据现已发现的甲骨文的记载，殷商的知识分子，除原有的巫外，又分工发展出了一种叫做"史"的知识分子，他们的地位和作用与巫差不多，专门指导国家政治和国王行动。后来，国家的上层行政官吏，也由越来越多的有文化知识的人担任。

到了商代，文字已由甲骨文进展到金文。到这时候，文化知识和知识分子就广泛地发展起来，社会第三次大分工中的脑力劳动者——知识分子——就随之完全形成了。在奴隶社会中，文化知识分子为奴隶主阶级所独占，知识分子也只是奴隶主阶级的一部分。在西周时期，"学在官府"，所以文字也是为奴隶主阶级所独占，为奴隶主阶级所利用。

4. 发展时期

在阶级社会里，知识分子经历了一个发展变化过程。阶级社会从奴隶社会开始，经历封建社会和资本主义社会。在这些社会里，都是剥削阶级居于统治地位。每一个对抗性的生产方式，都产生两个对抗阶级。奴隶社会是奴隶主和奴隶，封建社会是地主和农民，资本主义社会是资产者和无产者。知识分子不是一个独立的阶层，它只是其所附属的阶级的一部分。

由于剥削阶级把管理生产、管理国家事务和掌握社会思想意识的大权掌握在自己的手中，他们就能把知识分子的主要部分变成自己的垄断物，使其附属于剥削阶级。当然也有少数知识分子分别属于各个被剥削、被压迫阶级，但是，被剥削、被压迫阶级受教育的机会极少，他们中以及属于他们的知识分子一般是不多的。

因为没有文化知识就不利于掌握国家政治大权和指导生产，所以殷商时期就产生了由王室举办的贵族独占的"学校"这样的教育机构。直到春秋和孔子时期，才打破了"学在官府"的传统，出现了民办学校。知识分子的范围这一时期已经扩大到平民了，这是知识分子发展的一个重要里程碑。到了战国时期的"百家争鸣"，更使知识分子进入了一个学术繁荣的黄金时代。他们不但在政治上对奴隶社会转变为封建社会起到了提供思想理论、培养人才，以至提供领袖的作用，并在各方面充当了革命的先锋。封建制度产生以后，知识分子继续吸收和总结全民族劳动人民的智慧，产生了许多伟大的政治家、科学家、哲学家和文化艺术家，继续在政治、经济、社会、科学文化等各方面发挥推动作用，使我们国家在近代以前，在思想文化、生产技术等方面，都走在世界的前列。

鸦片战争后，中国社会进入半殖民地半封建社会，直到中华人民共和国诞生，历时109年。在腐败无能的清王朝和国民党反动派的统治下，各级学校为反动统治阶级所控制，知识和知识分子主要为反动统治阶级占有，为反动阶级服务的基本性质没有改变，并且还出现了直接为帝国主义灭亡中国服务的汉奸知识分子。此外，由于中国社会性质的变化，除了原有的阶级和阶层之外，产生了两个新的阶级，一个是无产阶级，一个是民族资产阶级，它们也各自有自己的知识分子。知识分子的分化，其附属的阶级、阶层的广泛，在中国半殖民地半封建社会达到了顶点。进步的知识分子不论是在戊戌变法、辛亥革命、五四运动中，还是在我们党领导的民主革命时期，都发挥着革命的先锋作用和桥梁作用。

5. 消亡时期

在社会主义社会，由于阶级存在的条件仍然存在，知识分子作为一个政治性的概念和一个相对独立的社会阶层将长期存在。随着社会主义事业的不断发展，知识分子队伍也将逐步壮大。当每个社会成员都占有知识，从而消灭了体力劳动和脑力劳动的差别，体力劳动和脑力劳动在更高的阶段上复归于统一时，知识分子作为一个阶级的概念也就随着阶级的消亡而消亡了。

从以上知识分子的演变过程可以看出，脑力劳动与体力劳动的结合→分离→再结合，是知识分子的辩证发展过程。当人类从猿类中分离出来时，就发生了与体力劳动相结合的脑力劳动。随着生产力的提高和社会分工的日益发展，专门从事精神劳动的知识分子也应运而生了，这标志着脑力劳动与体力劳动的分离。到将来，随着人类科学文化水平获得新的提高，新型的体力劳动与脑力劳动相结合的人又将改变这种分离状态。在共产主义社会，生产劳动将成为人类康乐生活的第一需要，那时脱离体力劳动的知识分子也就完成其历史使命而自行消亡。这样，人类体力劳动与脑力劳动的关系经历三个阶段：第一个阶段是体力劳动与脑力劳动结合，这种结合以体力劳动为主。第二个阶段是体力劳动与脑力劳动分离，这种分离不是第一阶段的倒退，而是在第一阶段基础上的发展。第三个阶段体力劳动与脑力劳动又结合在一起，这种结合不是第一阶段的重复，而是上升到更高的阶段，以脑力劳动为主。这时，知识分子的辩证发展也就终结了。

·第二章·

知识分子的地位

任何一个稍具规模的社会都离不开知识分子。任何一个社会的维持、运转都有赖于知识阶层去承担一些重要的社会功能。在奴隶制初建的时代，国家中就开始养用卜、巫、师、祝、史等"知识分子"，由他们来预卜未来，指导国家的行动。这些知识分子熟悉过去的典章，负责掌管仪式，记录大事，观测天文，医治疾病。随着人类历史的发展，社会对知识分子的需求增大，知识分子的阶层不断扩大，知识活动的种类日益繁多。在知识经济时代，知识分子成为社会的主体，担负着重要的社会功能，发挥着重要的社会作用，是知识社会发展的领导力量。

第一节　知识分子地位的演变

一　前现代知识分子的地位

前现代指从文字生产到现代来临之前的这段历史，大体相当于丹尼尔·贝尔所说的"农业社会"时期。总体看来，无论中国还是欧洲，在前现代，科技知识分子的社会地位普遍不高，而人文知识分子，特别是与官方意识形态有关的那部分人，则享有极高的社会地位。

在前现代这一历史时期，生产力水平有了明显提高，基本物质需要不仅能够得到满足，而且还出现了一定的剩余产品。物质生活达到一定水平后，与此相关的科技发明不再是人们关注的焦点，而社会政治领域成了人们角逐的主要领域。这样，史前时代的"发明崇拜"和"发明者崇拜"心态开始消退，科技知识分子不再吃香，而与社会政治生活密切相关的人文知识分子则成为精神舞台的主角。

与科技知识分子的边缘位置相比，人文知识分子则居于社会的中心，这种中心地位得到了官方和民间的一致认同。从官方看，第一，在前现代的中国，"给官做"无疑是朝廷对人的最高奖赏，而朝廷几乎总把这种最高奖赏赐予人文知识分子。朝廷选用官员所测试的主要是道德、人事方面的学问，而这正是人文知识分子的特长。第二，官方对人文知识分子的重视还体现在对他们的严格的话语控制，也就是"文字狱"。"文字狱"反衬了人文知识分子强大的政治影响力。"受迫害意味着受重视"，这句话不无道理。从民间看，社会对人文知识分子的看重主要表现在他们大都享有很高的社会声望。大科学家刘徽、祖冲之、李时珍在古代很少有人知道，但孔子、李白、苏东坡的名字却妇孺皆知。这说明人文知识分子的社会影响比科技知识分子要大。西方在前现代的情况与中国大同小异，也是人文知识分子居于中心位置，而科技知识分子则处于边缘。

然而，总体上说，在整个前现代时期，知识分子很少凭借自己的力量，单独地构成过统治阶层，他们往往只是统治阶级的胁从和工具。这是因为，在整个古代社会中，知识分子所掌握的绝大部分知识远离社会生产。中国古代科举内容不外两大类：诗赋与经义，两者均与社会生产无关。作为一个阶层，在社会生产中不占有位置与资源，又不具备独自的军事力量，不能自立，自然难以成为独立的统治阶级。统治阶级，是一个可以以某种权力去支配其他社会成员的社会集团；并且这种权力需具备某种被社会广泛承认的"合法性"基础。身份占有、人身占有、土地占有、皇家与贵族血统的占有，分别被某一历史时期中的社会接受为权力的合法基础；奴隶主、封建主、皇亲国戚因此成为该历史时期的统治阶级。而知识和科学的身份，本身不直接代表一种利益，而只是一种手段。这种身份在社会上被抬高，不是其持有者努力的结果。无论从历史经验，还是从一般道理上看，一种单纯的知识和思想的持有者总是不如一种有形物质的持有者更能持久地把握住权力。

二　现代知识分子的地位

历史进入现代（这里的现代，特指资本主义制度建立之后到后现代来临之前）之后，无论科技知识分子还是人文知识分子，均占据了社会的中心位置。

封建制度的瓦解和近代资本主义的形成为知识分子打开了历史的新篇章。生产方式、社会制度、意识形态的一系列变化，不仅把资产阶级、工人阶级推上了历史舞台，也把一个新的知识阶层推向了历史舞台。新的大工业生产直接地、高度地依赖于科学知识。正如马克思所说："只有资本主义生产方式第一次使自然科学为直接的生产过程服务……科学获得的使命是：成为生产财富的手段，成为致富的手段。"① 这种新型工业生产的出现本身就依赖于一些科学技术的突破，而这种新型生产方式一经建立就直接地造成了对新"知识"人才的迫切需要。资本主义打碎了封建的依附关系，它把知识分子从封建的关系中解放出来，变成了它出钱招雇的劳动者。传统的封建文化权威被打破了，大众化的语言文字开始形成。同时，教育冲出了神学、经学的圈子，大众化、世俗化的教育开展起来。新教育体系的形成，促成了一个新的、不再游离于社会生产之外的知识阶层的诞生和不断壮大。

在现代，科技知识分子从此前的边缘位置跃居中心地位。科技再也不是神学的奴婢，而是成了衡量万事万物的尺度，成了公认的"文化之王"。科学将宗教逼到了小小的角落，"科学前进一步，上帝就后退一步"，而科学自己却获得了类似于宗教的神圣权威。科学家彻底告别了前现代那种无人理睬的尴尬处境，而成了官方宠爱、百姓信任的骄子。这是因为，科学和技术是现代工业社会最需要和最倚重的两样东西，是现代化这趟列车运转和前进的动力。正如马克思指出："生产过程成了科学的应用，而科学反过来成了生产过程的因素即所谓职能。每一项发现成了新的发明或生产方法的新的改进的基础。"② 对科学技术的需要和依赖，意味着对科技知识分子的需要和依赖，而这正是科技知识分子居于社会中心位置的首要条件。

现代人文知识分子也是万众瞩目的焦点。人文知识分子之所以受关注，主要是因为他们总是批判现实，揭露工业社会的矛盾，与当权者唱对

---

① 马克思：《机器、自然力和科学的应用》，人民出版社，1978，第 206 页。
② 马克思：《机器、自然力和科学的应用》，人民出版社，1978，第 664 页。

台戏。换言之，人文知识分子往往是因其"反体制"而受到非主流社会的推崇。现代人文知识分子的"中心"位置也得益于另一因素——现代文化传媒。印刷术的发达、报纸杂志的铺天盖地使人文知识分子的精神产品在短时间内便可广为人知，这是此前的人文知识分子难以想象的。

在现代，知识分子的社会地位空前提高，但他们仍要受雇于资本家，仍然不是这个社会的主宰，仍然不能单独占据领导地位。在古代社会中，生产上的知识技术水平太低，在生产资料、劳动力、生产的知识技术三者的交换对比中知识与技术无足轻重。到了资本主义社会，科学代替了手艺，在生产中发挥了极大的作用，但是在资本主义社会相当长的时期内，在社会价值的天平上，资本仍比科学显得重要。因为这时的生产还是劳动密集型、资本密集型的，而不是知识密集型的。有了知识找不到资本，仍然转化不成财富；而有了资本绝不愁找不到知识和技术。马克思说："科学的力量也是不费资本家分文的另一种生产力。"① 在资本主义社会中知识分子手中的生产技术有了一定的价值，但是与资本相比仍屈居第二位。

三 后现代知识分子的地位

科学技术一旦与社会生产直接结合起来就以惊人的速度发展着。即使是在资本主义那架不合理的天平上，知识也日益显得比资本更重要。马克思指出："随着大工业的发展，现实知识的财富创造较少取决于劳动时间和已消耗的劳动量，较多地取决于历史时间内所取得的动因的力量，而这种动因……取决于一般的科学水平和技术进步，或者说取决于科学在生产上的运用。"② 在当今世界的经济竞争中，企业主不得不看到：资本雄厚不一定能获胜，要知识力量雄厚才能取胜。

随着知识与资本在经济作用力对比上发生逆转，知识分子与资产者的社会地位也势不可当地发生逆转。托夫勒说："在资本占有与知识占有的交锋中，前者节节败退。资产者若不把控制管理大权让给知识精英，就必然在企业竞争中失败。"③ 在前现代，谁占有了更多的人身、土地，谁就有

---

① 马克思：《机器、自然力和科学的应用》，人民出版社，1978，第 206 页。
② 《马克思恩格斯全集》第 46 卷（下册），人民出版社，1980，第 217 页。
③ 〔美〕托夫勒：《第三次浪潮》，朱志焱等译，三联书店，1983，第 110～111 页。

了更大的社会统治权。在现代，谁占有了更多的资本就有了更大的统治权。在后现代，谁具有并创造出更多的科学、技术、管理上的知识，谁就将担负起社会的领导责任。

对于后现代的科技知识分子而言，有两个有利因素足以保证科技知识分子在后现代居于中心位置：其一是社会对科学技术的需要和依赖有增无减，其二是后现代普通人的科技知识仍然十分有限。

第一，科学技术的作用更加重要。后现代是与知识产业的兴起和科学技术在社会中核心地位的确立紧密相关的。从某种程度上来说，后现代就是知识经济时代，就是高科技时代。科学技术在人类生产活动中扮演的角色越来越重要，人类生产活动对科学技术的依赖程度越来越大。据测算，发达国家 20 世纪初科技进步对经济增长的贡献率仅为 5%～20%，20 世纪中叶上升到 50% 左右，20 世纪 80 年代后达到 60%～80%。到了后现代，科学技术在人类生产活动中的作用比以往任何时候都大了。同时，在后现代，人们的日常生活也越来越离不开科学技术，电视、音响、汽车，包括那些批判科学技术的后现代思想家打字用的电脑或写字用的笔等，无不是"高科技含量"的。

第二，科学技术方面的"文化鸿沟"依然存在。在后现代，虽然人们的生活被各种各样的高科技含量的产品层层包围着，但一般人对身边的大量"科学技术"都不太懂，只知其然，不知其所以然。尽管后现代是一个教育高度普及的时代，但由于科学技术独特的学科性质、细密的分工等原因，这种普及并没有带来高科技知识的普及，一般公众对高科技知识仍然知之甚少。如果说一个受过高等教育的普通人有可能在人文知识方面博古通今，那么要在自然科学方面特别是高科技方面做到这一点几乎是不可能的。正是由于在科技知识方面"存在文化鸿沟"，才使得普通公众对科技知识分子产生了"审美距离"，从而导致了科技知识分子在人们心目中的"伟大"、"神圣"，科学家的社会声望始终高高在上。

在前现代直至现代的漫长历史时期，人文知识分子始终是一支不容忽视的重要社会力量，对社会的政治变迁、经济运行、价值体系等都有着巨大的影响。进入后现代之后，人文知识分子也能找到自己的用武之地。首先，人文学科的存在和发展需要人文知识分子。人文学科是广义的，包括哲学、文学、史学、神学、语言学、考古学、绘画、音乐等学科。后现代的到来不可能将这些传统学科统统消灭。无论从学术遗产延续上，还是从人们的社会生活需要上说，这些学科仍有不可替代的作用。只要这些学科存在和发展，就必然需要相应的人文知识分子。其次，政治—社会领域仍然需要人文知识分子。如果说人文学科的存在和发展需要的是学院式或专业的人文知识分子的话，那么，在政治—社会领域，需要的便是批判的或公共的人文知识分子，人文知识分子履行着批判和公共关怀的职能。

后现代之前的人文知识分子之所以处于社会的中心位置，一方面是因为当时的社会需要人文知识分子，另一方面是因为当时的人文知识分子与普通社会成员之间存在着明显的"文化鸿沟"。但是，到了后现代之后，随着教育的普及、人文知识资源的共享以及 BBS 的出现，人文知识分子与普通社会成员之间的"文化鸿沟"日渐消弭。因此，人文知识分子地位不如以前那么突出。

第二节　中国转型时期知识分子的社会地位

一　中国进入转型时期

党的十一届三中全会以后，中国进入了社会转型期。中国的社会转型主要包含三个方面的含义：其一，社会体制在较短时间内的急剧转变。其二，社会结构的重大转变。其三，社会发展的阶段性转变，即由传统到现代的转型，包括了从经济基础到政治体制和意识形态整个社会的深刻变化。可以认为，社会转型的过程几乎就是社会现代化的过程。

在社会转型时期，社会流动的速率加快，社会分层也呈复杂化趋势。我国社会原来的"两个阶级一个阶层"（工人阶级、农民阶级和知识分子阶层）的社会结构发生了显著的分化，一些新的阶层逐渐形成，各阶层之间的社会、经济、生活方式及利益认同的差异日益明晰化，以职业为基础的新的社会阶层分化机制逐渐取代过去的以政治身份、户口身份和行政身份为依据的分化机制。这些迹象表明，社会经济变迁已导致了一种新的社会阶层结构的出现，并且，这种结构正在趋于稳定。

对知识分子地位作用的认识事关中国特色社会主义事业的成败。在社会转型时期，从这一高度来认识知识分子，有助于认清困扰我们多年的知识分子地位和性质问题。新中国历史上的知识分子政策曾有过数次重大失误，不能说与对知识分子地位和性质认识不清没有关系。直到今天，有人在这个问题上仍然存在着糊涂认识。社会主义是劳动人民自觉创造的伟大事业，作为智力因素实现的人类自觉能动性的意义比以往任何社会更加重要。早在19世纪80年代，恩格斯就把培养脑力劳动无产阶级作为无产阶级革命的战略任务，以便执行社会主义革命和建设的伟大历史使命。社会主义的历史也证明，工人阶级要获得彻底解放，既要重视知识分子这支重要的社会力量和他们中的优秀分子对革命理论的创造、传播的作用，又要重视知识分子所体现的推动人类社会发展的科学文化力量。推翻旧世界需要知识和知识分子，建设新世界更需要知识和知识分子。正如列宁所指出的那样，在社会主义建设中，没有知识分子的积极参加，社会主义建设事业就不可能取得任何重大成就。可见知识分子在社会主义现代化建设中的地位与作用之重要。能否充分发挥知识分子的作用，直接关系到社会主义现代化建设事业的成败，在社会转型时期也是如此。

二 转型时期知识分子地位的判定

如何判定知识分子的社会地位？马克斯·韦伯曾经提出确定社会分层的三个方面：财富、权力和声望。这里所说的财富指所有的社会经济资源，权力指对他人的行动施行控制和影响的能力，声望指一个人得到他人的赞同的评价和社会承认。人们可以从一个人或一个群体拥有财富、权力和声望的程度来判断其在社会分层结构中的排列位置，即社会地位。由此标准来判断，转型时期中国知识分子的社会地位总体上处于上升和较高阶段，其社会作用也随之日益突出。

从财富方面看，知识分子是离公共资源比较近的群体。教育卫生、科学研究、工程技术、文化艺术等领域，在市场经济条件下，均存在资源化、利益化的趋向。这使得知识分子掌控着一部分社会公共资源，相对容易获取财富。知识分子的经济状况明显好转，少数知识分子跻身于社会先富者行列。这为知识分子创造了稳定安心的工作条件，有助于他们创造出更大的成绩。这里引用新闻出版、广播电视行业的工资情况。21世纪初期，最高层次的收入和国务院的部长差不多，如高级记者最高档次的月工资是 1473 元，国务院的正部级的最高档次工资是 1482 元，只比高级记者多 9 元[①]。当然，他们的工资的含金量不同，在住房、用车、医疗等方面，在在职消费方面，部长的待遇是高级记者望尘莫及的。不过，知识分子还有兼职收入、讲课费、稿费、咨询费、顾问费、非职务发明的技术转让费等。总体上知识分子的收入在社会上属于中等偏上水平。

从权力地位看，知识分子有其特殊的优势。自改革开放以来，由于政治上的松动，政治包揽一切、代替一切的情况有所改变，发表文章、出版著作的限制放松了不少，请学者们作报告的现象也越来越多了。所以知识分子对社会的影响比改革前增大了很多。作家、记者、学者、编辑等对社会的监督与制约权力比改革前增大了。此外，知识分子获取政治权力的机会增多。党的干部队伍知识化的政策，在知识分子中选拔优秀人才进入党和政府的各级领导岗位，出现了所谓"学者做官"；还有一部分知识分子进入人大、政协等权力机关和参政议政机关，参与行使对社会的实际控制和领导。随着政府政治过程技术化加强，许多重大决策和经济社会发展规划都经过技术专家的科学论证，许多技术专家的研究成果也能够参与决策或影响决策。

从声望方面看，重视知识是马克思主义的重要原则。马克思曾高度评价知识的重要作用，提出了科学技术是生产力的重要论断。各个阶级有远见的政治家都非常重视知识分子，在社会变革时期尤其如此。知识分子在各个领域，坚持不懈地用脑力进行创造性劳动，同其他劳动者一起创造了文化科学知识。历史清楚地说明了这样一个道理：知识越来越迅速地转化为巨大的生产力，成为推动历史前进的巨大力量。没有知识，没有知识分子，社会就不能进步。当前我们面临着世界性的新的技术革命，能不能充分发挥知识分子的作用，关系到我国社会主义现代化建设事业的成败。与此相联系，知识分子的声望地位在社会各阶层中是比较高的。从改革开放以来的多次职业声望调查中，排在前 20 位的大多是知识分子所从事的职业。例如，教授、科学家等，总是排在前几位。

[①]　杨继绳：《中国知识分子的现状和未来》，载赵宝煦主编《知识分子与社会发展》，华夏出版社，2003，第 22 页。

三　转型时期知识分子地位的变化

新中国成立后相当长一段时间，我国知识分子作为被团结、教育和改造的对象，长期处于客体地位。1956年周恩来在《关于知识分子问题的报告》中指出："知识分子中间的绝大多数已经成为国家工作人员，已经为社会主义服务，已经是工人阶级的一部分。"他进而指出："革命需要吸收知识分子，建设尤其需要吸收知识分子。"① 然而这一观点并没有成为全党一以贯之的共识，因为当时的领导核心毛泽东从来就不认同知识分子是工人阶级的一部分的提法，始终坚持知识分子的阶级地位是资产阶级或小资产阶级。这种对知识分子性质的错误判断导致了我党在新中国成立后尤其是1957年以后长达20年的时间里，对知识分子长期进行劳动改造，使广大知识分子受到极不公正的待遇。这种对待知识分子的错误理论和实践使我国与西方国家之间生产力发展水平的差距进一步拉大，给我国社会主义建设事业造成了很大损失。

改革开放初期，知识分子被恢复为工人阶级一部分的阶级定性，主体地位初步确立。党的十一届三中全会后，知识分子迎来了寒冬后的春天。作为党的第二代领导集体的核心，邓小平非常重视对知识分子问题的研究，始终把知识分子视为革命和建设必不可少的力量。

邓小平认为，知识分子之所以应该得到整个社会的尊重和爱护，是因为他们是推动科学技术进步和文化艺术繁荣的最活跃因素和最革命力量，而科学技术进步和文化艺术繁荣，在根本上决定着社会主义现代化建设的进程，决定着社会主义伟大事业的成败，决定着中华民族的文明进步和繁荣昌盛。邓小平的有关论述，理清了科学技术、知识分子和社会主义事业三者之间的客观联系，为新时期我国科技政策、知识分子政策乃至国家的许多大政方针，垫下了最坚实的一块基石。

这一时期，党中央提出了政治上充分信任、生活上关心照顾、工作上放手使用的政策。这一政策虽然与以前对知识分子的团结、教育和改造的政策相比有了很大的不同，但这种提法本身还是把知识分子当做有别于工

---

① 《周恩来选集》（下卷），人民出版社，1984，第161～162页。

人阶级的另类。政治上充分信任，本身就是对知识分子不信任的一种表现，没有把知识分子当成自己人，还是将他们放在了客体的位置；生活上关心照顾，工作上放手使用的提法也是将知识分子看成需要被工人阶级照顾、信任的弱者和客人，知识分子的主体地位和价值没有完全体现出来。

随着 21 世纪的来临，人类社会进入了知识经济时代，先进生产力发展的中坚力量由体力劳动者向智力劳动者转变，人才与科技的竞争日益激烈，中国共产党与时俱进，进一步调整了知识分子政策。只有在这时，知识分子的劳动价值才得到充分承认，主体地位才得以真正确立。

首先，在知识分子定位上，实现了质的飞跃，明确肯定知识分子不仅是工人阶级的一部分，而且是先进生产力的开拓者。党的十四大报告指出："知识分子是工人阶级中掌握科学文化知识较多的一部分，是先进生产力的开拓者，在改革开放和现代化建设中有着特殊重要的作用。能不能充分发挥广大知识分子的才能，在很大程度上决定着我们民族的盛衰和现代化建设的进程。"[1]

其次，将技术和管理作为与劳动平等的生产要素参与分配，承认了知识分子的劳动价值。党的十六大指出："深化分配制度改革，健全社会保障体系，理顺分配关系，事关广大群众的切身利益和积极性的发挥。调整和规范国家、企业和个人的分配关系。确立劳动、资本、技术和管理等生产要素按贡献参与分配的原则，完善按劳分配为主体、多种分配方式并存的分配制度。"充分体现了对知识分子在技术和管理方面的复杂劳动的价值认可，彻底否定了传统理论认为知识分子不是劳动者的观念，为知识分子取得高收入提供了理论依据。

只有在知识分子的劳动价值得到充分体现的今天，知识分子的主体地位才能真正得到确立，才是一个真正意义上的劳动者。在人才竞争日趋激烈的今天，谁想挺立潮头、雄踞江湖，谁就得尊重知识、尊重人才。知识分子正在从客体地位转为主体地位，真正以主人翁身份参与社会主义现代化建设。

---

[1] 《江泽民文选》第 1 卷，人民出版社，2006，第 233 页。

第三节　知识分子在知识经济时代的地位

一　知识在社会发展中的作用

知识分子是知识的载体。马克思、恩格斯认为，知识是推动历史前进的力量。他们十分重视知识，马克思曾引用过培根的名言"知识就是力量"，并且进一步作出了生产力中也包括科学的论断。作为生产力的科学，不但包括了自然科学，也包括了社会科学。在马克思看来，生产力是社会发展的决定因素。

人类社会已经走过了几百万年。从衣不蔽体、食不果腹的原始社会演变到现代文明昌盛的社会，发展的动力就是世世代代人民群众的劳动。在人类的劳动中，都包含着两个方面：体力劳动和脑力劳动。光有脑力劳动，再好的设想也不能变成现实；光有体力劳动，又会流于无效的盲动。体力劳动和脑力劳动虽然不同，但又是密切结合在一起的。即使是原始人，他的一切活动也都受大脑指挥和支配，也离不开大脑的活动。人的劳动，一开始就是有目的、有计划、经过认真思考后的行动。这是人与动物的重要不同之处。所以，从根本上说，从来没有脱离脑力的纯体力劳动。

知识在劳动中的作用有多大？远古的人类由于知识贫乏，智力低下，劳动生产率很低，产品经常不够自己生活的必需，生活十分困苦。如今的人类，论体力并不比古人强多少，但劳动生产能力却大为提高，劳动效益非常明显。以农业为例，现代化大农业生产，每个农业劳动力平均每年可以生产粮食 14 万公斤，可以生产肉类 0.75 万公斤以上。这是多么高的生产率！它绝不是单靠拼体力所能达到的，而主要是靠脑力劳动提供的农机、化肥和综合了其他许多科学技术措施才能取得的。

知识是人类数千年来生产实践的经验总结，是世世代代人类思维提炼的对世界发展规律的认识。只有较多地掌握知识，人们的行动才会卓有成效，才会推动社会的进步。从另一方面来说，也只有较多地掌握知识，才会汲取前人的教训，减少历史的曲折和可以避免的损失，更好地创造幸福的今天和美好的明天。

　　从研究对象看，知识可以分为自然科学和社会科学两大门类。自然科学又可分为基础理论与应用技术。基础理论主要研究自然界物质的性质、结构、相互作用、运动变化的现象和规律；应用技术主要研究自然科学在生产和人类生活中的应用。自然科学和技术直接或间接地与社会生产力相联系，渗透在生产力的各个因素之中，所以马克思曾明确指出科学技术包含在生产力之内。社会科学以人类社会为研究对象，它是数千年来人类认识社会的经验总结。它深深地影响着社会生产关系，直接影响着社会的发展与进步。所以，社会科学同样有重要价值，也是一种巨大的力量。社会科学能说明人类社会的经济基础、上层建筑的各个方面。正确的社会科学能推动社会发展，改善人类生活，错误或反动的谬见则会阻碍社会进步。人类社会由有剥削走向消灭剥削，从专制走向民主，由少数人幸福走向多数人幸福，固然与生产力发展有关，但没有先进的政治、经济等理论的指引，突破不了生产关系的束缚，生产力也得不到真正的解放，社会也不能进步。人类要成为大自然的主人，又要成为社会的主人，就必须研究和发展自然科学与社会科学。这两大知识门类组成了人类知识的主体，它们对人类的现在和未来发展具有伟大的推动力。

　　如果说知识是人类认识的成果，那么科学就是关于自然、社会和思维的知识体系，两者密不可分。因此，马克思重视知识的作用，更重视作为知识体系的科学的作用。在马克思看来，物质资料的生产，是人类社会生存的基础。人们为了进行物质资料的生产，就必须使用一定的生产工具。劳动者和生产工具的结合，就构成了社会的生产力。而劳动者的生产技能和生产工具的发展水平，又都是以一定的科学知识为基础的。劳动者的科学知识水平越高，劳动技能就越强。至于生产工具，它本身就是一定时期科学水平的标志。因此，马克思指出："生产力中也包括科学。"①

　　科学技术是人类的伟大实践之一，是人类认识世界和改造世界的智慧结晶，是推进社会、造福人类的巨大财富。马克思把科学首先看成历史的有力的杠杆，看成最高意义上的革命力量。科学技术之所以是推进社会、造福人类的巨大财富，是因为它是生产力发展的重要力量，是人类社会进步的重要标志。纵观人类文明的发展历史，可以清楚地看出，科学技术的

---

① 《马克思恩格斯全集》第46卷（下册），人民出版社，1980，第211页。

每一次重大突破，都会引起生产力的深刻变革和人类社会的巨大进步。人类社会的发展迄今已经历了蒙昧时代、野蛮时代、文明时代，文明的发展又经历了农业文明和工业文明，而科学技术在人类文明的发展和跃迁中都具有重要影响和作用。大约 3 万年前，由于语言、弓箭、制陶和轮子的发明，人类开始从蒙昧时代走向野蛮时代。而种植、畜牧、冶金这三项伟大的生产技术发明则从根本上改变了人类对自然的寄生关系，并成为人类创造农业文明的支撑。文字、逻辑、计算和实验方法的发明为人类理性的高度发展奠定了基础，特别是造纸、印刷术、火药和指南针这四大发明，以及地球不是宇宙的中心和太阳系这两大发现，有力地推动了农业文明向工业文明的过渡。在进入工业文明时代以后，人类理性的发展更使人的力量与自然的力量的结合得到迅速的提高，极大地改善了人类的物质生活条件。

总之，在马克思主义看来，推动人类社会前进的是生产力；而生产力从本质上讲是科学，是知识。因此，归根到底，知识才是推动历史前进的决定性力量。

二　知识分子是知识经济社会的主导者

1. 知识分子是知识经济的主体

知识是知识经济中最重要的资源，而人是知识的载体。知识的作用，总是通过掌握知识、运用知识的劳动者的知识劳动来实现的。因此，知识是知识经济的第一要素，其实是说有知识并把知识运用于劳动而创造财富的人是知识经济的第一要素、第一资源。诺贝尔奖获得者西奥多·舒尔茨指出，有知识和技能的人，是一切资源中最为重要的资源。舒尔茨还在他的研究报告中指出，不同文化程度的人，在智力劳动方面的能力比是：大学∶中学∶小学 = 25∶7∶1，这说明劳动者的科学文化素质越高，劳动生产力就越大。可以肯定，在知识经济里，知识分子将是社会的中坚力量，是社会劳动力的主体。有人把知识经济又称为脑力经济，从一个侧面说明了知识分子在这场伟大的变革中所占的地位和所起的作用。

面对知识经济，人们惊呼社会力量在转移。系统哲学家 E. 拉兹洛在他的《决定命运的抉择》一书中指出，在 20 世纪末和 21 世纪初，世界上权力与财富性质的游戏规则已经改变。权力不再以诸如某个办公室或某个组织的权威之类的传统标准为基础，财富的含义正在从比诸如黄金、货币和土地更灵活的无形的财富和权力基础上形成。这个新基础以思想、技术和通信占优势为标志，一句话，以信息为标志。未来学家托夫勒也把他的一部新著取名为《权力的转移》。他在书中指出，财富越来越依靠脑力已成为企业界的口头语。知识本身不仅已经成为质量最高的力量的来源，而且成为武力和财富的最重要的因素。这一切都预示着一个新时代的到来，而决定新时代的命运的力量，则是通过知识分子来创造的。因此，知识分子将成为知识经济时代的主宰者。

不同的经济时代是由不同的生产力水平决定的。从生产力发展水平来看，我们可以把人类社会划分为渔猎—采集经济时代、农业经济时代、工业经济时代、知识经济时代。不同的经济时代具有不同的社会主体力量。

在渔猎—采集经济时代，社会的生产力水平极其低下，其标志生产力水平的生产工具主要为石器、棍棒，是对自然物的直接利用，其劳动对象比较简单，其活动范围也十分有限，劳动者往往是以比较庞大的部落群体形式出现的。这一时代经历了母系氏族到父系氏族的不同阶段，氏族部落首领发挥了明显的组织作用。从严格的意义说，渔猎—采集经济时代还属于人类的史前阶段，其社会主体力量还主要决定于年龄、性别方面的自然分工。

在农业经济时代，社会的生产力水平有了比较明显的提高。其标志生产力水平的生产工具是经过加工并具有不同形式和专门用途的各种生产工具；其劳动对象在原来的基础上也变得比较复杂，人们的活动范围也明显扩大，农业生产活动则是其最主要的经济活动；劳动者开始以相对稳定、封闭的家庭形式出现；其代表先进生产力水平的社会主体力量是农民阶级。

在工业经济时代，生产力水平出现了质的飞跃，劳动生产效率极大提高。其标志生产力水平的生产工具已经构成了以大机器为核心的系统；其劳动对象在原来的基础上变得更为复杂，其领域不断扩大，工业生产活动是其最主要的经济活动；其生产活动已经成为社会化大生产活动，有明显的组织和管理；其代表先进生产力水平的社会主体力量是工人阶级。

在知识经济时代，社会生产力水平又一次出现革命性变化。标志其生产力水平的生产工具与工业经济时代的生产工具相比，已经得到了以信息化、自动化、数字化为标志的革命性改造，是对人的脑力劳动的大解放；其劳动对象在原来的基础上变得更为复杂，其领域不断扩大，知识和信息成为重要的生产对象；其生产活动的社会化程度大大提高，呈现明显的全球化趋势，创新是知识经济时代生产活动的最大特征；知识分子开始成为代表先进生产力水平的社会主体力量。

不同的经济时代有不同的社会主体力量，这是由不同经济时代具有不同的生产力水平决定的。由于在农业经济时代、工业经济时代，知识经济所拥有的地位和作用还不十分明显，因而还没有从农业经济、工业经济活动中相对独立出来。当知识活动从物质经济活动中逐渐分化独立出来以后，便具有不同于其他经济时代的特征，从而显示出巨大的革命力量。与此相应，知识分子在知识经济时代的地位也就显得越来越重要。

首先，知识分子是"第一生产力"的开创者。在人类社会发展史中，生产力每一次划时代进步，无一不是人类知识特别是科学技术出现重大突破的结果。因此，邓小平作出了"科学技术是第一生产力"的科学论断。然而，科学技术作为第一生产力不会凭空产生，而是在总结劳动人民实践经验和继承前人研究成果基础上，由一代又一代的知识分子创造和开拓的。

其次，知识分子是知识经济的推动者。知识产业化、产业知识化使知识分子从后台走向前台，成为决定产品生产的主导力量，推动知识与产业、产业与知识的相互融合。同样，知识产品化、产品知识化则使知识分子成为一线生产者和管理者，成为推动知识与产品、产品与知识相互融合的主体力量。

再次，知识分子是新兴文明的创造者。在知识经济时代，知识将不再为某一阶层所专有，掌握与时代相应的知识将成为每一个社会成员的权利和义务。传统意义上的知识分子已不再是一个社会阶层，而是扩展为高度知识化的社会主体。作为一个阶层而存在的"知识分子"将消失于其中。具有新时代内涵的新型"知识分子"将成为新兴文明的创造者。

2. 知识分子同先进生产方式相联系

现代社会的知识分子是与现代社会化大生产这一先进生产方式相连的有系统知识的脑力劳动者，是集革命性与建设性于一体的社会发展的领导力量。

先进生产方式在不同社会有不同内涵。在工业革命时代，先进生产方式是适应机器体系的生产方式，而且它"越是成为完备的机器体系，要靠人的劳动来完成的个别过程越少（如在不使用走锭精纺机的机械纺纱厂中），它也就越完善。"① 在信息革命时代，先进生产方式是适应电脑和电脑网络的生产方式，电脑的功能在记忆和演绎范围越是高级，与个人生活越是密切，网络覆盖的范围越广，这种生产方式越先进。前一种革命的直接结果是部分地甚至全部地解放直接生产过程中劳动工人的体力，使一部分工人站到这一过程之外去看管机器的生产，使另一部分这类工人发挥智力因素去通晓整个生产系统，去参与社会生产总过程的管理和服务。后一种革命是前一种革命的间接结果。当劳动工人的体力器官通过机器劳动获得充分延伸之后，劳动工人脑力器官的延伸就成为必然。电脑包括各种感应器应运而生，工人进一步创造了解放自己的条件。一方面是在物质生产总过程中白领工人迅猛增加，成为劳动工人的主体，另一方面在社会生产总过程中，科学、艺术、道德的生产日趋发展，社会精神生产成为社会生产结构的主体。作为精神生产劳动者的知识分子，其劳动对象是信息，劳动过程是收集、选择、加工信息，劳动结果是一个新的不重复的有用信息或信息载体。信息革命为知识分子数量上的增加和质量上的提高，创造了划时代的条件，也为劳动工人，为体力劳动者和脑力劳动者的解放创造了决定性的物质条件。因此，不是一般的劳动工人，而是获得了体力解放以后的劳动工人即白领工人和其他精神生产劳动者，创造和改变着与电脑相适应的生产方式。正是这些精神生产者即知识分子发动了信息革命，创造了这一先进生产方式。同时，这一先进生产方式又在更大程度上造就了现代知识分子。从这个意义上讲，知识分子是代表这种先进生产方式的先进分子。

这样，工业革命和信息革命把劳动工人及由他们运作的生产方式分成三个阶段：第一阶段，工业革命以前的手工业工场，劳动工人的手和脑还没有相互分离，范围有限的知识和经验是同劳动本身直接联系在一起的，并没有发展成为同劳动相分离的独立的力量。第二阶段，工业革命推动下形成了以机器体系为基础的生产方式，劳动工人的手和脑开始分离，科学

① 《马克思恩格斯全集》第 47 卷，人民出版社，1979，第 518 页。

应用于生产并和直接劳动相分离。在这个阶段，知识成了一种能同劳动分离并同它相对立的工具，这种分离最初只是对资本有利，但"最终成为发展科学和知识的潜力的条件"①。第三阶段，当手和脑的分离到了人脑及其感觉器官不延伸就不能推动生产力的时候，电脑和适应电脑的生产方式必然产生。脑力劳动者越来越成为劳动工人的主体，成为白领工人，劳动工人的内涵与以前两个阶段的劳动工人已大不相同了，也正是在这个阶段，知识分子的地位日益突出。

3. 知识分子在社会分层结构中处于较高的位置

随着知识社会的崛起，一种全新的运用知识提供服务的职业出现了。德鲁克认为，后资本主义社会的主要阶级是知识工作者和服务工作者，而不是资本家和无产者；后资本主义社会的生产要素既不是资本，也不是土地或劳动力，而是知识。他提出，后资本主义社会的重心——它的结构、它的社会和经济动力、社会阶级和社会问题——与支配过去 250 年并界定种种政党、社会团体、社会价值体系和个人与政治承诺得以具体化的问题的那些重心不同。创造财富的中心活动将既不是把资本用于生产，也不是劳动，而是知识的生产与应用②。

知识社会的主要社会团体是知识分子，像资本家知道如何把资本用于生产一样，他们是知道如何把知识用于生产的知识经理人员、知识专业人员和知识雇员。在这个新型的知识社会中，具备专门知识的社会成员即知识分子是社会的主体。知识、知识经济、知识分子以及知识社会形态四位一体，促使社会结构模式和社会运行机制发生相应变化。特别是随着知识社会新社会阶层的崛起，人类社会的结构及其运动形态必然发生极大变化。知识社会必然会出现新的等级划分，社会分层将被重新界定。

社会分层的实质是社会资源在社会中的不均等分配，即不同的社会群体或社会地位不平等的人占有的那些在社会中有价值的事物，例如财富、收入、声望、教育机会不均等。其分层标准主要是人们与社会资源关系方面的社会差别和不平等。这种不均等分配造成人们社会位置的高低差别即

---

① 《马克思恩格斯全集》第 47 卷，人民出版社，1979，第 598 页。
② 林聚任、李蕴：《知识社会与知识社会管理革命——论德鲁克的知识社会观》，《山东大学学报》2001 年第 4 期，第 26 页。

通常所说的社会地位差别，从而将处于不同社会位置的人们划分成不同的阶层。在即将到来的知识社会里，既然知识经济就是以知识为基础的经济，它直接依赖于知识的创新、传播和应用；既然经济的发展乃至社会方方面面的发展都要由知识来带动，那么知识分层毫无疑问将成为占主导地位的社会分层。因此，可以预见，在知识社会里，知识分层——受教育程度分层——不仅占主导地位，而且个人的受教育程度与其职业声望、职位权力和经济收入等存在着高度的相关性。也就是说，一个人受教育程度越高，就越有可能获得劳动条件更好、声望更高的职业，其职位也可能更高，权力也可能更大，与此相应，其经济收入也可能更高。

在知识社会，知识分子在社会中担负着重要的社会功能，发挥着重要的社会作用。因此，知识分子在社会的知识分层中应该占据较高的社会位置，拥有较高的社会地位及与其相称的权力、财富和声望。这一趋势在国外已经看得很清楚，在国内亦有明显的表现。

首先，从知识与权力的关系来看。在世界范围内，受教育程度较高的知识分子凭借着计算机、信息和知识正日益在社会的发展中占据着主导地位，实现了权力的转移。在现代社会组织内部，更高的学历意味着更有可能晋级升职，拥有更大的并且是合法的权力——权威。在我国，党的十一届三中全会以来，知识分子的政治地位有了明显的提高。党的干部队伍知识化的政策，使大批知识分子中的优秀人才有机会进入党政领导岗位，进入人大、政协等权力机关和参政议政机关，参与行使对社会实际控制的领导权力。随着社会生活的法制化和民主化，党和国家的决策科学化和民主化进一步加强，许多专家凭借研究成果也能够参与决策或影响决策。知识分子作为文化的创造者和传播者，其发明创造、思想观念都对日常的社会生活起着越来越大的影响力和支配力。可以说，在向知识社会迈进的进程中，知识分子的政治地位有明显向上流动的趋势，知识分子获得的社会权力明显高出于其他社会阶层。

其次，从知识与经济收入的关系来看。在一些已经进入知识社会的发达国家，如美国，1973～1993年，蓝领工人的收入下降了15%～19%，而大约只占20%的知识劳动者的年收入却占到总收入的4/5①。在我国，20

---

① 刘珺珺、赵万里：《知识与社会行动的结构》，天津人民出版社，2005，第177页。

世纪末到 21 世纪初，为调动知识分子的工作和科研积极性，促进知识经济的发展，国家和各地区、各部门采取积极措施，提高知识分子待遇，20 世纪 80 年代存在的脑体倒挂现象已从根本上得到扭转。不少知识分子特别是有真才实学和突出贡献的知识分子收入大幅度提高，出现了年收入 10 万元、100 万元甚至 1000 万元的知识资本家。有人作了一个比较，1994 年，在中国 30 位亿万富翁中，有 70% 的人只有小学文化程度，而《福布斯》评选的 2000 年中国 50 位富豪中，有 44% 以上的人具有大学以上文化程度①。对于致富，民间有这样一种说法：70 年代靠劳力，80 年代靠财力，90 年代靠智力。知识分子的富裕逐渐由个别发展为群体，而且成为社会发展的趋势。在 21 世纪的知识经济时代，拥有雄厚知识资本的知识分子无疑将拥有更加雄厚的社会财富。

再次，从知识与职业声望的关系来看。声望是社会分层中一个比较主观的方面。它不仅取决于评价对象的实际政治地位和经济地位，而且取决于占主导地位的社会价值观。人才市场的现状表明，具有更高学历的人才更有可能获得更好的职业，更好的职业所要求的学历也更高。对职业声望的调查也表明，知识含金量较高的职业，如科学家、工程师、大学教授、律师、医生等职业大都排在前几位。当代中国知识分子的社会声望与改革开放前比，有很大的提高。党和政府一再提倡尊重知识、尊重人才、尊重知识分子，大力宣传和表彰有突出贡献的专家学者，为知识分子获得较高的社会声望创造了良好的舆论环境和氛围。

综上所述，在未来的知识社会中，受教育程度高、拥有更多知识又懂得利用知识的知识分子将生活在社会的上层，而没有接受更多教育、从而拥有较少知识的人则将生活在社会的下层。

4. 知识分子是社会发展的领导力量

一国知识分子在数量上的增加是一国社会进步和社会发展的重要指标，也是一国人的全面发展的重要指标。人们把知识分子在社会劳动者总数中占较少份额的社会称为工业社会；这种比例大致接近一半或一半左右，称为后工业社会；如果知识分子的总人数明显处于多数状态，则标志着进入了信息社会。不论作为一个社会阶层（工业社会中知识分子的较少数量，使其成

---

① 钟兴明：《知识经济时代与中国知识分子》，巴蜀书社，2002，第 212 页。

为工业无产阶级的一小部分），还是作为一个社会阶级（在后工业社会中，知识分子的庞大数量和共同特征，使其成为生产工人的主体），知识分子无疑是先进生产力和先进文化的直接创造者，是社会发展的领导力量。

把认识还仅仅停留在知识分子是工人阶级的一部分，是脑力劳动无产阶级的理解上，是不够的。社会发展到今天，机器大工业已经全球化，并且后工业社会的部分成熟形态，信息社会的雏形，全球经济一体化和国际政治多极化的互动，使整个世界呈现多样性统一的态势。于是，知识分子的角色地位显著地增加了一种特性，他们在生产知识的同时，还领导着这个世界：为了应用自己生产的知识。知识分子以自己的实践证明，他们以个人全面发展的姿态在发展自己，发展自己同体力劳动者同胞的关系，并把这些同胞大量地动员到自己的队伍，从而在新的历史背景下，规定整个工人阶级的性质，谋求这个阶级（包括自己）和全人类的利益，引领个人和社会全面发展。

知识分子承担着生产系统和社会革命的领导角色，这是马克思主义诞生以来重要的社会事实。人们要改变以剩余价值为基础的生产方式就必须改变活劳动的形态，只能让新的生产力去替代活劳动，让活劳动中的智力部分去取代体力部分，而这两者除了求助于掌握科学技术的知识分子，别无他途。这就需要在知识分子领导下去改善生产系统的运动方式，改善资本的运营方式。

社会主义制度建立之后，作为无产阶级一部分的知识分子并没有成为实际的领导力量，这一方面是由于在汪洋大海般的小农的国家里，与先进的生产方式相联系的知识分子不论是在数量上还是在质量上都难以独立担当领导责任，他们必须同广大贫苦农民、大量手工业工场工人和数量不多的现代产业工人结成领导联盟，加速工农知识化，以承担对于革命和社会发展的领导责任。改革开放以来，知识分子在科教兴国中逐步担当起领导角色，成为第一生产力和第一资源。知识分子在引领社会全面发展过程中发挥了越来越显著的作用。

三　知识分子代表着社会的未来

1. 知识分子是社会主义未来希望的寄托者

社会主义的未来在于生产力的发展。邓小平一再教导我们要发展生产力。他写道："社会主义阶段的最根本任务就是发展生产力，社会主义的优越性归根到底要体现在它的生产力比资本主义发展得更快一些、更高一些，并且在发展生产力的基础上不断改善人民的物质文化生活。"① 在谈到社会主义本质时，他首先也是提"解放生产力，发展生产力"。要发展生产力，毫无疑问，发展科学技术这个第一生产力是第一位的。而生产力最关键最重要的因素是人。因此，合乎逻辑的推演是，发展第一生产力最关键最重要的因素是依靠和发展掌握第一生产力的知识分子。要建设真正的社会主义，创造比资本主义更高生产率的社会主义，社会财富和人民生活超过资本主义的社会主义，精神文明比资本主义更高尚的社会主义，如果没有比资本主义社会更多、更高质量的知识分子队伍是不可能的。一切为社会主义事业奋斗的人们，都要重温并记住马克思的话："最先进的工人完全了解，他们阶级的未来，从而也是人类的未来，完全取决于成长的工人一代的教育。"② 通过教育，实现工人阶级知识化，更准确地说是工人阶级知识分子化，或工农劳动大众知识分子化，社会主义才会有一个光明的未来。这就是历史的结论，也是时代的呼唤。

2. 知识分子是民族未来灵魂的塑造者

民族精神是一个民族生存和发展的灵魂，任何一个民族都因有自己的灵魂而生生不息，又因生生不息而不断弘扬和培育着民族精神。民族精神来源于一个民族的人民在长期的生产实践中形成的行为准则，这个民族的智者将这些行为准则升华为信念和价值观念，就成了民族精神。但民族精神形成之后对行为准则的规范过程，就意味着在整合民族力量的同时又有束缚民族创新的一面，这个民族一定要用创新的行为去冲破约定俗成的行为准则，从而重构民族精神。要解决民族精神与创新之间存在的矛盾，就必须不断结合时代和社会的发展要求，不断丰富民族精神的内涵。要完成这一庄严使命，就必须依靠知识分子。因为知识分子具有高度科学的抽象思维，能认识到传统的民族精神也是现实矛盾运动的结果，这种矛盾的发展也是一个既克服又保留的"扬弃"过程，即克服传统民族精神中不合理的过时的因素，保留传统民族精神中合理的因素，并将其加以改造，融化

---

① 《邓小平文选》第 3 卷，人民出版社，1993，第 63 页。
② 《马克思恩格斯全集》第 16 卷，人民出版社，1964，第 217 页。

到新的民族精神的结构中，成为新的民族精神的因素。邓小平曾意味深长地寄希望于从事哲学社会科学研究的知识分子，认为他们应当是人类灵魂的工程师。在当前这个转变时期，在社会主义精神文明和整个社会主义建设中，他们在思想教育方面的责任尤其重大。知识分子作为灵魂工程师，应当高举马列主义、社会主义的旗帜，用自己的文章、作品、教学、讲演、表演，教育和引导人民正确地对待历史，认识现实，坚信社会主义，鼓舞人民奋发努力，积极向上，为伟大的社会主义现代化建设事业而英勇奋斗。

3. 知识分子是人类走向统一的联系者

人类历史不管经历多么漫长的历程总要走向统一，对这一点，资产阶级学者也不否认。对于人类如何走向统一，马克思、恩格斯认为有两条道路：第一条道路是科技的发展，使人们能够认识自然规律，从而能够有计划地使自然规律为人类的目的服务。他们指出，自由就在于对自然界的必然性的认识和对外部世界的改造，科学文化上的每一个进步，都是迈向自由的一步。而到了共产主义社会，人们第一次成为自然界的自觉的和真正的主人，因为他们已经成为自身与社会结合的主人了。总之，是科技的发展使人们掌握了自然界的规律，从而使人类从最初的野蛮时代走向了最终的文明统一，而知识分子是科技的载体这一点决定了其使命是野蛮与文明的联系者。第二条道路是呼唤先进生产力的代表用革命的方式为生产力开辟道路的同时，不断地砸碎身上的锁链，最后得到整个世界。生产力的发展，产生了私有制，形成了阶级，产生了国家，国家又必然导致社会革命。当然，是知识分子作为载体的科技发明导致了生产关系、国家的一次又一次对生产力发展的阻碍，从而引发了社会革命的必然发生。1856年，马克思在《在〈人民报〉创刊纪念会上的演说》中谈到德国1848年的革命时指出："蒸汽机、电力和自动机甚至是比巴尔贝斯、拉斯拜尔和布朗基诸位公民更危险万分的革命家。"[①] 他在这里提到的三个人，都是知识分子，也是领导那场革命的风云人物。知识分子对先进生产力代表命运的深刻揭示，对落后国家本质的揭露，引发了先进生产力代表义无反顾的革命奋斗。显然，马克思、恩格斯从生产力和生产关系两条线索上为人们指向

---

① 《马克思恩格斯全集》第12卷，人民出版社，1962，第3页。

通往共产主义的大道已隐含了知识分子是人类走向统一的联系者的思想。知识分子能成为人类走向统一的联系者，其内在根据在于知识分子是知识的化身、科技的载体。知识分子是科学技术的载体，而科学技术永远按照自己的内在规律前进着，自然科学通过对生产力发展轨迹的延伸使人类有了走向统一的物质基础，社会科学通过对人类未来共同灵魂的辐射内聚着人类走向统一的精神支持。正因为知识分子负载的科学技术知识具有这种功能，这个群体又广泛地生存于各个民族、阶级内部，甚或生存于阶级内部各个阶层而又有共同的语言，从而决定着他们是人类走向统一的联系者。

· 第三章 ·
知识分子的阶级属性

　　知识分子的阶级属性是一个在马克思主义思想史上有过重要探索的问题。在《资本论》创作的全过程中，对这一问题进行了很多讨论，但没有最后完成。但是，恩格斯到19世纪末对这个问题的认识有了一个重要的飞跃。他在致国际社会主义者大学生代表大会的贺信中指出：“希望你们的努力将使大学生们愈益意识到，正是应该从他们的行列中产生出这样一种脑力劳动无产阶级，他们负有使命同自己从事体力劳动的工人兄弟在一个队伍里肩并肩地在即将来临的革命中发挥巨大作用。”① 恩格斯提出的“脑力劳动无产阶级”是一个具有深远意义的概念，表明作为脑力劳动者的知识分子属于无产阶级的一部分。在知识经济时代，知识分子成为工人阶级的主体和先进部分，规定着整个工人阶级的性质。

第一节　马克思主义对知识分子阶级属性的判定

一　判定知识分子阶级属性的依据

1. 阶级区分取决于人们在生产中的地位

　　马克思、恩格斯认为，阶级在本质上是一个经济范畴，所以划分阶级的根本依据只能在经济领域中去寻找。恩格斯明确论述了经济因素在阶级划分中的重要作用。他指出：“唯物主义历史观从下述原理出发：生产以

---

　　① 《马克思恩格斯全集》第23卷，人民出版社，1975，第566页。

及随生产而来的产品交换是一切社会制度的基础；在每个历史地出现的社会中，产品分配以及和它相伴随的社会之划分为阶级或等级，是由生产什么、怎样生产以及怎样交换产品来决定的。所以，一切社会变迁和政治变革的终极原因，不应当到人们的头脑中，到人们对永恒的真理和正义的日益增进的认识中去寻找，而应当到生产方式和交换方式的变更中去寻找；不应当到有关时代的哲学中去寻找，而应当到有关时代的经济中去寻找。"① 从马克思、恩格斯的著作中可以看出，他们关于阶级的第一个和最基本的观点，就是把阶级视为生产关系和交换关系的产物，他们是从一定的社会生产结构中各个社会集团地位的差别上来看待阶级和阶级划分的。

　　一个社会集团或阶级在经济方面的表征是多方面的，如在社会生产体系中的地位、生产资料占有关系、在社会劳动组织中的作用、收入的方式和多寡，等等。对阶级所表现出的这些特征，要辩证地把握。既要全面分析这些基本特征，又不能认为这些特征是不分主次的简单罗列。它们之间有内在的联系，其中对生产资料的占有关系无论在层次上还是在重要性上都高于其他特征，具有本质的意义。它是生产关系的基础，决定着人们在生产体系中的地位、在劳动组织中的作用和产品分配形式。尽管马克思、恩格斯没有明确给出阶级的定义和阶级划分的标准，但他们一直坚持把人们与生产资料的关系作为划分阶级的决定性标准。在他们看来，阶级不是一般的社会集团，而是代表某种生产方式的特殊的社会集团。阶级对立的实质是对生产资料的占有关系不同，这种不同决定了人们在一定经济结构中所处的地位不同，这种不同地位又决定了一部分人能够凭借对生产资料的占有权来剥削另外一部分不占有生产资料的人的劳动。因此，对生产资料的关系在阶级划分中起着决定的作用，是划分阶级的客观标准。马克思、恩格斯在划分阶级上的最重要的贡献在于把阶级同所有制联系起来，从生产过程而不从收入和分配领域，更不是从非经济领域来寻找阶级划分的根源。马克思认为，是否占有生产资料和劳动决定着人们的阶级属性。在私有制社会，正是由于存在一部分人对另一部分人的生产资料和劳动的剥夺，社会才逐渐形成两大对立阶级，阶级对抗才日益成为私有制社会的客观现实。

---

① 《马克思恩格斯选集》第 3 卷，人民出版社，1995，第 617～618 页。

马克思在《资本论》中提出："什么事情使雇佣工人、资本家、土地所有者成为社会三大阶级？"① 他认为，乍一看这三大阶级是因为分别靠工资、利润和地租的收入来生活，所以划分为不同的阶级。实际上阶级的划分当然不是以其生活收入为标准，而主要是依据其对生产资料的占有情况来决定。从《资本论》其他篇章的有关论述中，我们也可以发现马克思这一思想的一些线索。第 1 卷第 24 章指出，原始积累是使封建剥削转为资本主义剥削的历史，而原始积累只不过是使生产者和生产资料分离、使生产者转化为雇佣工人的历史过程。在第 2 卷第 1 章中，关于生产资料与劳动者分离与结合的论述，指出实行结合的特殊方式与方法，使社会结构分为各个不同的经济时期。第 3 卷第 47 章指出，货币地租造成小生产者分化，农场主出现，以及土地所有权与经营权分离。总的来说，是由于小生产者同生产资料的分离，货币和生产资料集中在资本家手中，封建土地所有权转变为资本主义土地所有权，形成了三大阶级。而其中最关键的是生产资料的重新分配和经济关系的演变。此外，在《德意志意识形态》和《共产主义原理》中，马克思和恩格斯指出，所谓资产阶级，就是在所有文明国家里一切生活资料和生产这些生活资料所必需的原料和工具（机器、工厂）的独占者；而所谓无产阶级，是完全没有财产的阶级，他们为了换得维持生存所必需的生活资料，不得不把自己的劳动出卖给资产者。恩格斯在《共产党宣言》（1888 年英文版）上再次加注重申："资产阶级是指占有社会生产资料并使用雇佣劳动的现代资本家阶级。无产阶级是指没有自己的生产资料，因而不得不靠出卖劳动力来维持生活的现代雇佣工人阶级。"② 这里谈到的虽然是资产阶级与无产阶级的划分，但把生产资料作为划分阶级的标准却是明确而深刻的。他们实际上是按照生产资料和劳动的占有关系来作为划分阶级的标准的。

总的来看，马克思、恩格斯认为，阶级是在一定的经济关系的基础上形成的，阶级划分的根源不在分配过程而在生产过程。资本家之所以是资本家，不是由于他们攫取利润，而在于他们占有资本。生产资料的占有不同是阶级划分的最根本的基础。一个人的阶级归属和阶级地位客观上是由

---

① 《马克思恩格斯选集》第 2 卷，人民出版社，1995，第 588 页。
② 《马克思恩格斯选集》第 1 卷，人民出版社，1995，第 272 页。

他在生产过程中所处的地位和这个地位所提供的生产资料的占有所决定的。正如马克思所说："在我们这个时代，也有劳动和分工，因此也就有阶级，其中一个阶级占有全部生产工具和生活资料，另一个阶级只有出卖自己的劳动才能生存，而出卖劳动也只有当购买劳动能使雇主阶级发财时才有可能。"① 恩格斯也指出，工业革命的结果使"参与生产的只有两个阶级：拥有劳动工具、原料和生活资料的资本家阶级和既没有劳动工具、原料，也没有生活资料，而必须首先用自己的劳动向资本家购买生活资料的工人阶级。因此，现代无产者仅仅同一个敌视他、剥削他的社会阶级——资本家阶级、资产者——直接发生关系"②。

　　马克思、恩格斯还认为，分工的规律就是阶级划分的基础。"分工发展的各个不同阶段，同时也就是所有制的各种不同形式。这就是说，分工的每一个阶段还决定个人与劳动材料、劳动工具和劳动产品有关的相互关系。"③ 显然，马克思、恩格斯把分工与所有制看做同一事物，来解释它们对阶级划分的作用。

　　马克思、恩格斯虽然没有像后来的列宁那样把人们同生产资料的关系明确地作为阶级划分的主要标准，但实际上已经把所有制即人们与劳动的材料、工具和产品的关系作为阶级划分的主要依据了。列宁在十月革命之前，对划分阶级的标准作过最初的论述。他写道："区别各阶级的基本标志，是它们在社会生产中所处的地位，也就是它们对生产资料的关系。占有某一部分社会生产资料，把其用于私人经济，用于目的在出售产品的经济，——这就是现代社会中的一个阶级（资产阶级）同失去生产资料、出卖自己劳动力的无产阶级的基本区别。"④ 这一论述和马克思、恩格斯的论述是一致的，是对马克思、恩格斯阶级划分标准的明确化。

2. 社会分层中的阶层划分

　　社会成员不仅依据一定的社会关系形成各种社会群体和组织，而且划分为不同的阶级和阶层，从而形成了社会的分层结构。马克思、恩格斯对社会分层的认识集中体现在他们的阶级划分理论中。他们认为，由阶级划

---

① 《马克思恩格斯全集》第 6 卷，人民出版社，1961，第 221 页。
② 《马克思恩格斯全集》第 16 卷，人民出版社，1964，第 75 页。
③ 《马克思恩格斯选集》第 1 卷，人民出版社，1995，第 68 页。
④ 《列宁全集》第 7 卷，人民出版社，1986，第 30 页。

分而形成的阶级分层反映了阶级社会里社会分层的本质特征。在阶级社会里，各种不同的社会分层类型归根到底都要受到阶级分层的制约与影响。因为阶级的差别是阶级社会里最根本的差别，忽视阶级分层就不可能真正从本质上把握阶级社会的社会分层现象。然而，社会分层并不都是阶级分层，不能把社会分层等同于阶级划分，不能对社会分层简单化。社会结构的复杂性决定了社会分层的复杂性。由于各种社会差别的存在，并表现出多样性的特征，使社会分层呈现复杂的局面。阶层划分就是马克思、恩格斯认识这种差别的方法之一。有人认为，马克思、恩格斯只重视阶级分析，而忽视阶层分析，甚至认为阶级是马克思的概念，阶层是韦伯的概念，这是对马克思、恩格斯阶级理论的误解。事实上，他们在分析人类社会的阶级状况时，也非常注意运用阶层的分析方法，把阶级划分和阶层划分结合起来对一个社会进行双重考察。在马克思、恩格斯的著作中，有许多关于阶层问题的思考和论述。

马克思、恩格斯认为，社会是个社会关系的复杂体系。依据不同的标准可以划分为不同的层次。划分阶级的标准是对生产资料的不同关系，划分阶层的标准则是生产资料占有关系之外的属性。阶层或者存在于阶级内部，或者存在于阶级之间或阶级之外。《共产党宣言》就指出过，每一个阶级内部都包含着不同的阶层："在过去的各个历史时代，我们几乎到处都可以看到社会完全划分为各个不同的等级，看到社会地位分成多种多样的层次。在古罗马，有贵族、骑士、平民、奴隶，在中世纪，有封建主、臣仆、行会师傅、帮工、农奴，而且几乎在每一个阶级内部又有一些特殊的阶层。"① 马克思依据经济活动的方式和由它所决定的社会成员在社会经济机构中所处的地位，把今天的市民社会即资本主义社会区分为三个主要的阶级：①作为土地所有者和收地租的地主；②一方面是资本家，另一方面是投资者和资本出借者，都是他人劳动力的使用者，以赚取资本利润；③出卖劳动力以换取工资的工人。这些阶级又根据其成员在生产过程中的不同地位和特点分为形形色色的下属阶层。例如，在地主中，有以地租为生的地主，有独立经营的大农场主；在资本家中，有金融家、工业家、大商人等；在工人中，有体力劳动工人、脑力劳动工人等。马克思在《资本

① 《马克思恩格斯选集》第 1 卷，人民出版社，1995，第 272～273 页。

论》第 3 卷中指出："社会分工在工人、资本家和土地所有者中间造成的利益和地位的无止境的划分——例如，土地所有者分成葡萄园所有者，农场所有者，森林所有者，矿山所有者，渔场所有者。"① 马克思在《直接生产过程的结果》一文中还指出，在各种劳动者中，有的人多用手工作，有的人多用脑工作，有的人当经理、工程师、工艺师等，有的人当监工，有的人当直接的体力劳动者或者做十分简单的粗工，于是劳动能力的越来越多的职能被列在生产劳动的直接概念下，这种劳动能力的承担者也被列在生产工人的概念下。"这些人中的每一个人对资本的关系是雇佣劳动者的关系，是在这个特定意义上的生产工人的关系。"②

马克思、恩格斯认为，一般地说，同一阶级内部的不同阶层之间没有根本利益的冲突，但仍然存在各自相对独立的利益。例如，工业家和银行家，尽管同属资本家，却在资本主义的经济机构内部占有不同的地位。工业家购买他人的劳动力，在自己企业内加以使用以生产某种商品，并将劳动者所生产的剩余价值作为企业盈利，而金融家则把钱借出去，以此取得不同形式的利息。两者都是资本家，都是从在社会生产过程中所产生的剩余价值里取得他们的收入。然而在这一过程中，其经济职能是不同的，从而使他们在资本主义经济内部具有不同的活动范围，因而在他们之间也存在着某些利益的不同。

马克思、恩格斯所处的时代是无产阶级和资产阶级斗争十分激烈的时代，他们运用阶级划分这一工具解剖资本主义社会时，偏重于对资产阶级和无产阶级之间相互关系的阐述，但是他们丝毫没有忽视两大阶级内部的各个阶层，也没有忽视其他阶级阶层。马克思明确指出："实际的社会结构，——社会绝不仅仅是由工人阶级和产业资本家阶级组成的。"③ 马克思、恩格斯在他们的著作中，着重论述了社会的主要阶级，也区分了一些次要的阶级和阶层。马克思、恩格斯认为，在现代社会的两大阶级——资产阶级和无产阶级——之间有一个处在过渡地位的中间阶层，并对中间阶层的地位、作用和特点进行了分析，着重指出了这一阶层的两面性和动摇性。

---

① 《马克思恩格斯全集》第 25 卷，人民出版社，1974，第 1001 页。
② 《马克思恩格斯全集》第 26 卷（第 1 分册），人民出版社，1972，第 444 页。
③ 《马克思恩格斯全集》第 26 卷（第 2 分册），人民出版社，1973，第 562 页。

应该看到，马克思、恩格斯的阶层划分是以阶级划分为指导的，是对它的具体化。它与西方社会学的社会分层研究完全不同。西方分层研究中，韦伯的阶级—地位—权力三位一体的分层模式被奉为典范，后来又出现布劳－邓肯的职业分层说以及以帕森斯为代表的分层功能论、以达仁道夫为代表的分层冲突论，等等。这些不同的学说采用不同的标准和方法来确定人们在社会地位上的分布状态，从而得出不同的阶级阶层结构。西方分层研究缺乏科学理论的指导，看不见或有意回避所有社会差别的最深刻根源在于私有制，因而只能看到社会现象的表面差异，只能不分主次地罗列各种浮面上的派生的差异，当做社会分层的标准。马克思、恩格斯的阶层划分则以唯物史观为基础，把以占有关系划分的阶级之间的差别作为一切社会差别的根源。马克思、恩格斯以阶级划分理论为指导的社会分层方法不仅看到了在阶级之外存在与阶级相联系而又相对独立的特殊社会群体，也看到了阶级内部除生产资料占有关系不同之外的其他差异。与西方社会分层理论不同的是，马克思、恩格斯没有将这些阶级内部的差异扩大化，并进一步放大为阶级之间的分野，而是将这种差异看成对生产资料占有关系一致基础上的差异。这样就既看到了阶级划分的根本标志，坚持了阶级标准上的一元论，又不忽视阶级之间、阶级内部存在其他差异的复杂性，看到了同一阶级内部因经济地位的具体差别（生产资料的多少、经济力量的强弱等）而产生的层次性，坚持了阶级划分问题上的辩证法。因此，马克思、恩格斯将阶级划分与阶层划分统一起来的方法是唯一科学的方法。

二 知识分子的工人阶级属性

马克思主义认为，在阶级社会里，个人总是要隶属于一定的阶级的。因此，所谓知识分子的阶级属性，也就是在社会结构中，知识分子处于何种阶级地位的问题。

在判定知识分子的阶级属性时，只能根据他们在生产关系中所处的地位即对生产资料的掌握情况及由此决定的取得生活资料的来源即对产品的分配状况，马克思就是根据这一标准来判断知识分子阶级属性的。《共产党宣言》一针见血地指出："资产阶级抹去了一切向来受人尊崇和令人敬畏的职业的神圣光环。它把医生、律师、教士、诗人和学者变成了它出钱招雇的雇佣劳动者。"[1] 雇佣劳动者即雇佣工人，是被剥夺了生产资料、靠出卖劳动力（包括体力劳动力和脑力劳动力）以换取工资为生的劳动者。这就明确告诉人们：在资本主义社会里，大多数知识分子本来就是工人阶级的一部分。知识分子不占有生产资料，依靠出卖自己的脑力劳动力参与社会化大生产。他的劳动的剩余价值同样被资产阶级占有，因此，他理应属于无产阶级。马克思在《剩余价值论》中指出："资本主义生产方式的特点，恰恰在于它把各种不同的劳动，因而也把脑力劳动和体力劳动，或者说，把以脑力劳动为主或者以体力劳动为主的各种劳动分离开来，分配给不同的人。但是，这一点并不妨碍物质产品是所有这些人的共同劳动的产品，或者说，并不妨碍他们的共同劳动的产品体现在物质财富中；另一方面，这一分离也丝毫不妨碍：这些人中的每一个人对资本的关系是雇佣劳动者的关系，是在这个特定意义上的生产工人的关系。所有这些人不仅直接从事物质财富的生产，并且用自己的劳动直接同作为资本的货币交换，因而不仅把自己的工资再生产出来，并且还直接为资本家创造剩余价值。"[2] 从阶级属性即根据他们本人在资本主义社会取得主要生活来源的方式来看，脑力劳动者和工人一样，也是受资本家剥削的，因而，在阶级属性上和工人没有什么不同。马克思认为，对于脑力劳动者来说，"为了从事生产劳动，现在不一定要亲自动手；只要成为总体工人的一个器官，完成它所属的某一种职能就够了"[3]。在资本主义生产关系中，不管是体力劳动者还是脑力劳动者，不管是做技术工作的，还是做管理工作的，他们作为总体工人的成员，都是生产劳动者。

生产资料是马克思分析物质资料生产过程的特有概念，其含义是劳动对象与劳动资料之和，其外在形式是以物态呈现的社会财富，传统无产阶级对其占有关系是"一无所有"。因此，用划分阶级的根本标准，即对生产资料的占有关系去衡量，知识分子的阶级属性只能是无产阶级。

阶级内部总是一个结构，它可以分出阶层，这是划分阶级定性前提下的定量研究，是定性研究的补充和深化。资本主义早期，工人以体力劳动

---

[1] 《马克思恩格斯选集》第 1 卷，人民出版社，1995，第 275 页。

[2] 《马克思恩格斯全集》第 26 卷（第 1 分册），人民出版社，1972，第 444 页。

[3] 《马克思恩格斯全集》第 23 卷，人民出版社，1972，第 556 页。

为主，工人阶级缺少科学文化的教育和训练，主要还是从事着工业和农业领域里的笨重的体力劳动。马克思、恩格斯在所写的一些著作中，描绘了当时无产阶级在生产中所处的地位。那时，"由于推广机器和分工，无产者的劳动已经失去了任何独立的性质……工人变成了机器的单纯的附属品，要求他做的只是极其简单、极其单调和极容易学会的操作。"① 第二次世界大战后，工人的劳动方式发生了变化，那些从事体力劳动、满身油污的蓝领工人逐渐减少，而那些从事脑力劳动、工作条件较好、穿戴整洁的白领工人逐渐增多。随着生产力的高度发展和科学技术的突飞猛进，当代资本主义生产自动化程度大大提高，传统的劳动在生产第一线的雇佣工人大量减少，计算机、机器人等现代化设备充斥生产领域，工人普遍受过高等教育，劳动时间大为缩短，工作环境得到改善，工人出现了知识化、白领化的趋势，与此同时，大量的工程师、科技人员、管理人员等也以白领工人的身份出现在生产过程中。白领工人的数量超过了蓝领工人的数量。

那么，如何看待白领工人呢？从本质上说，白领工人仍然是工人，仍然是资本的雇佣劳动者，其不同于蓝领工人的地方在于，在资本主义生产关系中，他向资本家出卖的是脑力劳动力。

作为主要从事非体力劳动的雇佣劳动者，白领工人的出现和增加，是资本主义经营管理方式和工人劳动方式变化的结果。在资本主义初期或资本家创办企业之初，企业主逐步脱离物质生产劳动，但仍参加经营管理劳动。随着资本主义经济的发展和资本主义企业规模的扩大，资本家就从参加经营管理的劳动转到脱离经营劳动，再到脱离管理劳动，经营管理的劳动就独立化，由工资劳动者担任。马克思指出："正如起初当资本家的资本一达到开始真正的资本主义生产所需要的最低限额时，他便摆脱体力劳动一样，现在他把直接和经常监督单个工人和工人小组的职能交给了特种的雇佣工人。"② "与信用事业一起发展的股份企业，一般地说也有一种趋势，就是使这种管理劳动作为一种职能越来越同自有资本或借入资本的所有权相分离。""那些不能在任何名义下，即不能用借贷也不能用别的方式占有资本的单纯的经理，执行着一切应由执行职能的资本家自己担任的现

① 《马克思恩格斯选集》第 1 卷，人民出版社，1995，第 279 页。
② 《马克思恩格斯全集》第 23 卷，人民出版社，1972，第 369 页。

实职能。"① 随着现代科学技术的发展，管理股份公司，尤其是庞大的垄断股份公司，需要具有专业管理才能的人员。资本家对工资劳动者的这种需要促成了工人劳动方式的转变。另外，资本主义生产是随科学技术的发展而发展的，它离不开科学技术的推动。正是科学技术造就了一批以脑力劳动为主的专业技术人员。这些人员主要包括教育、科研、工程技术、医疗卫生、法律事务等部门的雇佣人员。他们以固定薪金受雇于企业、事业单位和大公司。其中，科技人员是发明新技术及其使用方法的阶层，他们不仅要完成直接生产过程之前的科研、设计，而且随着生产科学化的发展，越来越多的工程师、技术员以普通工人身份参加直接生产。他们除出卖劳动力外，还出卖一定的科技、知识和管理技能给资本家。

这些白领工人不占有生产资料，靠出卖脑力劳动力为生，并为资本家创造剩余价值。白领工人中的经营管理人员的地位和权利是从属于资本的，从来都没有超过现存的生产关系的界限。他们的命运常常取决于为资本家效劳的优劣和资本家个人的好恶，取决于经营状况的好坏。他们中的绝大多数都不可避免地要遭受随时都可能出现的失业的厄运。单纯的经营人员不占有生产资料，他们和资本家的关系是代替后者去从事管理或监督的劳动。从这一点上说，他们免掉了资本家的劳动，为资本家效劳，让资本家成为一个以懒惰为职业的人。马克思多次提到，经理人员是资本家的雇佣劳动者，从这一点上看他们与作为工资劳动者的一般生产工人没有什么不同。马克思说："经理的薪金只是，或者应该只是某种熟练劳动的工资，这种劳动价格，同任何别种劳动的价格一样，是在劳动市场上调节的。"② 各种专业技术人员同样也是雇佣劳动者。马克思认为，资本主义生产方式的特点，恰恰在于它把各种不同的劳动，因而也把脑力劳动和体力劳动，或者说，把以脑力劳动为主或者以体力劳动为主的各种劳动分离开来，分配给不同的人，他们都直接为资本家创造剩余价值。这里的脑力劳动和以脑力劳动为主的人，显然是指工程技术人员等，他们与体力劳动和以体力劳动为主的人一样，都是雇佣劳动者。在资本家的工厂里，直接以其劳动加到原料上去，使其变成一个产品的，是从事体力劳动的工人；而

---

① 《马克思恩格斯全集》第 25 卷，人民出版社，1974，第 436 页。
② 《马克思恩格斯全集》第 25 卷，人民出版社，1974，第 494 页。

技术人员的情况则与此不同，他们是从事脑力劳动的工人。但从单纯的劳动过程的结果来看，就表现为一个产品是由这些其劳动力有不同价值的劳动者全体生产出来的，这些劳动者全体合在一起，组成一个工厂，成为生产产品的活的机器。正是资本主义生产方式的这个特征，使不同的劳动，使脑力劳动和体力劳动，分配给不同的人担任，而这些人中的每个人对资本的关系，都是工资雇佣劳动者对资本的关系。

马克思、恩格斯认为，工人阶级是指与生产资料分离，靠出卖劳动力为生的雇佣劳动者阶级，它既包括体力劳动者，又包括脑力劳动者。不论是白领工人，还是蓝领工人，都属于工人阶级的范畴。马克思说："随着资本主义生产的发展，所有的服务都转化为雇佣劳动，所有服务的执行者都转化为雇佣工人，从而都具有这种与生产工人相同的性质。"① 他进一步指出："有的人多用手工作，有的人多用脑工作，有的人当经理、工程师、工艺师等等，有的人当监工，有的人当直接的体力劳动者或者做十分简单的粗工，于是劳动能力越来越多的职能被列在生产劳动的直接概念之下，这种劳动能力的承担者也被列在生产工人的概念下，即直接被资本剥削的或从属于资本增值过程与生产过程本身的工人的概念之下。"②

总之，纯技术性的分工，职业上的区别，衣领的颜色等改变不了其雇佣劳动者的地位。白领也好，蓝领也罢，其他如粉领、金领、灰领……都是为资本打工的工人或职员，都是无产者。《共产党宣言》中有段话："资产阶级抹去了一切向来受人尊崇和令人敬畏的职业的光环，它把医生、律师、教士、诗人和学者变成了它出钱招雇的雇佣劳动者。"③ 如果把文中的"医生、律师、教士、诗人和学者"换成"蓝领、白领、粉领、金领、灰领"也正能恰到好处地说明各种衣领的工人没有生产资料所有权和同属于工人阶级的共同属性。

三 知识分子的政治归属

在分析旧社会的知识分子属于什么阶级的时候，只讲他们的阶级属性

① 《马克思恩格斯全集》第 49 卷，人民出版社，1982，第 103 页。
② 《马克思恩格斯全集》第 49 卷，人民出版社，1982，第 100 ~ 101 页。
③ 《马克思恩格斯选集》第 1 卷，人民出版社，1995，第 275 页。

显然是不够的。这是因为，马克思虽然认为资产阶级把众多的知识分子变成了它出钱招雇的雇佣劳动者，但是又指出他们中的一些人是资产阶级的思想家和小资产阶级的政治代表。列宁虽然认为知识分子是和体力劳动者相对的脑力劳动者，但又明确指出在当时的俄国既有无产阶级知识分子，也有资产阶级的、小资产阶级的、农民阶级的甚至地主阶级的知识分子。新中国成立初期的党的文献中，关于划分阶级成分的决定规定，旧社会的知识分子的大多数应划为职员，而职员是工人阶级的一部分；而当时党的主要领导人的著作中，又几乎都讲过他们之中有些人在旧社会还是属于资产阶级和上层小资产阶级的知识分子。这就告诉我们：在看待知识分子的时候，除了阶级属性外，在有些人中还有一个问题叫做政治归属，即知识分子个人的政治选择。过去的一些关于知识分子问题的论著中只讲阶级属性，不讲政治归属，或者将政治归属也说成阶级属性，都是欠准确的。

知识分子作为一个以脑力劳动为特征的阶层，本身并不构成一个单独的阶级。正因为这样，在社会划分为阶级的情况下，在一部分知识分子中就产生了在政治上代表某个特定阶级的利益的问题（即对这个阶级的政治归属问题）。因此，知识分子的阶级属性和政治归属，是两个性质不同的问题。有些人之所以把知识分子看成小资产阶级甚至是资产阶级的一部分，其主要原因正是一方面没有正确认识知识分子的阶级属性，另一方面又在知识分子有无政治归属以及如何划分这种政治归属等问题上出现了偏差。

列宁指出："知识分子之所以叫知识分子，就是因为他们最有意识、最彻底、最准确地反映了和表达了整个社会的阶级利益的发展和政治派别划分的发展。"① 这就告诉我们，在一部分知识分子中，除了阶级属性问题外，还有一个政治上代表即反映和表现某个特定阶级的利益的问题（即政治归属问题），这是知识分子自己的个人选择。对于知识分子个人来说，他可以有这样或那样的政治选择，也可以不作这种选择。同时，这种政治选择在他的一生中又是可以变动的。根据马克思、恩格斯的论述，在资本主义社会，除了属于资产阶级的知识分子之外，还有属于小资产阶级的知识分子和属于无产阶级的知识分子。此外，还有很多知识分子并没有作出

① 《列宁全集》第 7 卷，人民出版社，1986，第 324 页。

自己的政治选择，他们本身并不是某个特定阶级的政治代表，而是以自己的脑力劳动为社会服务，应该说他们是属于全社会的知识分子。

知识分子的政治归属主要有以下几种情况：一是属于资产阶级的知识分子。马克思、恩格斯曾经批判过一些资产阶级的思想家和经济学家，他们被称为"理论方面的资产阶级分子"和"资产阶级的理论家"①。二是属于小资产阶级的知识分子。马克思在《路易·波拿巴的雾月十八日》中曾经分析过山岳党（1848 年法国大革命时期制宪会议中的社会民主党），并认为它是小资产阶级的代表。马克思指出："社会民主派的特殊性质表现在，它要求把民主共和制度作为手段并不是为了消灭两极——资本和雇佣劳动，而是为了缓和资本和雇佣劳动之间的对抗并使之变得协调起来。无论它提出什么办法来达到这个目标，无论目标本身涂上的革命颜色是淡是浓，其内容始终是一样的：以民主主义的方法来改造社会，但是这种改造始终不超出小资产阶级的范围。……也不应该认为，所有的民主派代表人物都是小店主或崇拜小店主的人。按照他们所受的教育和个人的地位来说，他们可能和小店主相隔天壤。""使他们成为小资产阶级代表人物的是下面这样一种情况：他们的思想不能越出小资产者的生活所越不出的界限，因此他们在理论上得出的任务和解决办法，也就是小资产者的物质利益和社会地位在实际生活上引导他们得出的任务和解决办法。一般说来，一个阶级的政治代表和著作代表同他们所代表的阶级间的关系，都是这样。"② 马克思在这里告诉我们，山岳党之所以是小资产阶级的代表，这主要取决于他们的政治主张：以民主主义的方法来改造社会。他们是站在小资产阶级的利益和立场上，为小资产阶级说话的，显然这是对人们的政治归属进行分析而得出的结论。三是属于无产阶级的知识分子，主要是一些无产阶级的理论家和积极参与无产阶级革命运动的知识分子。马克思说："正如经济学家是资产阶级的学术代表一样，社会主义者和共产主义者是无产阶级的理论家。"③ 四是属于整个社会的知识分子。除了上述三个部分外，还有为数众多的知识分子，他们作为脑力劳动者，在政治上并没有归属于任何一个特定的阶级。或者说，他们在各阶级之间还没有作出自己的

---

① 《马克思恩格斯全集》第 25 卷，人民出版社，1974，第 190 页。
② 《马克思恩格斯选集》第 1 卷，人民出版社，1995，第 614 页。
③ 《马克思恩格斯全集》第 4 卷，人民出版社，1958，第 157 页。

政治选择。他们以自己的知识和专业技术，为传播文化知识和推动科学技术的发展即促进人类文明的不断进步而工作，因此，他们是属于整个社会的。

过去，有一种观点认为，在旧社会知识分子是为资产阶级服务的，因而他们是属于资产阶级的知识分子。但是我们从马克思主义经典作家的思想中却不能得出这样的结论。事实上，在非生产劳动中，服务是一个中性词。服务只是一种契约关系，服务者与被服务者之间是平等的。马克思举例说，工人"可以购买医生的服务，也可以购买牧师的服务，就像他可以购买面包，也可以购买烧酒一样"①。在资本主义生产关系中，大多数知识分子的服务实际上是一种雇佣劳动。既然我们不能把提供雇佣劳动服务的工人看成资产阶级的工人，当然也就不能把这些提供雇佣劳动服务的知识分子看成资产阶级的知识分子了。何况，在马克思看来，作为社会发展的一般精神成果，科学在资本主义社会只是被资本家利用了，并不是出于知识分子的自愿，因而就更不能以此为理由说他们是资产阶级的知识分子了。

在知识分子的政治归属问题上，要划清某些具有资产阶级思想观点的知识分子同归属于资产阶级的知识分子的界限。有一种观点认为，在资本主义社会里，知识分子的思想或世界观是资产阶级的，因而他们就是属于资产阶级的知识分子。实践证明，这种观点是不正确的。马克思、恩格斯指出："统治阶级的思想在每一时代都是占统治地位的思想。这就是说，一个阶级是社会上占统治地位的物质力量，同时也是社会上占统治地位的精神力量。"② 在古代中国，从陈胜、吴广的"王侯将相宁有种乎"，到朱元璋的"崛起布衣，奄定海宇"，农民起义领袖们的最高理想不外乎当王侯、做皇帝。这一点也不奇怪，因为他们的思想是受他们所处时代占统治地位的思想支配的。我们并不能因为他们所受的地主阶级思想影响而否定他们的农民起义领袖身份。在资本主义社会里也是这样，占统治地位的资产阶级思想不单是影响了知识分子，也影响了其他劳动人民。所以，仅因为某个教师或某个作家曾经自觉或不自觉地传播过一些资产阶级思想（这

---

① 《马克思恩格斯全集》第 48 卷，人民出版社，1985，第 56 页。
② 《马克思恩格斯全集》第 3 卷，人民出版社，1960，第 52 页。

在资本主义社会往往是不可避免的），就认定他们属于资产阶级的知识分子，这未免失之于简单化。这是因为：第一，具有资产阶级思想的知识分子和资产阶级的思想家两者有着本质的区别。前者只是受了资产阶级的思想影响，后者则是资产阶级的真正代表。第二，在学术问题上究竟哪些是资产阶级的观点，并不那么容易界定，有的需要经过实践的长期检验才能得出比较正确的结论。

第二节　中国共产党对知识分子阶级属性的认识

一　党对知识分子阶级属性认识的历史演变

中国共产党在革命和建设的具体实践中，在不同时期不同阶段对知识分子阶级属性作出了不同判断，但对于知识分子阶级属性的科学判断并不是自建党之日起就被中国共产党人自觉而深刻认识到的，而是经历了一番艰苦的探索过程。

1. 1921~1949 年对知识分子属性的初步探索

五四运动后，革命的知识分子把马克思列宁主义同中国工人运动相结合，缔造了中国共产党，可以说中国共产党与知识分子的关系密不可分，所以中国共产党在创建之始，就开始思考知识分子问题。1921 年党的一大在关于党纲和党章的讨论中对知识分子的阶级属性作了广泛探讨，初步从知识分子所持的政治立场出发划分了革命知识分子和黄色知识分子两大类型，对不同类型采取不同的态度。对于革命知识分子，大会通过的党纲认为："党内党外的革命知识分子并无异于产业工人。"对于黄色知识分子，一大决议案指出："中国共产党彻底断绝同黄色知识分子阶层以及其他类似党派的一切联系。"① 这两种分类可以说是党对知识分子阶级属性的初步认识。但这种认识并未在全党范围内达到统一，以至在次年党的二大上，否定、排斥知识分子的观点占了上风。

---

① 中国社会科学院现代史研究室、中国革命博物馆党史研究室选编《"一大"前后》第 2 册，人民出版社，1980，第 6~7 页。

　　1925 年党的四大批评并纠正了以往否定和排斥知识分子的错误，并以党的决议的形式明确指出，殖民地运动中的知识分子是值得我们注意的，是可造就之革命战士。1927 年党的五大所通过的《组织问题决议案》进一步强调：努力扩大党员的数量，并吸收产业工人、进步农民和革命的知识分子到党的队伍中来，但是对整个知识分子所处的地位及其阶级属性还没有给予充分的认识。

　　随着革命事业的发展，需要吸收大量的知识分子从事各方面的工作，时局和形势需要对知识分子的阶级属性重新加以认识。1933 年，毛泽东主持起草、发布的《苏维埃共和国中央政府关于土地斗争中一些问题的决定》纠正了一些"左"的错误观念，肯定了知识分子的"劳动者"地位。1939 年，中共中央关于大量吸收知识分子的决定从知识分子不是一个阶级的观点出发，在党内第一次提出了造就自己的无产阶级知识分子队伍的任务，同时，要利用社会原有的知识分子；从知识分子是劳动者的观点出发，提出了工农干部知识化，知识分子工农化。在抗日战争和解放战争中，这些观点得到进一步细化。

　　新中国成立前，毛泽东等党的领导人对知识分子的阶级属性有过一系列正确论述。毛泽东在党的七届二中全会上指出："无产阶级领导的以工农联盟为基础的人民民主专政，要求我们去认真地团结全体工人阶级、全体农民阶级和广大的革命知识分子，这些是专政的领导力量和基础力量。"[①] 在这之后不久，周恩来在中华全国文学艺术工作者代表大会上的政治报告中旗帜鲜明地提出，文艺工作者是精神劳动者，广义地说来是工人阶级的一员。他明确地把民主革命时期解放区的广大文艺工作者和国民党统治区的革命文艺工作者看成工人阶级的组成部分。1949 年 4 月 10 日至 5 月 7 日，刘少奇到天津视察工作期间，对这个问题进行了深入思考，在一系列重要讲话中科学地分析了知识分子的工人阶级属性问题。刘少奇对当时中国知识分子阶层的各个群体的阶级属性作了分析：教员、记者、演员等文化教育工作者，都是雇佣劳动者，应包括在工人阶级之内；工程师、技师等职员，从事脑力劳动，都是工人阶级的一部分[②]。这样，刘少奇就

---

① 《毛泽东选集》第 4 卷，人民出版社，1991，第 1436～1437 页。
② 金冲及：《刘少奇传》（下卷），中央文献出版社，1998，第 633～634 页。

将知识分子阶层的各个群体一般地划入了工人阶级。这些认识都是符合当时的实际情况和知识分子的自身特点的，表明我们党在民主革命时期在知识分子阶级属性问题的探索取得了显著成就。

2. 1949～1956 年对知识分子属性的双重认定

1949～1956 年即通常所说的新中国成立初期。在这一时期，党对知识分子阶级属性的认定存在着两重性，即一方面认为知识分子属于工人阶级或劳动人民的一部分，另一方面又从世界观出发认为其是资产阶级的。这种认识的两重性，有时交织在一起，有时则是某一方面占据了明显的主导地位。

1949 年 10 月 30 日，李立三以中华全国总工会副主席的身份在北京市教育工会成立大会上说："就工人阶级的广义来讲，凡是靠工资薪水作为生活来源的劳动者，不管是体力劳动者也好，或脑力劳动者也好，都是属于工人阶级的范畴。教育工作者包括教授、讲师、助教、教员、职员等，他们和工警一样，都是靠工资薪水来维持生活，都是雇佣劳动者，即都是属于工人阶级。因为工人阶级也和其他阶级一样，有许多层次。其中产业工人是工人阶级的基本阶层。其他如商店店员、手工业工人以及脑力劳动者包括教授、工程师等等，虽然生活方式、思想意识与产业工人不同，但他们是靠薪水来维持生活的劳动者，所以他们也属于工人阶级。"[1] 这一认定，与新中国成立前后党的其他领导人的认识非常一致，是完全正确的、科学的，符合马克思划分阶级的方法和标准。但是，对知识分子阶级属性的这一正确的认定，却并没有得到应有的重视，在随后而来的知识分子思想改造运动中，反而被有意无意地忽略了。

在知识分子的思想改造运动中，党对知识分子政策的主要内容是"团结、教育、改造"。这一政策的出台基于以下考虑：认为知识分子的政治立场和世界观基本上是资产阶级的，难以适应党领导下的人民民主政权建设的需要，必须进行教育和改造。这一政策隐含着这样一种思想倾向，即党内许多人从知识分子的世界观基本上是资产阶级的这一判断出发，实际上将他们归入资产阶级队伍中。思想改造运动对知识分子采取了自我批判、群众批判、"洗澡"过关的运动方式，使知识分子承受了巨大的压力。

---

[1]　金凤：《知识分子是工人阶级的一部分》，《百年潮》2000 年第 11 期，第 21～22 页。

这场运动结束后，知识分子是"资产阶级"或"小资产阶级"的判断，似乎成为党内的共识。

1955 年，随着社会主义改造的即将完成和社会主义建设事业的即将全面铺开，人们越来越感到新中国建设人才的匮乏，感到知识和知识分子的重要性。11 月 23 日，毛泽东主持召开了中央书记处全体成员和中央有关方面负责人会议。经商讨，决定在 1956 年 1 月召开一次大型会议，全面解决知识分子问题。1956 年 1 月，知识分子会议在北京召开。周恩来代表中央在大会上作报告。他在报告中充分肯定了知识分子在社会主义建设中的巨大作用，强调指出："我国的知识界的面貌在过去 6 年已经发生了根本的变化……他们中间的绝大部分已经成为国家工作人员，已经为社会主义服务，已经是工人阶级的一部分。"① 周恩来的讲话，受到了广大知识分子的热烈欢迎。

但是，由于受旧有意识惯性的影响，以及当时国际政治风波的消极影响，周恩来关于知识分子已经是工人阶级的一部分的思想，在我们党内未能获得稳定的持久的支持。在这次会议结束后由中央正式下发的《中共中央关于知识分子问题的指示》中就没有沿用周恩来的结论，取而代之的是知识分子的基本队伍已经成了劳动人民的一部分这种提法。

3. 1956～1976 年对知识分子工人阶级属性认定的曲折

1956～1976 年这 20 年中，党对知识分子阶级属性的认定出现了两种趋势：一方面党对知识分子阶级属性作出了正确的判断，提出了知识分子是工人阶级的一部分，是社会主义建设依靠的基本力量；另一方面从 1957 年"反右"斗争后，又出现把知识分子看成资产阶级的一部分，把知识分子当做改造与专政的对象的失误，使社会主义建设事业受到严重的挫折。

1956 年 9 月召开的党的八大一次会议，一方面宣布社会主义改造已经取得了决定性的胜利，社会主义的基本制度在我国已经建立起来了，认为"知识界已经改变了原来的面貌，组成了一支为社会主义服务的队伍"；另一方面又重提"资产阶级和小资产阶级的知识分子"，强调"要继续贯彻执行团结、教育、改造知识分子的政策"②，没有确认大多数知识分子在社

---

① 《周恩来选集》（下卷），人民出版社，1984，第 162 页。
② 《中国共产党第八次全国代表大会文件》，人民出版社，1956，第 10、44、45 页。

会主义基本制度建立起来的条件下已经树立起工人阶级世界观的事实，这为后来将知识分子的世界观定性为资产阶级世界观、将知识分子定性为资产阶级知识分子埋下了伏笔。1957年3月，毛泽东说："我们现在的大多数的知识分子，是从旧社会过来的，是从非劳动人民家庭出身的。有些人即使是出身于工人农民的家庭，但是在解放以前受的是资产阶级教育，世界观基本上是资产阶级的，他们还是属于资产阶级的知识分子。"[①] 在这里，毛泽东片面地从世界观出发界定知识分子的阶级属性，而且对知识分子世界观的判断又离开了知识分子已经为社会主义服务的现实表现。1958年3月，毛泽东进一步提出，我国存在"两个剥削阶级、两个劳动阶级"，将本来是工人阶级一部分的知识分子划入了剥削阶级。

对于知识分子认识上的失误，我党逐步有所察觉，并且试图通过制定一系列的工作条例加以纠正。1961年制定的《国营工业企业工作条例（草案）》重申企业中的职员和技术人员是工人阶级的一部分，但是科研、教育和文艺的工作条例或者没有涉及知识分子的阶级属性问题，或者仍然将知识分子称为资产阶级知识分子或小资产阶级知识分子。

知识分子阶级属性问题的进一步解决，是在1962年举行的广州会议（指全国科学技术工作会议和全国话剧、歌剧、儿童剧剧本创作座谈会）上。3月2日，周恩来在广州会议上作了重要讲话。他说："知识分子不是独立的阶级，而是脑力劳动者构成的社会阶层。""不论是在解放前还是解放后，我们历来都把知识分子放在革命联盟内，算在人民的队伍当中。"在社会主义制度下，知识分子"转变到为广大人民服务"，组成"社会主义的知识界"[②]。这就重申了知识分子的经济地位和为谁服务两个方面的统一。

周恩来的讲话着重从理论上阐明了知识分子属于工人阶级一部分的道理。继周恩来3月2日的广州讲话以后，陈毅又于5～6日在广州的科技大会上发表了著名的"给知识分子'脱帽加冕'"的讲话。周恩来和陈毅在广州会议上及周恩来后来在政府工作报告中关于知识分子问题的讲话在全国引起了轩然大波。一方面是知识分子们的喝彩声，一方面却在党内引起

---

① 《毛泽东选集》第5卷，人民出版社，1977，第409页。
② 《周恩来选集》（下卷），人民出版社，1984，第354、358页。

了激烈的争论。当党内不断有人对周、陈二人的广州讲话提出责难时，周恩来当面要毛泽东对知识分子的阶级属性表个态，毛泽东没有说话，表明在知识分子问题上，党内高层存在明显分歧。由于当时党内对知识分子问题意见不一，而且占主导地位的意见仍然把知识分子看成资产阶级，这就使得党内部分领导想要为知识分子摘去资产阶级帽子的努力又一次落空了。

随着我国政治思想领域逐步进入"以阶级斗争为纲"的轨道，知识分子阶级属性问题上的"左"的错误进一步加深。1971 年召开的全国教育工作会议通过的《全国教育工作会议纪要》，在林彪、江青等人的干扰和破坏下，提出了"两个估计"，即"文化大革命"前的 17 年教育战线是资产阶级专了无产阶级的政，是"黑线专政"；知识分子的大多数世界观基本上是资产阶级的，是"资产阶级知识分子"。"两个估计"讲的是教育战线的知识分子，但被扩展到整个知识分子阶层。这就进一步否定了知识分子已经为社会主义服务和已经树立起工人阶级世界观的事实。虽然邓小平在1975 年的全面整顿中强调科技人员是劳动者等思想，但在当时的历史条件下也不可能在理论上彻底解决知识分子的阶级属性问题。"两个估计"成为束缚知识分子的一副枷锁，像两块巨石压在广大知识分子身上。大批学有成就的知识分子被诬为"反动权威"、"臭老九"，惨遭迫害，给我国社会主义事业造成了令人痛心的巨大损失。

4. 党的十一届三中全会后，知识分子是工人阶级一部分的思想在全党确立

党的十一届三中全会后，以邓小平为核心的党中央在拨乱反正、纠正"左"的错误过程中，彻底纠正了在知识分子问题上的严重失误，恢复了知识分子是工人阶级一部分的科学论断，在知识分子问题上作出了重大的贡献。

早在 1977 年 5 月，还没有恢复领导职务的邓小平就鲜明地提出："一定要在党内造成一种空气：尊重知识，尊重人才。要反对不尊重知识分子的错误思想。"[①] 1978 年 3 月 18 日，邓小平在全国科学大会上庄严而又响亮地宣布：知识分子中的"绝大多数已经是工人阶级和劳动人民自己的知

---

① 《邓小平文选》第 2 卷，人民出版社，1994，第 41 页。

识分子，因此也可以说，已经是工人阶级自己的一部分"①，从根本上纠正了对待知识分子的"左"的错误观点，为在知识分子问题上拨乱反正拉开了序幕。

1981年6月27日，党中央又在十一届六中全会上通过的《关于建国以来党的若干历史问题的决议》中再次重申，要坚决扫除长期存在而在"文化大革命"期间登峰造极的那种轻视教育科学文化和歧视知识分子的完全错误的观念，努力提高教育科学文化在现代化建设中的地位和作用，明确肯定知识分子同工人、农民一样是社会主义事业的依靠力量，没有文化和知识分子是不可能建设社会主义的。

1982年，五届人大五次会议通过的《宪法》庄严规定："社会主义的建设事业必须依靠工人、农民和知识分子，团结一切可以团结的力量。"把知识分子在社会主义的地位和作用载入《宪法》。至此，在我国知识分子头上戴了几十年的资产阶级帽子终于被摘掉了，他们的工人阶级属性终于得到了承认。我们党内许多同志为之奋斗了几十年、我国广大知识分子盼望了几十年的愿望终于实现了。

以江泽民为核心的党的第三代领导集体坚持党的十一届三中全会以来形成的"尊重知识、尊重人才"的方针政策，进一步提出"科教兴国"的战略，更加重视知识分子在改革开放和现代化建设中的作用。江泽民指出："我们的知识分子队伍是一支拥护四项基本原则、拥护改革开放的队伍，是一支能够创造丰功伟业的队伍。""我们要全心全意依靠工人阶级。知识分子作为工人阶级队伍中主要从事脑力劳动的一部分，在社会主义现代化建设中发挥着不可替代的作用，承担着重大的社会责任。今天没有知识分子的参加，建设和改革的胜利更是不可能的。在现代化建设和改革开放的实践中，我们越加深刻地认识到，同历史上任何时期相比较，中国人民从来没有像今天这样，对自己的知识分子提出如此广泛、如此迫切的要求。"② 在庆祝中国共产党成立80周年的讲话中江泽民又指出："知识分子作为工人阶级的一部分，大大增强了工人阶级的科技文化素质。"③ 进一步明确了知识分子的工人阶级属性。

---

① 《邓小平文选》第2卷，人民出版社，1994，第89页。
② 江泽民：《论科学技术》，中央文献出版社，2001，第15、35页。
③ 《江泽民文选》第3卷，人民出版社，2006，第285页。

　　党的十六大以后，以胡锦涛为总书记的党中央对知识分子问题非常重视。2003 年 12 月，胡锦涛在全国人才工作会议上强调，要坚持尊重劳动、尊重知识、尊重人才、尊重创造的方针，要牢固树立人才资源是第一资源的观念。会后制定了《中共中央、国务院关于进一步加强人才工作的决定》，体现了对新时期知识分子工作的高度重视。

　　新中国成立以来，党对知识分子工人阶级属性的认定虽然经历了曲折，但中国共产党终于把马克思主义的知识分子理论与中国建设的实践相结合，成功地解决了生产力与科学技术、工人阶级与知识分子的关系问题。回顾新中国成立以来党对知识分子阶级属性认定的艰辛历程，可以得出这样一个结论：能否正确认识知识分子的阶级属性、正确处理与知识分子之间的关系、制定正确的知识分子政策，关乎党运之兴衰、国运之荣昌。在世界经济发展、科学技术突飞猛进和我国现代化建设不断推进的今天，知识的重要性将日益突出，知识分子的作用将越来越大。只有从现代化建设发展的战略高度来认识知识分子，重视知识分子，才能推动中国特色社会主义不断前进。

二　知识分子阶级属性认识失误的原因分析

　　回顾我们在知识分子阶级属性的判断和分析上所走过的弯路，客观地评述这一历史过程，科学地分析和总结其中的原因，具有十分重要的意义。关于知识分子阶级属性认识失误的原因，主要有以下几个方面。

　　1. 没有把知识分子看成一个历史发展的范畴，没有从知识分子历史发展的全过程来把握知识分子，从而不能对知识分子作出科学评价

　　随着社会的发展，知识分子的地位也经历了三种不同性质的阶段。首先是在生产不发达的奴隶社会和封建社会，没有真正现代意义上的知识分子。古代知识分子主体是与剥削阶级和统治阶级合为一体的。他们是从事生产管理、政务、司法及少数科学、艺术等脑力活动的人，大都同时占有生产资料，并剥削和统治劳动人民。在这个阶段，有知识的人数量少，所占人口比例低，其主体与剥削阶级、统治阶级合为一体是其基本特征。其次是在资本主义社会的初期，具有现代意义的知识分子不断从剥削阶级、统治阶级中分化出来，随着脑力劳动专业化的提高，分工门类的增多，知识分子的数量也增多，知识分子在社会物质生产和精神生产中比前一阶段作出了更多的贡献。知识分子的分散性和分属于不同阶级的多阶层性，是这一阶段知识分子的显著特征。再次是在人类进入现代社会之后，科学技术成为第一生产力，知识分子越来越成为先进生产力的代表，脑力劳动专业化的程度越来越高，门类越来越多，脑力劳动者的数量和质量都大大增加和提高。科学技术被越来越广泛地应用于生产之中，知识分子越来越成为物质生产和精神生产的主导力量。这是第三阶段知识分子的主要特征。

以上事实说明，知识分子的概念属于社会历史发展的范畴，知识分子随着生产的不断发展，从最初与剥削阶级、统治阶级合体，发展分化为附属于各个阶级的社会阶层，再发展为属于工人阶级重要组成部分的脑力劳动无产阶级。从知识分子的发展历程中，可以看到，现代知识分子的主体不占有生产资料，不剥削别人，主要以出卖脑力劳动力为生；在社会主义国家，则和工人、农民一样是国家的主人，为社会主义服务，领工资为生。知识分子具有共同的与其他社会成员有突出区别的特点，就是他们掌握科学文化知识，从事创造性的专业脑力劳动，并担负着继承和发展社会科学文化知识的特殊任务。脑力劳动者属于劳动人民的范畴，剥削阶级中有许多人尽管也有文化知识，但由于他们主要从事剥削，而剥削并不属于劳动的范畴，所以具有文化知识的剥削者不属于进行脑力劳动的知识分子行列。

以生产力标准为根本尺度，知识分子生产第一生产力，对生产力的发展起着越来越大的作用，知识分子越来越成为先进生产力的主要代表，是当今社会最先进的一部分人群。当今社会正向着知识社会化、社会知识化的方向发展，知识分子掌握现代科学文化知识，越来越成为人的智力开发的核心，代表着人类未来发展的方向。因此，理论上应该给知识分子人群相应的先进阶级的地位。邓小平说，知识分子的绝大多数已经是工人阶级自己的一部分，表明知识分子与总体工人阶级的其他部分共同构成一个阶级，在全体工人阶级中，它是最重要最先进的组成部分。

2. 新中国成立以前党对知识分子阶级属性问题认识不足是我们党在新中国成立后对知识分子阶级属性认识失误的原因之一

知识分子在我党历史上始终占有极其重要的地位，但是由于知识分子阶级属性问题的特殊性和知识分子自身特点的复杂性，新中国成立前党对知识分子阶级属性问题的认识存在很多不足，这是我们党在新中国成立后对知识分子阶级属性问题认识失误的原因之一。

在党刚成立时，当时的共产党人对知识分子的阶级属性问题还不可能有十分正确的认识。党的一大党纲只明确提出："中国共产党彻底断绝与黄色知识分子阶层及其他类似党派的一切联系。"[①] 党的五大指出了作为小资产阶级的知识分子得以解放的途径。大革命失败至遵义会议的这段时间内，受共产国际的干扰，认为作为小资产阶级的知识分子是不可靠的，因而把知识分子排除在革命的力量之外，开始排斥和打击知识分子。遵义会议至抗日战争的这段时间里，党和毛泽东根据中国半殖民地半封建社会的阶级状况，将知识分子进一步划分为买办地主阶级、资产阶级、小资产阶级和无产阶级（即共产主义）的知识分子。把大多数知识分子划归小资产阶级范畴。以家庭出身、生活条件和政治立场为标准将旧中国知识分子的大多数划归小资产阶级，终究是不确切的，它不符合马克思主义的阶级划分标准。解放战争时期，党对知识分子的阶级属性问题一方面有了科学、透彻的马克思主义认识，明确指出知识分子的阶级成分依据其本人的主要生活来源来判定，这样就澄清了以知识分子的家庭出身判定其本人的阶级成分的错误认识。另外，党对知识分子的阶级属性还有另一种认识，即认为知识分子是属于工人阶级以外的"统战"对象。党的七届二中全会决议对知识分子用的是"争取"，而不是"团结"、"依靠"，这其中就蕴涵知识分子不属于工人阶级的思想萌芽。

总之，新中国成立前我们党对知识分子的阶级属性有过正确的认识，但也存在明显不足，这些不足对新中国成立后党对知识分子阶级属性问题的认识造成了一些影响。

3. 党的阶级构成也是我党对知识分子阶级属性认识不足的一个重要原因

由于我国特殊的国情，尽管知识分子占有十分重要的地位，但是知识分子在我们党的阶级构成上所占的比重很小。这种阶级构成也是我们党对知识分子阶级属性认识不足的一个重要原因。

---

① 中国社会科学院现代史研究室、中国革命博物馆党史研究室选编《"一大"前后》第2册，人民出版社，1980，第6~7页。

回顾历史，不难发现，中国革命主要是依靠工农两大阶级，通过大规模的群众运动的方式取得胜利。这一事实使毛泽东更加坚信社会主义建设主要依靠的还是工人、农民。毛泽东虽然说过，没有文化的军队是愚蠢的军队，而愚蠢的军队是不能战胜敌人的，但他又错误地认为民主革命的胜利是工人、农民的军队打败了知识分子的军队。在 1957 年上海干部会议上，毛泽东说："我历来讲，知识分子是最无知识的。……大局问题，不是知识分子决定的，最后是劳动者决定的，而且劳动者中最先进的部分，就是无产阶级决定的。"① 1958 年 5 月，他又指出，卑贱者最聪明，高贵者最愚蠢。这里的"卑贱者"指工人、农民，"高贵者"指知识分子，表现出毛泽东对体力劳动者的赞美和对脑力劳动者的蔑视。毛泽东对王明这种教条主义的知识分子只会"生吞活剥地谈外国"的一些错误做法深恶痛绝，这种思想一直持续下来。所以毛泽东对待知识分子，从他的本意看，是希望他们成为无产阶级的知识分子。但同时，他使用的判断标准不正确，在世界观的改造、脑力劳动和体力劳动的关系、知识分子的社会价值等问题上都出现了"左"的理论观点。

新中国成立后，我党对知识分子的政治思想状况在整体上的估量也出现了偏差。1957 年 3 月，在党的全国宣传工作会议上，毛泽东对知识分子的政治思想状况进行了分析。他说："五百万左右的知识分子中，绝大多数人都是爱国的，爱我们的中华人民共和国，愿意为人民服务，为社会主义的国家服务。有少数知识分子对于社会主义制度是不那么欢迎、不那么高兴的。他们对社会主义还有怀疑，但是在帝国主义面前，他们还是爱国的。对于我们的国家抱着敌对情绪的知识分子，是极少数。这种人不喜欢我们这个无产阶级专政的国家，他们留恋旧社会。一遇机会，他们就会兴风作浪，想要推翻共产党，恢复旧中国。"② 接着，毛泽东又依据知识分子是否熟悉和掌握马克思主义来判断其思想状况。他说："五百万左右的知识分子对待马克思主义的状况是：赞成而且比较熟悉的，占少数；反对的也占少数；多数人是赞成但不熟悉。"③ 无视知识分子的政治态度和立场而以熟悉和掌握马克思主义的程度作为衡量知识分子世界观的依据，不但是

---

① 《毛泽东选集》第 5 卷，人民出版社，1977，第 452 页。

② 《毛泽东选集》第 5 卷，人民出版社，1977，第 404 页。

③ 《毛泽东选集》第 5 卷，人民出版社，1977，第 405 ~ 406 页。

不科学的，而且是错误的。世界观毕竟是意识的东西，衡量事物的标准只能是客观实际。一个人是否具有马克思主义世界观，在实践中表现出来主要是他的政治态度和立场。事实上，知识分子的绝大多数，经过思想改造以后，已经基本上具备了无产阶级世界观。但是，毛泽东主要用是否熟悉和掌握马克思主义衡量知识分子的思想状况，必然会认为知识分子的世界观在整体上是资产阶级的（按此标准，工人阶级和农民阶级中熟悉马克思主义的也是极少数，但却没有因此把工农阶级大多数划入资产阶级）。所以，他依然强调要对知识分子长期不懈地进行改造，从而把知识分子和工人阶级、劳动人民对立了起来。

4. 判断知识分子阶级属性时存在双重标准

知识分子不是社会上一个独立的、统一的阶级，因此，知识分子中大多数人的"阶级归属"问题，曾长期困扰着党的知识分子政策。党内不同意见的争论，也始终以这个问题为焦点。围绕这个问题，我们党曾几度作出正确的判断。但是，即使在这种时候，标准也不是一个，而是两个。一是以知识分子的经济地位为依据，根据知识分子取得生活资料来源的方法，把知识分子的大多数划归"劳动人民"范畴，属于劳动人民；二是依据知识分子的政治思想状况，认为知识分子受资产阶级影响，为资产阶级服务，把知识分子整体划归到资产阶级范畴。

我们认为，一元论的经济决定论是马克思主义阶级分析理论确立的唯一正确的标准。固然，知识分子不是社会上独立的、统一的一个阶级，而是分属于不同的阶级，形成不同阶级的知识分子，但他们之分属于不同阶级，归根到底，还是因为他们在生产关系中分别占据了不同地位。知识分子中极少数人依附于资产阶级，根本原因不是他们的政治思想和世界观受了资产阶级影响，而是他们同资本家一样成为生产资料和剩余价值的私人占有者；所谓知识分子的大多数是工人阶级的一部分，根本原因也不是他们在思想感情上同情工人，而是他们同工人一样出卖自己的劳动力。

至于为谁服务的问题，是客观存在的，但不是判断人们阶级属性的标准。在剥削阶级占统治地位的社会里，工人、农民的体力劳动，看上去也是为剥削阶级服务，而且是直接为生产剩余价值服务的。在资本家的工厂里，工人受资本家指挥，劳动成果归资本家占有，而且为资本家创造超过劳动力价值的剩余价值，为什么不说工人为资产阶级服务？但是，轮到知识分子，怎么就改变说法了呢？知识分子的大多数，也是因为不占有生产资料而受雇于别人，也是依靠自己的劳动领取工资来维持生活，怎么就成了为资产阶级服务，为旧社会服务呢？具体地说，修建南京"总统府"，设计图纸的建筑师是为国民党政府服务，属于资产阶级知识分子，那么，按照图纸施工的建筑工人为谁服务？又作何解释呢？说穿了，就是标准因人而异。在我国，为什么单单对知识分子提出为谁服务的标准呢？从社会地位说中似乎可以找到答案。在这种观点看来，比之体力劳动者，知识分子工资收入较高，待遇较好，为人们仰慕，其社会地位远在工人农民之上，总觉得与资产阶级差不多。其实，这是过去很长时间里把知识分子人为划到资产阶级一边的一个认识误区，本质上是小生产者对知识分子那种既敬又畏的狭隘心理的反映。对此，列宁早就给予了尖锐的批判："把职业的差别同阶级差别混淆起来，把生活方式的差别同各阶级在整个社会生产制度中的不同地位混淆起来，这就清楚地说明时髦的'批判界'毫无科学的原则性。"①

三 知识分子是工人阶级的主体构成

随着我国改革开放的深入，优化产业结构、建立现代企业制度、加快城市化建设步伐等现代化进程的推进，促使中国社会结构发生了巨大而深刻的变化。传统的"两个阶级一个阶层"社会结构中的工人阶级、农民阶级和知识分子阶层都发生了分化和重组。

如何把握变化了的工人阶级呢？现阶段我国工人阶级通常是指与社会化大生产相联系，以公有制形式为主体占有生产资料，以工资收入作为主要生活来源的劳动者所构成的社会集团。对工人阶级作如此界定是把工人阶级作为一个整体阶级来把握，这一点非常重要。尽管中国社会进入转型期后作为整体工人阶级内部的阶层分化十分明显，但阶层间的差别主要体现在经济利益上，各阶层之间的政治利益、根本利益是一致的。因此，不能把当前工人阶级内部分层中某一阶层所表现出来的特殊性、个性当成整体工人阶级的普遍性、共性。江泽民在 2001 年"七一"讲话中明确指出：

---

① 《列宁全集》第 5 卷，人民出版社，1986，第 171 页。

"随着改革开放和现代化建设的发展，我国工人阶级队伍不断壮大，思想道德素质和科学文化素质日益提高，工人阶级的先进性也在发展，党的阶级基础不断增强。"[①] 如果我们不把工人阶级作为一个整体阶级来对其阶级结构的发展变化进行分析研究，而是对这一整体阶级所包含的某一个阶层的结构变化进行研究，并且以此阶层研究的结论作为对整体工人阶级现状的概括，那就不能说是实质性的结论。

当代中国的知识分子已经成为工人阶级的一部分，在整体工人阶级内知识分子是主体构成。有的研究者认为，当前中国工人阶级可以划分为4个阶层：企业家阶层、"白领"阶层（管理者阶层）、普通工人阶层、低收入职工阶层。也有一些研究者把当代中国社会结构分成10大阶层：国家与社会管理者阶层、经理人员阶层、私营企业主阶层、专业技术人员阶层、办事人员阶层、个体工商户阶层、商业服务业员工阶层、产业工人阶层、农业劳动者阶层、城乡无业、失业、半失业者阶层。在第一例工人阶级内部分层的4个阶层里，知识分子涉足其中的就有3个：白领阶层（管理者阶层）、企业家阶层、低收入职工阶层。在第二例10大阶层划分中，完全属于知识分子阶层的有4个：国家与社会管理者阶层、经理人员阶层、专业技术人员阶层、办事人员阶层；知识分子涉足其中的阶层有4个：个体工商户阶层、商业服务业员工阶层、产业工人阶层、农业劳动者阶层中的初级专业技术人员。而在这10大阶层中，除私营企业主阶层、个体工商户阶层和农业劳动者阶层外，另外的7大阶层都属于一个阶级——整体工人阶级。从这里我们不难得出一个必然的结论：知识分子阶层是整体工人阶级的主体构成。

从当代中国知识分子的数量、经济社会政治生活状况及发展趋势看，知识分子阶层也是工人阶级的主体构成。

根据2000年《第五次全国人口普查数据公报》（第一号），在我国大陆接受大专以上教育的为4571万人；截止到2000年底，全国干部为4113万人，全国有各类成人学校61.7万所，在学总人数接近7000万[②]。以上数据足以显示出在中国社会结构中，知识分子已经是一个绝对数量十分庞

---

① 《江泽民文选》第3卷，人民出版社，2006，第285页。

② 国家统计局编《中国统计摘要（2004）》，中国统计出版社，2004，第176页。

大的社会阶层，这一绝对数量将决定其在整体工人阶级结构中所处的地位。

改革开放以来，知识分子阶层在国家社会生活中的经济、政治地位明显提升。知识分子阶层在新时期经济社会地位的大幅度提高与其政治地位的提高是相应的。改革开放以来，知识分子作为工人阶级内部的一个阶层在国家的政治生活中的作用越来越重要、地位越来越提升。据新华社报道，出席中国共产党第十六次代表大会的2120名代表中，具有大专以上文化程度的占91.7%，这一数字十分客观有力地说明了知识分子党员在全党的地位和作用，证明了知识分子阶层在我国政治生活中地位在提升、发挥的作用也越来越强，知识分子阶层是整体工人阶级内部的主体和中坚构成。

知识经济时代，经济社会发展的特点决定了知识成了生产力发展的第一要素。那么，知识分子在工人阶级中占据什么样的地位呢？马克思主义经典作家曾经十分明确地论述从生产工具的演变来判定不同时代社会发展主导力量的观点。马克思指出："生产工具是劳动资料系统的主干，劳动资料不仅是人类劳动力发展的测量器，而且是劳动借以进行的社会关系的指示器。"[①] "手推磨产生的是封建主的社会，蒸汽磨产生的是工业资本家的社会。"[②] 马克思所处的时代，正是机器作为先进的生产工具作用于自然资源，从而推进工业化进程迅速发展的历史时期，是典型的工业经济时期。20世纪70年代以来，人类社会发生了前所未有的重大变化，新科技革命方兴未艾，信息技术异军突起，计算机成为最先进的生产工具，信息的收集、整理、传输、应用成为生产力发展的强有力的发动机。工业经济时代，机器是先进的生产工具，自然资源是最重要的资源；知识经济时代，计算机是最先进的生产工具，智力资源是最重要的资源。工业经济时代的机器主要是人体的延伸和体力的增强，而知识经济时代的计算机主要是人的大脑的延伸和智力的增强。无论是工业经济时代还是知识经济时代，谁掌握着先进的生产工具，谁就是先进生产力的代表，这是历史唯物主义所昭示的基本原理。工业经济时代，产业工人掌握着先进的生产工

---

① 《马克思恩格斯全集》第23卷，人民出版社，1972，第204页。

② 《马克思恩格斯选集》第1卷，人民出版社，1995，第142页。

具——机器，直接作用于劳动对象从事物质生产，因此产业工人是先进生产力的代表；知识经济时代，知识分子掌握着先进的生产工具——计算机，操纵它从事信息符号的处理和应用，间接作用于劳动对象从事物质生产，因而知识分子是先进生产力的代表。因此，在计算机成为最先进的生产工具、人类社会日益信息化和知识化的历史条件下，知识分子不是产业工人阶级的附属部分，而是工人阶级中代表先进生产力，占主流和主导地位的阶级组成部分。

第三节　知识经济时代的知识分子新阶级论

一　新阶级论的演变过程

新阶级理论在发展过程中有三个流派。

一是"无政府主义者"的知识分子阶级论，代表人物是巴枯宁。这一理论认为，庞杂的经济和社会治理需要专门的知识，而知识的日趋复杂必然会导致学者或知识分子获得实际的治理权。巴枯宁认为，强大国家的基础总是军事和政治的中央集权。任何国家，即使是最共和、最民主的国家，实质上都只能是少数聪明的特权分子自上而下统治群众的机器。国家管理经济和社会事务，需要复杂的知识和技能，也就不可避免地导致掌握知识和技能的知识分子的统治。在这一层意义上，无政府论者指出马克思主义的理论实际上就是知识分子的意识形态，知识分子利用工人阶级的运动来达到获取政治权力的目的。为避免新阶级的出现，巴枯宁主张无政府主义。巴枯宁的理论得到一些无政府主义者的共鸣。在东方有波兰—乌克兰裔的马哈伊斯基，在西方有革命工团主义，法国的索雷尔、意大利的拉布里奥拉，都竭力主张在工人运动中排斥知识分子。

二是管理阶级论，又称技术官僚—行政官僚的新阶级论。20 世纪20 ~ 30 年代，西方知识分子新阶级论的表现是管理阶级论。凡勃伦被认为是管理阶级论的先驱，在 20 年代推出了《工程师与价值体系》一书。在该书中凡勃伦对生产中工程师地位的鼓吹已孕育着新阶级的因素。30 年代的贝尔勒和迈因斯出版了《现代公司和私有财产》一书，声言美国社会的管理权力正在兴起。他们声称，现代资本主义正发生历史性的转变，私人财产正在解体，私有者在生产中的地位正为经理所取代。前托派分子伯纳姆在40年代出版了轰动一时的《管理革命》一书，提出在技术社会中，权力的重要范畴是职能而不是所有权。该书提出了阶级接替论：被压迫阶级不能接替压迫阶级。被压迫的农民并不能接替压迫性的地主，双方被一个完全不同的资产阶级所取代。同样，无产阶级也不能接替资本家，两者都会被经理取代。经理在技术优越性的基础上建立起权力，变成一个新的统治阶级。伯纳姆还认为管理革命是一个世界现象。

管理阶级论的另一个代表吉拉斯主要以其1957年英文版的《新阶级》一书而闻名，书中对共产主义的整个政治、经济、文化制度进行了批判，指出新阶级就是政治官僚。他声称新阶级是由那些因执掌行政大权而享有种种特权和优先权的分子构成的，并非所有共产党人都是这一新阶级的成员，只有那些掌握了行政权的官僚才有可能是。

三是20世纪70年代以来的新阶级论。上述两种新阶级理论是在欧洲社会主义国家成立之前或者初期提出的，是左翼理论家在马克思主义理论和马列政治实践批判的基础之上形成的。在这两者之外，从70年代以来，出现了另外一波的新阶级理论——知识阶级论，以贝尔和古德诺为代表的新阶级理论划归这一流派。知识阶级论关注的是阶级意识的问题，它认为一种新型的知识正成为新阶级的基础。

二　新阶级论的基本思想

贝尔、古德诺等人在现代西方知识分子专业化的图景中，看到的不是知识分子地位的下降和衰落，而是知识分子上升为一个居于主导地位的阶级。在贝尔看来，后工业社会的出现，使科学知识和理论形态的知识成为经济发展和社会进步的主要力量，因而掌握知识的知识分子便可能成长为一个居于主导地位的阶级。

如果说贝尔只是提出新知识阶级这一新概念的话，那么，古德诺则提出了新知识阶级的完备理论。他指出，新知识阶级在20世纪下半期同时诞生于西方世界和共产主义世界，其催生机制是现代公共教育和大众化的高等教育。他所指称的这个新知识阶级包括人文知识分子和科技知识分子两个组成部分。这个阶级有接受高等教育这个共同经历，而且在马克思主义的经典意义上占有特殊的生产资料：文化资本。文化资本是古德诺新阶级理论的基本概念，文化资本的所有权是诞生新阶级的基础，文化生产者享有的权威就是建立在对文化资本的垄断之上。区别于一般的人力资本，文化资本拥有特定的内涵，它是一种特殊类型的知识，古德诺将它命名为"批判性话语文化"（Culture of Critical Discourse，CCD）。批判性话语文化一词念起来拗口，指的是通过现代高等教育而获得的语言行为习惯和各个学科共通的规范。新知识阶级通过对这种特殊知识或文化资本的垄断，不断加强他们的地位，扩大他们的利益。这一阶级通过控制文化知识的生产和分配，通过操纵物质生产过程，通过支配文化教育机构，在社会中取得优势地位。而且，他们还通过对文化和舆论的控制，将本阶级的利益宣布为社会的整体利益。拥有这种文化的知识分子对社会的理解、对发展方向的把握都比普通民众更加深刻，他们高出一筹的思想正是在 CCD 理性规则的基础上发展而来的。不管是人文知识分子还是科技知识分子都可以拥有这种文化资本，通过两者结合所形成的新阶级使原有那个"旧阶级"（富有的资产阶级）黯然失色。这样，这个新知识阶级不仅能支配其他劳动阶级，而且大有篡夺西方资产阶级和共产主义官僚的权力的势头。

　　古德诺的新阶级理论提出了一个全面的和广泛的新阶级，新阶级的成员不仅包括马克思主义的革命家，还有权力不断增长的技术官僚、科学家、专业人士。他预言现代社会高等教育的普及和专业化浪潮使得具备文化资本所有权的知识分子最终取代旧阶级的权威，成为新阶级。他认为，在历史上知识分子是一个特殊的社会阶层，它的社会位置相当矛盾：一方面，他们享有相当的自主，常常不参与阶级联盟，但是由于受到人数有限的限制，他们无法以自身的名义追逐权力，只能借助和其他阶层的联盟；另一方面，他们的教育虽然使之能够成为大多数社会成员的代表，成为理性社会变迁的历史代理人，但是从具体分析来看，革命知识分子又并非像自身所宣称的那样代表着无产阶级的利益，因为无论他们宣称代表哪个阶层的利益，他们同时都是在追求自身的利益。

　　古德诺的新阶级理论最重要的贡献是他考虑到了西方知识分子中的"反资本主义"特征。知识分子对于激进的事业，如反越战运动、女权主义运动、环保运动等，积极参与，并寄予热望，而工人阶层却往往漠然视之。因而古德诺断定知识分子将会成为资本主义社会中的反资本主义力量，社会的主要结构矛盾是富有的资产阶级与新兴的文化资本阶级的矛盾。

三 新阶级论评析

现代的新阶级论与以前相比，具有若干显著特点。一是影响范围广。当今西方重要的社会学家，无论持何种立场，都不同程度涉入了这个理论之中。贝尔等著名的现代社会学大师对新阶级论的鼓吹，更使它对整个理论界有了全面的影响，成了压倒其他知识分子阶级理论的主流。二是理论比较系统。现代新阶级论继承以前新阶级论的传统，对一些内容进行了吸收和改造，又根据新的情况作了大规模的扩充和创新。现代新阶级论在理论叙述的广度和深度上都大大超过前者，并出现了系统阐述新阶级理论的著作。三是理论立足点转移。现代新阶级理论的焦点在于知识本身的性质变化。他们认为，一种新型的知识正在增长，这种新型的知识的拥有者现在获得了掌握权力的资本。新阶级论试图用知识分子是一个新的阶级来解脱关于其复杂阶级归属的论争。然而，这个新阶级立论的基础是脆弱的。

首先，知识不是生产资料。

马克思、恩格斯认为，生产关系决定社会形态的性质。资本主义生产关系决定资本主义社会的性质。生产资料所有制是生产关系的基础，正是生产资料的资本主义私人所有制决定了资本主义社会的性质。在资本主义社会，根据人们在生产关系中所处的地位，即根据人们对生产资料的关系，凡是占有生产资料并使用雇佣劳动的人就属于资产阶级，凡是没有自己的生产资料，不得不出卖劳动力来维持生活的雇佣劳动者就属于无产阶级。这里的生产资料，只能是物质生产资料。

知识是人们在探索和改造世界的过程中获得的认识和经验的总和。对知识可以有许多种不同的分类。从知识的来源看，可以分为直接知识和间接知识；从知识的高低层次看，可以分为感性知识和理性知识；从知识的学科性质看，可以分为自然知识、社会知识和哲学知识。按照经济合作和发展组织（OECD）的解释，知识限于以下四类：一是关于是什么的知识，即关于事实方面的知识；二是关于为什么的知识，主要指自然原理和规律方面的科学知识；三是关于怎样做的知识，指做某类事情的技巧和能力；四是关于谁有知识的知识，是指有关知识在谁那里和谁知道如何做某些事的信息。

不难看出，不论是哪一种类型的知识都属于社会意识的范畴，是一种人类精神现象，都不是实实在在的财富，这就是知识区别于物质的重要特征。所以，获得了大量的知识并不等于获得了现实的财富，并不等于掌握了生产资料。现实中，少数知识多、技术高的人在短时间内变成巨额财富的拥有者，但这是他们参与（资本主义）生产过程的结果，财富并非知识本身带来的。也有少数拥有专利和技术的知识分子依靠出卖专利、转让技术而成为物质财富的拥有者，但这些一般是作为商品买卖，单纯就此行为来说，并非进入直接生产过程，因而不属于用来增值的生产资料。在发达资本主义国家，很多科学家、大学教授、高级研究人员接受了很多教育，但物质上并不富有，因为他们不占有生产资料。从知识的特性来看，知识并不等于生产资料，知识获得和利用的前提是物质生产资料。因此，获得了知识，并不等于就获得了生产资料，生产资料仍然掌握在其占有者手中。不可否认，知识是一种重要的生产要素，但由于它不是生产资料，这就决定了它必须要依赖或借助于物质生产资料才能发挥作用。一般说来，当生产过程中已经具有了充足的物质要素的时候，知识要素的多少就成为提高生产效率的关键；而当生产过程中不具备必要的物质要素，特别是原材料的时候，尽管具有高度的知识要素，但是巧妇难为无米之炊，物质要素仍然是第一要素。当然，具备知识要素优势可以在一定的条件下弥补生产要素的不足，但这总是相对的。如果知识要素是绝对的第一经济要素的话，一些发达国家采取种种手段从发展中国家获取（有时甚至是掠夺）能源、原材料，岂不是舍本逐末？只有初级原材料和初级能源优势的发展中国家在被人掠夺了原材料、能源后，被告知"你们失去的都是一些不重要的东西"，这本身就是一种欺骗。

新阶级论者大都不顾现代资本主义社会仍然是生产资料私有制占统治地位的社会这个事实，片面夸大知识和技术的作用。实际上，在资本主义社会，知识和技术不是存在于社会真空里，它如果离开了资本就发挥不了任何实际作用。技术知识分子之所以有一定的权力，其前提条件是受资本占有者雇佣，不管其雇主是集体还是个人。同时我们还看到，技术知识分子中只有极少数人具有管理权，大多数人丝毫不能染指管理工作，他们的职能是应用自己的技术和知识。

其次，知识所有者从属于生产资料（资本）所有者。

知识经济时代，知识阶层逐步成为社会的主体，劳动者必须拥有知识才能进行物质生产和精神生产活动。没有知识连当工人的资格都没有，工人阶级知识化是必然趋势。越来越多的劳动者同时又是知识所有者，知识所有者在社会生产中将扮演主要的角色。

应该说，在知识经济时期，知识的力量加强了，知识在物质财富创造的过程中的作用越来越大了。然而，知识作为第二性的精神的东西，对物质生产资料的依赖关系仍然没有改变。在现代资本主义国家，对知识的占有不但不能取代对生产资料的占有，而且恰恰相反，对知识的占有正是对生产资料的占有情况所造成的结果。从知识同资本的关系来看，在资本主义国家的任何时期，知识都是资本的奴婢。知识作用的加强是资本力量增加的表现，知识被吸收在资本中，表现为资本的属性。资本的阴影已经在知识的领域布满。在当代资本主义社会中，知识的获得和使用绝不是取决于单个人的愿望，而是受到资本的控制和支配。马克思指出："劳动资料发展成为机器体系，对资本来说并不是偶然的，而是使传统的继承下来的劳动资料适合于资本要求的历史性变革。因此，知识和智能的积累，社会智慧的一般生产力的积累，就同劳动相对立被吸收在资本当中，从而表现为资本的属性。"① 资本主义越发展，科学技术越进步，资本对知识的控制力量就越强大。它永远决定着工人阶级何时获得和获得多少知识，何时运用和运用多少知识。知识力量在资本主义国家的强弱程度也受制于资本对它的利用程度。人们在社会经济结构中的地位也没有变化，不仅人们占有物质生产资料的关系没有改变，即便是人们对知识的占有多少也是对物质生产资料占有情况进而是阶级地位差别的结果和产物。知识所有者要获得知识，就要接受教育，不论是获得知识还是接受教育，自古以来就受到社会经济条件的制约，在今天更被看成一种投资。这种投资同样直接受人的社会地位特别是经济地位的制约，而个人的受教育状况又反过来影响人的经济地位和社会地位。正是因为这样，从资本主义制度出发前进到知识经

---

① 《马克思恩格斯全集》第46卷（下册），人民出版社，1980，第210页。

济，不平等的经济关系会继续造就不平等的受教育的关系。而且，一个人受教育程度的提高不一定意味着其社会地位的改变。从根本上说，只要生产资料的私人占有关系不改变，工人阶级受教育状况的改善就会更有利于资本家。

退一步讲，即使知识所有者掌握的知识状况可以改变他的地位，也只具有相对的性质。不可否认，个人掌握的知识越多，在就业市场选择中的位置就越优越。但这个优越的位置是就受雇佣者之间相比较而言的，并不是说知识分子与雇主相比的优越。资本与劳动力之间的关系是不平等的，前者仍然强于后者。在今天的社会里，仍然是生产资料所有者雇佣并役使知识所有者，而不是相反。另外必须指出，所谓知识经济时代知识正发挥着越来越大的作用，在更多的情况下，这里的知识指的是社会知识的总和，而非个体知识分子所拥有的知识。这种社会知识与具体的个人是相分离的。不能从知识对社会发展的关键性作用中引申出个体知识分子掌握企业的命运，更不用说掌握社会的命运了。

再次，知识所有者摆脱不了受剥削的命运。

资本主义的分配关系也没有随着知识作用的加强而发生质变。只要资本主义私有制存在，知识所有者作为劳动者就摆脱不了受剥削的命运。而且在资本主义私有制条件下，劳动者的知识化程度越高，受剥削的程度也就越重。

从资本主义劳动过程来看，知识所有者作为劳动者承受着资本的两种剥削。在知识的作用越来越大的时代，知识的生产力已经成为生产力、竞争力和经济成就的关键，成为经济发展的推动力。如果劳动者不能提供以一定知识为基础并运用知识的劳动，那么就难以适应知识经济发展的需要，就会失业。这样，在一些发达国家，由于生产成为知识化的生产，生产过程就成了知识的应用过程，生产者也是掌握了科技知识的脑力劳动者，即知识所有者。知识劳动者在劳动过程中利用先进的科学技术，通过自己的活劳动将这些科技知识所蕴涵的价值转移到新产品中去，从而为生产资料所有者或资本所有者带来剩余价值。同时，劳动者的这种能力又必须以一定质量的知识为基础，即工人要花费大量的金钱和劳动去获得这些知识。实质上，这些知识就是工人的一种沉淀劳动。在生产过程中，这种劳动又会激化起来同以往形成的活化知识的能力一起变成活劳动，从而运用知识进行劳动创造。所以资本对劳动的剥削已不再局限于生产过程之中了，而是延伸到生产过程之外了。这就是说知识劳动者在劳动过程中通过两个方面为资本所有者带来剩余价值，一是自己的活劳动，二是自己过去为获得知识的劳动（沉淀劳动）。因此知识劳动者所受的剥削更重了。

知识所有者的知识主要是因受教育而内化于人自身的经验和技能，这些知识与劳动力是不可分的，在资本与劳动的二分中，它属于劳动的范畴。知识所有者不会因为拥有这种知识就不受雇于他人，他们不占有生产资料，只能靠出卖自己的劳动、脑力和技术为生，是资本家创造剩余价值的工具，摆脱不了资本所有者的剥削，并且随时都有被解雇的可能。也就是说，知识所有者在资本主义条件下仍没有改变其雇佣劳动的性质。马克思早就指出："以这种或那种方式参加商品生产的人，从真正的工人到（有别于资本家的）经理、工程师，都属于生产劳动者的范围。"[1] 劳动者职能的改变不意味着其雇佣地位的变化。不论其职能怎样改变，只要他完成与生产过程有关的某一职能，就是生产劳动，从而也就是生产工人。马克思说："随着劳动过程本身的协作性质的发展，生产劳动和它的承担者即生产工人的概念也必然扩大。为了从事生产劳动，现在不一定要亲自动手；只要成为总体工人的一个器官，完成它所属的某一种职能就够了。"[2]

知识所有者在收入上与体力劳动者有一定差别，但这种差别只是量上的差别，与那种有产者与无产者的差别不可同日而语。这种差别反映的不是剥削关系，而只是由于两种劳动力的成本不同，因而在市场上劳动力的价格也不一样。至于极少数知识分子如高级经理等收入高于工人几十倍，则又另当别论。他们的高收入主要是在生产中的位置即代行资本家的职能所致，这些知识分子已经资产阶级化了，不能代表整个知识分子的状况。在资本主义信用制度下，确实有些并无财产，但拥有经营管理才能的人成了资本家。中国的科举制度、资本主义的普选制度在政治上也能起到这样的作用，马克思说的"新的幸运骑士"[3] 大概也能包括这些资产阶级化了的雇佣劳动者。

---

① 《马克思恩格斯全集》第 26 卷（第 1 分册），人民出版社，1972，第 147 页。

② 《马克思恩格斯全集》第 23 卷，人民出版社，1972，第 556 页。

③ 《马克思恩格斯全集》第 25 卷，人民出版社，1974，第 679 页。

第四章

知识分子与经济

长期以来，受生产力发展水平的限制，知识分子被排除在经济活动之外，其分布的领域也极其狭窄，他们只能在教育、意识形态、政府管理等上层建筑领域工作。随着生产力的发展和科学技术的进步，知识分子逐步摆脱了这一状态，特别是随着知识经济时代的到来，知识分子开始全面走进经济生活，并主导着经济的发展和社会的进步。

第一节　知识分子与经济建设

一　社会转型与知识分子走进经济生活

社会转型是我国正在经历的历史性变化。社会转型不仅是对原有社会的结构、体制进行系统而全面的转变和发展，作为实施社会变革的主体——现实的人，也将在这一伟大的社会工程中发生根本性的转变。知识分子是知识的承载者、人类精神产品的创造者。作为人的特殊群体，他们在社会转型的大背景下，亦将经历向现代化的转型，其转型的过程和结果一方面影响到人的整体的现代性塑造，另一方面也反过来影响到整个社会转型的进程。

以改革开放为标志的中国社会转型，结束了中国几千年的以伦理和政治为本位的中国文化和社会结构方式，代之以经济建设为中心的社会建构方式。陶东风在其《社会转型与当代知识分子》一书中将这一变化理解为"道德—政治—经济"之间的相互转换的过程："在小农社会或自然经济社会中，这三者的关系表现为道德—政治—经济，道德居于中心地位；而在计划经济社会或政治社会（如从 20 世纪 40 年代末到 70 年代末的中国），三者的关系则转化为政治—道德—经济，政治入主中心；到了市场经济社会或现代市民社会（中国改革开放以来开始向这种社会过渡），经济终于翻身做了主人，成为社会整合与社会发展的主导力量，世俗的与物质的诉求成为社会大众的主导诉求。于是三者关系又调整为经济—政治—道德。"① 其实，以道德为中心的传统中国社会，也仍然是以政治为中心的社会，只不过是政治的形式更多的是以道德伦理的方式表现出来（如"修身、齐家、治国、平天下"是关于道德修养与政治权利高度统一的典型理念）。因此，现代中国社会的转型可以说是从以政治为中心的社会向以经济为中心的社会的转变。

对于知识分子而言，这种转变的影响是深远的。这是因为，在以政治为中心的社会，国家与社会高度重合，社会分化程度低。在这样的社会中，国家对经济以及各种社会资源实行全面的垄断，国家对大部分社会资源实行直接垄断，必然也会使得知识分子这个群体不可避免地高度依赖国家，限制了个人创造力的发展。而社会转型到以经济为中心的时代，知识分子同经济和市场的关系与他们同政治的关系发生了很大的变化。也就是说，在市场经济原则体现的自由、独立、公平的竞争关系的社会条件下，每一个社会成员都有权按照自己的意愿，采用自己以为适当的方式来追求个人的利益，社会成员之间的关系也是平等的，人的发展也相应地从依附型人格向独立型人格转变。在市场经济条件下，知识分子凭借其专业知识、专业技术从市场获得各种稀缺的资源——财富、名誉、社会地位、权利等。他们以独立的身份和人格，第一次以经济的方式实现自身的社会价值，其自主性的增强和独立性的增长对知识分子在社会转型后的价值实现方式具有积极的示范作用，在一定程度上改善了社会对知识分子的价值评价。无论如何，这是一种积极主动的实践方式，是知识分子迈向市场、迈向世俗社会从而实现自身现代化的一种社会角色选择。

这样，伴随着社会的转型，当今中国知识分子走进了经济生活。知识分子脱离走了两千多年的学而优则仕的道路，走向经济生活，走向市民社会，这就形成了当今中国的知识分子市民化运动。这一文化现象，即下

---

① 陶东风：《社会转型与当代知识分子》，上海三联书店，1999，第 235 页。

海。知识分子下海的最初形式，是一批知识分子毅然走出大学校园、科研院所，建立起面向经济建设，以开发高新技术为主的实业公司。随后，一些大型国有企业中的知识分子也开始流向三资企业、中小型企业、乡镇企业，逐步形成了一批小型技术开发实体。这样一来，就形成了知识分子的创造活动对社会生活的全面开放。直到这时，知识分子才在中国历史上第一次作为一个具有一定经济实力的社会阶层参与经济生活。

知识分子的角色转换，对我国文化模式产生了深刻影响，是我国历史上任何时代知识分子的影响都不能比拟的。

首先，知识分子的市民化运动，把知识和科技引入了经济生活，有力地推动了生产的发展。传统的以单纯大众化劳动价值生产为主的生产结构已经过时，日益为知识价值生产与劳动价值生产一体化的经济结构所代替。这种新的经济结构的形成，决定了中国经济发展不会像西方社会那样，要经过漫长的劳动价值的生产过程，再过渡到以发展高科技为主体的知识价值生产过程，而是直接吸取当今世界的科学技术革命成果，以高科技开发带动劳动价值的生产，推动整个经济社会迅速转入知识价值生产的轨道，这就为中国经济有一个较快的发展提供了客观可能性。

其次，知识分子的市民化运动，促进了市场经济体制的建立和完善。我们正在建设的社会主义市场经济体制，是一项艰巨复杂的社会系统工程，涉及转换国有企业经营机制、加快市场体系的培育、改革分配制度和社会保障制度、转变政府职能等一系列重大问题。因此，市场经济体制的建立和发展，仅仅靠发展商品经济是不够的，还必须引入先进的经营方式、管理方式、市场知识，还必须有高素质的企业家和商人。一大批知识分子的下海，正满足了这一需要，使得我国市场经济在起步之初，就有一个相对较高的水平。

再次，知识分子的市民化运动，有力冲击了传统的官本位，推动了中国政治体制改革的深入。千百年来，中国知识分子都以读书做官作为正常的人生道路，对他们来说，不做官是很难施展才干、实现抱负的。这就形成了官本位的心态，助长了官本位的体制。随着知识分子市民化运动的兴起，知识分子终于在政治之外又发现了一片更为广阔的新天地。市场经济所奉行的平等原则、竞争原则，是政治场上难以实现的，为知识分子施展才干提供了多得多的机会。因此，在当今的中国，下海比做官更有吸引力，成为越来越多的知识分子的人生选择。官本位被逐步削弱了。与此同时，由知识分子的市民化运动所促进的市场经济体制的建设，又进一步要求改革现行的政治体制，建设与市场经济体制相适应的民主政治。

二　知识分子的劳动是生产性劳动

传统观点认为，知识分子不是生产者，因为他们并不直接从事物质产品的具体生产工作。改革开放后，邓小平指出科学技术是第一生产力，知识分子是工人阶级的一部分后，这种观点得到了纠正，但仍有一些人没有接受知识分子是生产者的观点。我们认为，如果把产出劳动产品的劳动称为生产性劳动的话，那么，知识分子的劳动无疑是生产性劳动。

第一，社会劳动产品从存在形式上看，可以分为物质产品和精神产品。有形的物质产品是人类社会存在需要的产品，无形的精神产品也是人类社会存在需要的产品。人类社会生存的需要是人们生产这两类产品的目的，应该说两类产品的生产过程中都离不开知识分子的劳动。精神产品的生产离不开知识分子的劳动，这是公认的。物质产品的生产也离不开知识分子的劳动。例如，钢铁是物质产品，在现代化生产过程中，一个人并不是具有健全的肢体、正常的大脑就可以成为合格的劳动者。没有一定的文化知识、专业知识和基本技能也同样无法从事钢铁生产的劳动活动。文化知识的教育和基本技能的培训，要通过知识分子的劳动才能实现。而且，现代社会钢铁的生产质量和数量的提高也并不仅仅取决于在一线的生产工人，而是首先要靠科学技术工作者的研究成果和水平的提高。从这个例子可以看出，没有人类的教育活动和知识分子的劳动，社会生产的正常化秩序就会被打断，物质产品的生产也就不可能正常进行。关于这一点，下文还将进一步展开说明。

第二，体能劳动者与智能劳动者的差别在于劳动方式的不同，不是生产者与非生产者的区别界限。人类在进化过程中，出现了劳动生产的社会性分工，进而导致出现了以体能劳动为主与以智能劳动为主这两种劳动的方式。两种劳动方式的出现从本质上讲是适应人类社会劳动生产的发展需要而产生的，都是人类社会生存的需要。具有正常的体能和智能是个人从事劳动的基本条件，而存在以体能劳动方式为主和以智能劳动方式为主的两种生产者却是人类社会生产活动正常化的基本条件。

第三，人类的智能劳动是人类的社会劳动和生产力发展的决定因素。生产实践证明，人类的社会生产发展的速度，取决于科学技术的发展水平。原始社会之所以发展速度极为缓慢，是由于代表科学技术的劳动技能特别低；在奴隶社会和封建社会由于科学技术和生产力发展水平不高，程度不深，其社会生产力发展速度也很慢；进入资本主义社会后，人类社会的生产力得到极大提高，是科学技术的高速发展造成的。产生社会物质财富的源泉是生产性的劳动，生产社会物质财富的并不主要是依靠人的体能劳动，而是主要依靠人在劳动中不断发掘并不断提高的技能劳动即智能劳动。事实上，在人类的生产劳动中，智能劳动的水平越高，劳动的有效性就越大，这一点已经被人类社会的生产发展所证明。

历史还将不断证明，创造物质财富的源泉是人类在劳动过程中所发现和发明的科学技术，掌握科学技术的知识分子是生产劳动的担当者。纠正知识分子是非生产者的观念，正确评价知识分子在人类社会生产劳动中的作用与地位，具有重要的现实意义。

三　知识分子是物质财富的创造者

在现代社会生产中，知识分子是社会物质财富的创造者，这本来是毫无疑问的。因为在大生产中，特别是在现代化、自动化大生产中，知识分子在生产物质财富过程中的巨大作用是有目共睹的。可是，这个问题在我国却长期没有得到正确回答。"文化大革命"时，知识分子被当做"臭老九"，被认为是靠工人、农民来养活的剥削者。现在，已经不会有人相信了，但否定知识分子是社会物质财富的创造者的却大有人在。其实，这种看法是根本站不住脚的，它完全是小生产者的狭隘的落后的观念。小生产者主要是依靠个人的体力劳动进行物质生产。这种生产方式必然产生狭隘的落后的意识。否定知识分子在物质财富生产中的作用就是这种小生产者狭隘落后意识的反映。在我国，虽然社会化大生产已有一定的发展，但小生产的生产方式还存在，小生产者的落后观念也存在。再加上我们的干部队伍中一些人出身于小生产者家庭，因而这种轻视知识分子的错误观念就很容易被他们所接受，并长期得到传播。

这种小生产者的观念是同现代化大生产相对立的。在现代化的大生产中，任何社会产品都不仅凝聚着生产它的体力劳动，也凝聚着生产它的脑力劳动。任何社会产品都是由体力劳动和脑力劳动共同创造的。如果有谁想要从中找出什么纯粹体力劳动的产品，那是绝对找不到的。大生产中的一切产品，从设计到加工制造，都是脑力劳动和体力劳动相结合的结果，都是工人、农民和知识分子相结合的结果。在现代化大生产中，正是工人、农民的体力劳动和知识分子的脑力劳动密切结合，才使社会生产得到了迅速发展，创造出人类社会大量的物质财富。因此，在大生产中知识分子创造物质财富的作用，不仅是明显的，而且是巨大的。

古代和中世纪的知识分子由于时代的局限，主要是从事精神财富的生产，没有对物质财富生产起主要作用。因而那时说社会物质财富主要是工人、农民体力劳动创造的，尚有一定道理。但在社会发展进入大生产后，知识分子的社会作用起了重大变化，这时知识分子的脑力劳动已经渗透到物质财富的生产之中，成为现代化生产不可缺少的因素。从此，知识分子再也不是单纯的精神财富的生产者了，而且也成为物质财富的生产者了。如果说知识分子过去在物质财富生产中的作用微不足道的话，那么，现在他们在物质财富生产中的作用则是举足轻重的了。

从近代科学技术发展史来看，科学技术的发展，导致了科学技术成果的迅速增加，而科学技术成果的增加，又促进了经济的巨大发展。科学技术越来越左右着经济发展，成为推动经济发展的关键。如果说在过去，生产率的提高主要是依靠增加劳动力和资本的话，那么，现在劳动生产率的提高，则主要是依靠科技进步。由于利用科学技术成果，常常获得几倍、几十倍、几百倍的经济效果，而且产生这样高的效果，不仅没增加体力劳动，反而减少了体力劳动。这种情况，在现代化生产中比比皆是。例如，汽车的运输量比马车大，火车的运输量又更大，这种运输量的增大，不仅没有加重司机的体力劳动，反而减轻了他们的体力劳动。这种事实，有力地证明了知识分子的脑力劳动在生产过程中、在物质财富创造过程中的巨大作用。

现在，世界上发达国家都非常重视知识和知识分子。为了开发智力资源，不惜进行大量投资，就连以追求剩余价值为目的的资本家也不例外。资本家为什么如此重视知识和知识分子呢？因为他们认识到，知识和知识分子会给他们带来更高的利润和更多的财富。为此，他们办起了许许多多的科研机构，雇佣了大批知识分子。很明显，这些知识分子的脑力劳动既然参与了剩余价值的生产，也就是参与了社会物质财富的创造。马克思在谈到资本主义生产力迅速发展时指出，生产力的这种发展，归根到底总是来源于劳动的社会性质，来源于社会内部的分工，来源于智力劳动，特别是自然科学的发展。这里，马克思不仅讲了生产关系和社会分工，还讲了智力劳动对生产发展的重大作用，肯定了智力劳动是生产力发展的重要源泉。既然资本主义条件下知识分子的脑力劳动，马克思尚且肯定它是创造社会物质财富的重要力量，那么，在已经建立了社会主义制度的中国，摆脱了资本家奴役的知识分子怎能不是社会物质财富的直接创造者呢？

　　无可争辩的事实证明，不论是资本主义社会还是社会主义社会，要有效地进行现代化生产，离开了知识分子，离开了科学技术，都是绝对不可能的。随着科学技术的发展，知识分子在生产中的作用将越来越大。在现代化大生产中，对生产具有重大作用的因素有三个：科学、技术和管理。在比较发达的国家中，科学、技术和管理被称为现代化生产的三大支柱。而这三大支柱哪一项也离不开知识分子。科学需要知识分子的脑力劳动来创造，技术需要知识分子的脑力劳动来实现，管理需要知识分子的脑力劳动来筹划。总之，三大支柱都要依靠知识分子的作用。至于说在那些计算机控制的自动化生产的工厂中，知识分子的脑力劳动几乎成为劳动的主要形式了，体力劳动则成了辅助的劳动形式。

　　总之，在现代社会的生产中，知识分子是物质财富的创造者。那种否定和抹杀知识分子在创造物质财富中的重大作用、歧视知识分子，甚至把知识分子当做异己力量加以排斥的观念和做法，是非常错误的。我们必须去掉这种有害的陈腐观念，正确评价知识分子在社会生活和在现代化建设中的地位和作用。

第二节　知识分子的劳动价值

一　知识分子劳动价值的实现

　　党的十一届三中全会以来，党中央十分重视科学技术和知识分子在社会主义现代化建设中的重大作用，提出"科教兴国"的战略，采取了一系列切实有力的措施，为知识分子劳动价值的实现提供了根本保障。

知识分子从事复杂的脑力劳动。马克思认为，复杂劳动是倍加的简单劳动，其创造的价值是简单劳动的多倍或自乘。为什么复杂劳动可等于倍加的简单劳动？这是因为，复杂劳动本质上是一种知识的产生和运用，复杂劳动具有或部分具有知识生产的特征。一方面，复杂劳动者要通过教育和培训掌握重要的知识，进而使得他们的劳动力价值比一般劳动者更高，由此也会提高劳动生产率，创造更多的价值。另一方面，复杂劳动既然作为一种知识的生产和运用，其创造的价值也可视为或部分视为知识的价值。因此，知识生产的劳动者即知识分子通过他们的活动不断创造新价值并转移旧价值，还可摄取大量的"积累劳动"形成的价值并转化为新价值。这正是简单劳动所缺乏的重要功能，也正是复杂劳动可多倍于简单劳动的关键所在。既然知识分子的复杂劳动创造了多倍于简单劳动所创造的价值，也就是说，知识分子能创造其他劳动者无法创造的高附加值，那么，其劳动价值就应该在更多、更高的水平下得以实现。为此，必须在分配机制上充分体现出其劳动价值。在知识经济时代，高科技产业迅速增长，以知识为基础的产业逐步上升为社会的主导产业。技术密集型、智力密集型产业的就业比重显著上升，就业的机会倾向于智力密集的群体，经济的分配也主要以对知识的占有量为基础。因此，必须更新分配观念，体现知识的价值，使知识分子的贡献得到相应的物质回报。

实现知识分子的劳动价值，首先必须在全社会形成正确的知识分子劳动价值观念。在全社会形成正确的知识分子劳动价值观念的标志，是全社会大多数人对知识分子的劳动价值的相关问题有共同的理解，并达成以下共识：科学技术是第一生产力，知识分子是知识的创造者，知识分子的劳动是脑力劳动，脑力劳动属于复杂劳动。在全社会形成正确的知识分子劳动价值观念，必须加强基础性教育。因为只有全社会的人都比较有知识，才能理解知识的价值和知识分子的作用。如果在一个社会，无知的人占一定比例，就会滋生反理性、反科学、反文明的蒙昧意识，知识分子的工作就很难被理解，科学技术就很难进步。因此，要通过各种传媒，在全社会大力宣传知识和知识分子的作用，鼓励更多的人学有所成；大力宣传按劳分配的本质是按分配者对于社会的实际贡献——综合劳动效益——来进行分配的，使人们追求劳动质量；大力宣传一专多能，通过广为社会作贡献、获得较高劳动报酬的典型，使人们学有榜样。

　　实现知识分子的劳动价值，还必须充分利用市场机制，为实现知识分子的劳动价值创造条件。实现知识分子的劳动价值，除国家宏观调控工资额度，分步骤提高知识分子的工资待遇外，更重要的就是要充分利用市场机制，为实现知识分子的劳动价值创造更多的市场条件。首先，要改革人才管理体制，通过合同明确知识分子和用人单位的责任、义务关系，既让知识分子所服务的单位有充分的用人权，又让知识分子有充分的择业权。要对党和国家干部与各种专业人才实行分流，采取不同的体制、方式进行管理。对于国家干部，可以实行任命制和公务员制，对专业技术人员、教育工作者、文艺工作者等专门人员主要实行聘任制和合同制。尽快完善人才市场，建立人才交流中心，作为人才和用人单位之间的中介机构，做好牵线搭桥工作。其次，要推动知识分子面向经济建设主战场，开展科研、咨询、教学、发明、创造，提高智力成果转化率；完善和发展技术、文化、咨询、信息市场，使知识分子有用武之地。再次，要解决专业著作、文学艺术作品的出版发行问题，提高稿费、书画费、授课费、讲座费、咨询费，并按质量拉开档次。

二　知识分子劳动价值的评价

　　要充分实现知识分子的劳动价值，首先要对知识分子的劳动予以正确的认识，并给予切实的尊重。邓小平提出："要尊重知识，重视从事脑力劳动的人，要承认这些人是劳动者。"[①] 必须强化人才资源是第一资源的观念，形成"尊重知识、尊重人才"的社会风气。这一科学论断对于我们正确认识知识分子的劳动价值具有重要的指导作用。

1. 劳动产品中知识含量日益提高

　　由于迅速发展的高新技术在生产中的应用，单位产品（无论是物质产品还是非物质产品）中所包含的活劳动已经大大减少。在知识经济时代，

---

① 《邓小平文选》第2卷，人民出版社，1994，第41页。

物化劳动作为科学技术的凝结，与活劳动相比已占据社会生产的主导地位。同样多的活劳动，在今天可以创造出比过去多几倍、几十倍甚至更多的产品。邓小平指出："同样数量的劳动，在同样的劳动时间里，可以生产出比过去多几十倍、几百倍的产品。社会生产力有这样巨大的发展，劳动生产率有这样大幅度的提高，靠的是什么？最主要的是靠科学的力量、技术的力量。"[1] 在工业社会，一个最有效率的熟练工人比一个一般的工人可能多生产 20% ~ 30% 的产品，但在信息社会中一个最好的软件开发人员能比一个一般人员多做 5 倍，甚至 10 倍的工作。随着新的科学技术的超常规发展和新经济时代的到来，这种趋势必将进一步强化。其中起关键作用的是创造发明先进技术的知识分子的劳动。

2. 知识经济时代的劳动主要是知识分子的超常劳动

在知识经济时代，劳动不仅生产有形的物质产品，而且越来越多地提供无形的服务；不仅靠消耗体力，而且越来越多地以消耗脑力为主。发达国家的第一、第二产业产值比重只有 30% 左右，而信息、金融、商业、科研、教育等第三产业的产值在国民经济中所占的比重却为 60% 左右。以知识分子为主要力量的劳动者从事的科学技术劳动、经营管理劳动成为社会生产力发展中越来越重要的组成部分。在当前正在兴起的知识经济中，如果说劳动是一种不可缺少的生产力，那么知识分子的创新劳动就是一种超常生产力；如果说劳动是推动生产力和社会发展与进步的原动力，那么知识分子的创新劳动就是推动生产力与社会跨越式发展的原动力。

3. 知识分子成为社会生产中最具有创造力的因素

知识分子在生产与经营中的重要性与日俱增。美国著名经济学家舒尔茨指出，人类的未来并不完全取决于空间、能源和耕地，而是取决于人类智慧的开发。在商品价值中，原料成本和劳动力的成本大大下降，而知识成本大大上升。实践证明，研究开发产品的专家、人才教育者、企业家等科技工作者及经营管理工作者，都在创造价值，而且是产品价值的主要创造者。大量事实有力地证明，知识分子的劳动，包括自然科学工作者和社会科学工作者的劳动，都是能够创造大量价值的复杂劳动。

---

[1] 《邓小平文选》第 2 卷，人民出版社，1994，第 87 页。

三 知识分子劳动价值的升值

1. 知识价值上升是知识经济的特征

知识经济，指建立在知识和信息的生产、分配和使用基础上的经济，更简要地说，即以知识为基础的经济，知识成为主要的资本或生产要素。对知识经济这一普遍的理解表明，知识经济的基本特征是知识价值上升。

（1）从其本性来看，知识是一个永无止境的探索和创新过程。永远也不会有那么一天，人类登上终极真理的顶峰，穷尽了一切真理。这就意味着永远都有许多未知的领域有待我们去开拓，永远都有创新的广阔舞台。科学就是在不断开拓创新中前进的，创新是科学的生命。衡量某项科学工作有无价值、其价值的大小，主要的标准便是看其有无创新以及创新的程度。知识不断探索和创新的本性是知识价值上升的内在依据。

知识经济在 20 世纪后期出现，正是知识不断探索和创新水到渠成的必然结果。19 世纪，许多人认为力学已经穷尽了科学的真理。20 世纪初期的学习革命打破了人们这一信念。人们开始明白，有许多未知领域有待于开拓，创新是科学的生命。知识分子的探索和创新需付出巨大劳动量，这也是知识价值上升的内在根据。知识分子的智力资源是这个时代的主要资源，谁占有的智力资源越多，谁的经济规模就越大，其发展速度就越快，其劳动创造的价值就越大。科学研究、技术发明、产品开发、生产控制和企业管理等，需要大量的高素质的专业技术知识分子提供强大的智力支持。如果说，在农业社会各国主要是争夺土地、占领地盘，工业经济时代人们主要是争夺各种自然资源，那么，在知识经济时代人们则主要是抢占智力资源。这种状况必然造成知识分子的"知识升值"。

（2）从知识的社会功能来看，知识加快了科技、经济一体化的进程。科学不只是知识，还是生产力。马克思指出，科学作为知识体系，是"一般社会生产力"，当科学通过技术的中介，进入生产过程，物化为产品，就变成了"直接生产力"。在相当长的历史时期里，科学与生产的联系并不紧密，科学对经济发展的贡献也不大。在发达国家，科技对经济增长的贡献率，20 世纪初只有 5% ~ 20%，到 50 年代上升为 50% 左右，进入 70 ~ 80 年代增至 60% ~ 80%。科技长入经济，产品更新的周期日趋缩短。

19 世纪的主要发明进入生产过程时间较长：电动机，65 年；电话，56 年；无线电，35 年。进入 20 世纪，这个过程大大缩短了：雷达，15 年；电视，12 年；尼龙，11 年；核电，4 年；集成电路，2 年；激光器，1 年①。

科技、经济一体化的进程，极大地提升了知识的价值，使"知识就是力量"成为活生生的现实。显而易见，通过长入经济、物化为产品，知识的价值得到了可摸可触、可感可受的体现，从而赢得了广大公众的接受和认同。人们切身感受到知识不仅具有精神价值，而且具有物质价值。它广泛渗透到社会和生活的各个领域，深刻地改变了社会面貌，推动着社会进步。知识之所以能成为一种新型经济，成为主要的资本和生产要素，正是科技、经济一体化的必然结果和表现。

（3）知识对经济的巨大增值作用、对社会发展的推动作用，决定了知识的升值。知识经济时代，将实现社会财富的知识化。有形的自然资源在经济中的首要地位将让位于无形的智力资源，知识成为经济发展的最重要的资本。知识的资本化使社会财富以前所未有的速度迅猛增长。原材料价值的比例将越来越小，体力劳动带来的价值将不断下降，而物化到产品中的脑力劳动带来的价值将不断上升。这些因素使社会本位呈现知识化趋势。古代的人们以权力为社会本位，近现代的人们以财富为社会本位，知识经济时代则以知识为社会本位。知识将不仅成为社会财富增长的第一源泉，而且还是制定社会战略的首要依据。社会财富的知识化和社会本位的知识化，使知识的价值空前增大。

2. 我国知识分子的知识处于升值状态

从 20 世纪末到 21 世纪初，为调动知识分子的工作和科研积极性，促进我国知识经济的发展，国家采取积极措施，提高知识分子待遇。20 世纪80 年代曾存在着收入问题上的"脑体倒挂"现象，现在已从根本上得到扭转，不少知识分子特别是有突出贡献的知识分子收入大幅度提高。知识层次越高的人获得的收入也越高，中国知识分子中也出现了十万富翁、百万富翁，甚至亿万富翁。

在当今中国，拥有知识资本，就能获取高额收入，成为社会先富群体的成员。20 世纪 90 年代的经商热、房地产热、股票热曾造就了中国第一

---

① 沈铭贤：《知识经济与知识分子》，《毛泽东邓小平理论研究》1999 年第 1 期，第 42 页。

代、第二代、第三代富翁，这些富翁往往带有暴发式特征，由于其文化知识沉积较少、门槛较低、机缘性强，相当一部分已经成为明日黄花；而在未来的知识创新时代，知识将是第一位的资源，拥有知识、不断进行知识创新并善于将知识转化为资本的人，将长期是社会财富的拥有者。新生代"知本家"作为第四代富有者，其财富将是对前三代富翁的超越。对于致富，民间有这样一种说法："70年代靠劳力，80年代靠财力，90年代靠智力。"在这21世纪的知识经济时代，我们有充足的理由相信：拥有雄厚知识资本的知识分子，将拥有更加雄厚的社会财富。

为引导社会收入向知识分子倾斜，充分调动知识分子发展生产力、创造物质和精神财富的积极性，国家和地方政府提出了一系列改善知识分子待遇的政策、措施。这些政策和措施包括制定企事业单位工资定级标准，学历越高，定级水平越高；技术职称越高，工资越高；在岗位工资、奖金分配方面向技术岗位和知识岗位的人才倾斜；实行一流人才、一流业绩、一流报酬的分配办法；允许高薪聘用拔尖人才；技术、管理等生产要素参加分配，在科技成果创新取得的收益中，提取一定的比例；对有突出贡献的高级知识分子，实行政府补贴和重奖；等等。这些政策和措施的落实，使知识分子的知识不断升值。

通过提高知识分子的待遇使知识升值，成为全国各地吸引知识人才的重要举措。曾在全国率先推出吸引国内留学生等优惠政策的深圳市，2000年抛出多项吸引人才的"红绣球"：给博士后每年5万元补贴。2000年初，上海以年薪10万元到北大、清华挖人才；远在天涯海角的农民也不落后，海南省农民林青山以年薪20万元聘请南京农业大学教授吴素琴到海南以新技术主持养殖纯种文昌鱼①。知识分子的富裕逐渐由个体发展为群体，而且成为社会发展的趋势。一些名牌高校，如清华大学、北京大学、南京大学等为创国际一流大学而设立了岗位奖励津贴，使大多数知识分子每月陡增两三千元以上的岗位津贴，多的每年增加5万元。

3. 正确看待知识分子的知识升值

知识经济时代是真正"尊重知识"、"尊重人才"的时代。在新的时代，知识分子的知识必然升值。第一，知识升值是中国社会进步的体现。

---

① 钟兴明：《知识经济时代与中国知识分子》，巴蜀书社，2002，第215页。

知识分子的贫困是整个民族落后的一个缩影，又是造成整个民族贫困的一个重要原因。而知识分子的知识升值从一个侧面反映了国家文化发展、科学昌明、社会进步、经济振兴的喜人景象，并将带动人民富裕和国家强盛。知识分子富起来，这是知识分子的福音，也是整个民族的福音。第二，在知识经济时代，"高知高薪"、"按知分配"已成为一种新观念，根植于人们的头脑之中，并逐渐成为现实。这是人们对知识资本的承认。第三，知识分子的知识升值有助于知识分子树立市场观念，将科研成果迅速转化为新的生产力。"知本"转化为"资本"是不可避免的，这种转化的结果，不仅是"知本家"的出现，而且是新生产力的出现。第四，知识升值不仅使知识人才的积极性和创造性充分发挥出来，有力地促进了科技进步、经济和社会的发展，而且还带来了全社会尊重知识、尊重人才的良好社会效应。随着知识分子的地位空前提高，社会上出现了"高等教育热"、"全民求知热"，就是这种效应的体现。总的来看，知识分子的知识升值必将继续促进社会对知识的强烈追求、知识分子队伍的空前壮大和人们知识层次的不断提高，从而有效地增强国家未来的竞争力。

第三节　知识分子与市场经济

一　市场经济对知识分子作用的提升

市场呼唤知识分子，市场经济发展本身要求知识分子参与并起主导作用。市场调节、等价交换、竞争机制是市场经济的三个基本要素，核心是竞争。经济行为的竞争，表现为财力的竞争、产品的竞争、劳动力的竞争，归根到底是人才和劳动者素质的竞争。只有依靠科技进步和提高劳动者素质，才能取得竞争的胜利。所以，现代化生产的三大支柱——科学、技术和管理——不仅不能离开知识分子，而且需要充分发挥知识分子的开拓性、主导性作用。

市场经济对知识分子和各类人才提出了最大的需要，这是中国历史上各个时期都无法比拟的。据广东顺德市推算，每增加100万元的产值，就要增加1名技术人员。恩格斯说过，社会上一旦有技术上的需要，这种需要就会比 10 所大学更能把科学推向前进。正如社会需要对科学进步的推动作用一样，市场经济也把知识分子的作用提到从未有过的高度。邓小平说："现在连山沟里的农民都知道科学技术是生产力。""农民把科技人员看作是帮助自己摆脱贫困的亲兄弟，称他们是'财神爷'。"① 江泽民也指出，知识分子是"先进生产力的开拓者，在改革开放和现代化建设中起着特殊重要的作用"，他们"在很大程度上决定着我们民族的盛衰和现代化建设的过程"②。这些就是对知识分子在市场经济中的伟大作用的最好概括。

市场经济能够最有效地促进一个社会的经济繁荣，而一个社会的富足是其知识、文化、科学蓬勃发展的最重要的前提之一。文化与知识分子群体的发育依赖于社会的繁荣，而社会的繁荣又依赖于市场的建立，因此市场有助于文化与知识群体的发育。

知识分子在市场经济中充分发挥自身作用，必须更新传统观念。中国知识分子是中国社会中掌握科学文化知识较多的一部分，就整体而言，也是受中国传统文化影响最深的一部分。诚然，传统文化中有许多精华，是中华民族极其珍贵的遗产，需要永远发扬，但我们同时也要看到，由于传统文化是在中国自给自足的历史中继承下来的，深深打上了自然经济封闭、落后的烙印。因此，知识分子在走向市场经济时背负着一个比其他社会成员更为沉重的包袱。市场经济对知识分子的一个首要要求就是解放思想，更新观念，跟上时代步伐。市场经济要求知识分子逐步树立起市场意识、效率意识、全球意识、进取意识、竞争意识、法治意识、创新意识等，摒弃重义轻利的义利观，树立义利结合的义利观，变封闭、单向、守成的思维方式为开放、多维和创造的思维方式。

二 市场经济对知识分子素质的要求

党的十四大明确指出："社会主义市场经济体制的建立和现代化的实现，最终取决于国民素质的提高和人才的培养。"新的历史条件、新的任

---

① 《邓小平文选》第 3 卷，人民出版社，1993，第 107 页。
② 《江泽民文选》第 1 卷，人民出版社，2006，第 233 页。

务呼唤着知识分子，呼唤着知识分子强化自身素质，呼唤着知识分子发挥更重要的作用。

1. 强烈的历史使命感

在发展社会主义市场经济的新的历史条件下，知识分子必须继承我国知识分子所具有的忧国忧民意识，认识到自己在实现社会主义现代化的历史进程中的地位和使命，树立起崇高的使命感，使自己的行动自觉地服从于整个社会的共同理想，充分发挥自身的主动精神和创造才能。只有充分意识到我国与发达国家的巨大差距，才能感受到发展的紧迫性，从而树立起为国家、为民族的发展而努力的崇高使命感和强烈的事业心。在社会主义市场经济条件下，知识分子要实现自己的崇高历史使命，就必须解决好自我发展与为社会作贡献之间的矛盾关系。市场经济以个体（社会个体、企业个体）为单位，市场经济繁荣需要强大的个体自我，需要个体有完整的独立性，没有自觉的主体意识是很难在市场经济中生存的。知识分子脑力劳动一个最显著的特征就是充分发挥个体自我的积极性。市场经济要求在其中活动的基本经济单位必须是独立的主体，要求社会中的每一个人都能充分发挥作为独立的主体所具有的积极性、主动性和创造性。所以，在市场经济条件下，自我的实现对知识分子来说有一定的必然性和合理性。但这并不是不要集体、不要国家。尽管就市场经济而言，国家、集体和个人之间关系的内涵发生了一定的变化，但是，知识分子要想有所作为，在处理三者的关系上，其顺序还应当是从国家到集体再到个人。个人的抱负不可能孤立地实现，只有把它同时代和人民的要求紧密结合起来，用自己的知识和本领为祖国和人民服务，才能使自身价值得到充分实现。

2. 敢于竞争的意识

市场经济最本质的运行机制是竞争机制，所以有人直接将市场经济视为竞争型经济。市场经济的竞争性特点要求人们抛弃保守心理，确立敢为天下先的竞争心态，作为新的生产力的开拓者的广大知识分子更应该具备敢于竞争的意识。树立竞争意识，首先要摒弃传统文化崇尚中庸的传统。在人的问题上，中国古代文化看重人的社会性，重视人的群体性，而相对忽视人的个性，形成了"不敢为天下先"的普遍心态。不突破这类消极的传统观念，就不可能形成"敢为天下先"的竞争意识。其次，我国知识分子敢于竞争的意识的形成，最终是为了中华民族的崛起。竞争意识，应是与中国早日实现民族振兴相联系、面向世界、参与国际竞争的竞争意识，是与质量、效益、信誉、协作、守法、奉贤等观念相联系的竞争意识，也可以说，在新时代知识分子的素质构成中，竞争意识还必须与团结协作的精神紧密结合。

3. 广博而精湛的知识结构

这是新时期对知识分子知识素质结构的基本要求，它反映了当代科学发展过程中出现的不断综合与不断分化并存的趋势。这种趋势要求知识分子的知识素质结构既要打破专业壁垒，吸取各学科之精华，具有广博的面，又要学有专长，具有精深的专业知识。知识分子的知识素质结构是一个具有综合性、层次性和开放性的系统。综合性是指知识分子群体的知识必定是相互结合为一个有机的整体；层次性表明各种知识并不是并列的，而是有主次的，有内核、中间和外围之别；开放性意味着知识素质结构的不断发展。广大知识分子要处理好博与专的关系，根据国家、事业的需要，以及自己的特长和爱好，成为自己所从事专业的行家里手。

4. 高尚的品德和人格

知识分子不仅要做先进生产力的开拓者，发展社会物质文明，更要在社会道德方面起示范作用，加强自身修养，使自己具有高尚的品德和完整的人格，促进社会主义精神文明的建设和发展。市场经济体制的建立，使个人在旧体制下的人格依附逐渐变为人格独立，这无疑是一种历史进步。但市场经济对社会主义道德建设也有负面影响。知识分子要充分认识到市场经济条件下个人成为独立道德主体的进步性，并不断完善个人道德素质。第一，知识分子要把个人与集体、国家紧密结合在一起，坚持集体主义、爱国主义、社会主义的统一。第二，知识分子要注意了解历史，注重现在，把握未来，意识到自己肩负的历史重任，有强烈的社会责任感。第三，知识分子要树立起自信心、民族意识和自主观念，心理上不依附或依赖他人，使自己真正成为有独立的人格尊严的个人。第四，知识分子要树立起社会公德意识，在个人与社会关系方面，尊重人，关心人，大力发扬社会主义人道主义精神。第五，新时期的知识分子还要继承我国人民在历史中形成的诚实守信、扶危济困的精神，以及勤劳、勇敢、吃苦耐劳和坚忍不拔的良好品质，不断完善自我人格。

三 社会主义市场经济条件下知识分子的社会职能

随着国家政治形势和经济形势的变化，知识分子的社会角色也在发生变化。在现时期，知识分子担当的主要职能是投身高科技领域和现代化建设，参与国家政治秩序的管理，投身社会主义精神文明和文化的建设等。

1. 积极投身经济建设

投身经济建设是知识分子最重要的社会作用之一。知识分子投身市场经济，把自己的知识直接转化为商品，实际上是市场经济条件下的必然，也是社会进步的表现。我国的一批高科技产业就是主要依靠一批科技知识分子率先"下海"而发展起来的。正是因为知识分子投身市场经济，将自己的知识和技术直接用于现实生产，使知识转化为看得见的现实生产力，才使知识分子真正担起了"先进生产力的开拓者"的历史使命。知识分子投身社会主义建设的伟大作用还在于，通过知识因素的注入，大大加快了社会主义建设的步伐。当前，我国不仅要顺应国内人民对加快经济发展的强烈要求，尽量满足人民群众的物质文化生活需要；同时，还要应对来自国际上的挑战。中国经济要腾飞，国力要增强，必须依靠科技。没有现代科学技术，就不可能建设现代农业、现代工业、现代国防。没有科学技术的高速发展，也就不可能有国民经济的高速发展。致力于我国科技事业的发展，这是知识分子在新时代的重要价值选择，也是他们最重要的历史使命。

2. 自觉参与政府管理

在政府管理工作和现代政治发展中，知识分子也担当着重要责任。一方面，一些知识分子本身就进入政府部门——随着干部队伍知识文化水平的提高，国家公务员已经主要是由受过高等教育的人士组成的，他们发挥政治参与职能和管理职能；另一方面，知识分子还通过各民主党派参政议政来参与政府管理。通过在大众传播媒介上发表意见，提出批评建议，知识分子还发挥着舆论监督职责。政治上科学决策、政府管理高效有序对整个国家的发展至关重要，知识分子大量进入管理阶层和决策阶层，推进社会主义民主政治和国家经济建设的发展，并通过高效率的管理来为经济建设和人民生活营造更加和谐有利的外部环境。

3. 潜心营造精神家园

知识分子承担的另一个重要职能是：倡导精神文明，推动教育发展，投身文化艺术，致力于学术进步。现代化不仅意味着物质的极大丰富、政治的高度民主，同时也意味着文化精神的高度文明。知识分子承担着弘扬民族传统文化、建造时代精神支柱、为社会主义建设提供精神动力和智力支持的责任。在社会主义市场经济确立的过程中，知识分子曾经为经济变革和社会改革助威呐喊，为思想解放运动艰辛开拓、披坚执锐。在社会主义市场经济加快发展的今天，同样需要他们提供理论支持和信念支持。在社会主义市场经济条件下，文化的传承和人类社会健康发展都需要在学术领域甘于奉献的知识分子，特别是传统文化的弘扬、西方文化的合理吸收，都需要有知识分子的传承和理性分析。一个民族、一个国家的发展绝不可能失去自己独特的民族文化，也绝不可能闭关自守、拒国外先进思想于门外。在这点上，知识分子承担着大量的基础性工作，需要大批知识分子为之努力。

第四节　知识分子与知识经济

一　知识经济的到来与知识要素的突出

继农业经济、工业经济之后，伴随着 21 世纪的脚步，知识经济又迎面向我们走来。这是一场社会经济形态领域内的变革。

社会经济形态，又称社会形态，它是建立在一定生产力水平之上的社会经济结构或生产关系体系，是"随着物质生产资料、生产力的变化和发展而变化和改变的"社会关系的总和构成的"处于一定历史发展阶段上的社会，具有独特的特征的社会"①。马克思提出了两个划分社会经济形态的具体标准。一是社会关系（可归结为最主要的生产关系）标准。依此标准，人类社会共有五种社会经济形态，即原始社会、奴隶社会、封建社会、资本主义社会和共产主义社会。二是生产力标准。马克思认为："各

---

① 《马克思恩格斯选集》第 1 卷，人民出版社，1995，第 345 页。

个经济时代的区别，不在于生产什么，而在于怎样生产，用什么劳动资料生产，劳动资料不仅是人类劳动力发展的测量器，而且是劳动借以进行的社会关系的指示器。"① 从生产力发展角度看，按照各时代主要劳动资料的不同，人类社会的发展可以分为三个阶段，这就是农业经济阶段、工业经济阶段和知识经济阶段。这三个阶段占主要地位的劳动资料分别为土地、资本和知识。

农业经济是指经济发展主要取决于劳动力资源的占有和利用的经济形态。回顾人类社会历史，前资本主义时期包括原始社会、奴隶社会和封建社会，都是农业经济占主体的经济形态。农业经济的主要产业是农业，社会的主体是农民，最基本的要素是土地和劳动力。在农业经济时期，人类开发自然资源的能力很低，对于大多数资源来说，尚无短缺之虑。农业经济时期持续几千年，直到 19 世纪世界上主要国家完成了工业革命时为止。

工业经济是指经济发展主要取决于自然资源的占有和有效配置的经济形态。它是伴随着工业革命而兴起的一种经济形态。工业经济的出现及其最本质的标志就是固定资本进入或开始进入经济运行的中心地位。其主要产业是以制造业为核心的工业，社会的主体是工人阶级。在工业经济中居于突出地位的生产要素是资本（尤其是以机器为标志的固定资本）和能源（蒸汽力、电力、核能等）。在工业经济时期，由于科学技术不断发展，人类开发自然资源的能力不断增强，使得自然资源成为短缺资源。也由于科学技术在生产中的运用，人们逐步认识到知识可以取代部分稀缺资源的现实和前景。工业经济阶段持续两三百年后，在 20 世纪下半叶，部分发达地区开始走上了知识经济占主体的经济形态阶段。

知识经济是以知识为基础的经济，即经济发展主要取决于知识的生产、传播和应用速率，取决于智力资源的占有和配置的经济形态。在知识经济中，知识产业和知识密集型产业是其主要形式，知识分子或知识阶层成为社会的主体。知识经济最主要的生产要素是知识。谁掌握了知识，谁就掌握了经济发展的命脉。与工业经济和农业经济相比，知识经济的明显特点有：知识经济产业由于知识的转化形态——高科技含量高，其附加值也高，故又称为高科技产业；知识经济产品的生产没有一定的程序，它的

---

① 《马克思恩格斯全集》第 23 卷，人民出版社，1972，第 204 页。

灵魂在于创新；知识经济的主体仍然是人，但这时的人是具有高科技知识的人，对人的培养与投资成为发展知识经济的基础；知识具有积累性、互补性和渗透性等特点，使得知识产品的生产更具有社会化、连续性和可持续发展性。

知识经济时期的到来，反映着人类改变物质世界的智慧的跃升。知识要素从其他生产要素中分离出来，独立成为一种重要的要素，在经济运行过程中发挥着主导作用，是知识经济时代要素演进的重要特征，是知识经济形成的重要标志。在知识经济时期，知识越来越成为经济发展的决定性力量，其他要素的配置都将以知识要素为核心，形成知识主导型的资源配置方式和产业结构特点。现在，知识经济作为一种新的经济形态，越来越多地渗透到我们的日常生活中，并引起经济增长方式和社会财富内容发生改变。

二 知识价值与知识分子作用的提升

1. 知识价值不断提升

在知识经济时代，知识的价值日益突出，高技术产业在经济中所占份额日益增加。知识产业（教育、通信媒介、计算机和信息服务等）占国内生产总值的比例日益上升。据经济合作与发展组织统计，其主要成员的国内生产总值的50%以上是以知识为基础的。

知识价值论是劳动价值论的继承和发展。知识价值论实质上是脑力劳动价值论，它的理论逻辑是马克思已经阐明的。劳动创造价值，自然包括脑力劳动创造价值。知识价值论是建立在劳动价值论基础之上的。对于脑力劳动价值，马克思有一定的科学论述。但是在机器工业时代的科学技术发展条件下，对脑力劳动创造价值问题还不可能作为一个突出问题着重进行研究。知识价值论的核心是知识即财富。知识可以创造价值，而且它在创造价值过程中的作用大大超过了体力劳动。马克思在《经济学手稿》中指出，科学"成为生产财富的手段，成为致富的手段"①。

马克思曾预言，随着大工业的发展，创造现实财富的力量，较少地取

---

① 《马克思恩格斯全集》第47卷，人民出版社，1979，第570页。

决于劳动时间和应用的劳动数量，较多地取决于一般的科学水平和科技进步，或者说取决于科学在生产上的应用。科学技术的力量是巨大的，是无法准确估量的，正如马克思所说："对脑力劳动的产物：科学的估价，总是比它的价值低得多。"①

知识经济时代经济的增长归根到底是要把知识应用于生产过程，使潜在的生产力转化为现实的生产力。创新是其中的中心环节，离开技术创新就很难实现经济的持续发展。传统经济学将劳动、资本、土地视为创造价值的三个因素，而将知识和科学作为对生产产生作用的外部因素。在我们这个知识经济时代，知识被直接纳入生产函数，并成为经济长期增长的关键所在。

2. 知识分子的作用日益重要

1998 年 6 月 1 日，江泽民在接见中国科学院和中国工程院部分院士和外籍院士的讲话中指出："当今世界，以信息技术为主要标志的科技进步日新月异，高科技成果向现实生产力的转化越来越快，初见端倪的知识经济预示人类的经济社会生活将发生新的巨大变化。"② 知识经济初见端倪，知识价值上升是不可抗拒的时代潮流，在知识经济时代，知识分子的作用日益重要。

19 世纪法国空想社会主义者圣西门曾提出两个假设：一个是假设法国突然损失了 50 名优秀物理学家、50 名优秀化学家、50 名优秀数学家、50 名优秀诗人、50 名优秀作家、50 名优秀军事和民用工程师……法国马上会变成一具没有灵魂的僵尸。因为这些人"对祖国最有用处"，而要重新培养这样一批优秀人才，"至少需要整整一代的时间"。另一个是假设法国只是不幸地失去国王的兄弟和那些王公大臣、养尊处优的大财主等，并不会因此"给国家带来政治上的不幸"。因为这些人没有用自己的劳动直接促进科学、艺术和工业的进步。和圣西门的时代相比，当今知识分子的作用更加突出了。知识分子作为知识的活的载体，不仅体现价值，而且创造价值。邓小平曾指出："许多新的生产工具，新的工艺，首先在科学实验

---

① 《马克思恩格斯全集》第 26 卷，人民出版社，1972，第 377 页。
② 《江泽民文选》第 2 卷，人民出版社，2006，第 132 页。

室里被创造出来。"① 也就是说，现代科技和现代生产的许多发明是知识分子的创造。确实，随着社会分工的进一步细密，也由于现代科技的难度增大，知识分子是知识创新和知识经济的中坚力量。20 世纪 50 年代，美国白领工人超过蓝领工人；70 年代，美国脑力劳动者超过体力劳动者。这也是发达国家的共同趋势。在知识经济兴起的今天，这一趋势更加明显和突出。未来的劳动者主要是有知识的劳动者，知识分子将成为最主要、最基本的物质生产者和精神生产者。没有一支宏大的优秀的知识分子队伍，何以迎接知识经济的挑战？对此，我们一定要有清醒的认识，要采取有力的措施。

三　中国知识经济建设的目标任务与知识分子的作用②

1. 我国建设知识经济的战略目标

我国建设知识经济的战略总目标，是到 21 世纪中叶前全面建成知识经济。我国目前的科技、教育水平还比较低，经济技术基础还比较落后，知识产业还比较弱小，再加上人口众多、生态环境脆弱，所以知识经济建设的任务相当繁重，其路途还相当遥远。

我国知识经济建设的初级目标，是在 2010 年使知识产业产值占到 GDP 的 15% 左右，其相关产业产值占 GDP 的 40% 左右。我国知识经济建设的高级目标，是在 2050 年使知识产业产值占 GDP 的 50% 以上，其相关产业产值占 GDP 的 80% 以上。

我国在 21 世纪中叶前建设知识经济的部署，是以大力发展知识产业为龙头，并以此拉动整个国民经济的增长，推动国民经济发展。

2. 我国知识经济建设的任务

（1）科技发展任务。一方面是要通过国家创新体系的建设，加强知识创新和科技创新的步伐，创造尽可能多的科技成果；另一方面是要将科技成果加以推广和应用，实现产业化，转化成为现实生产力，并在工业、农

---

① 《邓小平文选》第 2 卷，人民出版社，1994，第 87 页。
② 李春友、丁陵：《知识分子在知识经济建设中的地位与作用》，《华东科技》1999 年第 11 期，第 32 页。

业、林业等传统产业中广泛应用，以提高传统产业的技术水平。

（2）教育发展任务。发展科技事业，进行知识创新和科技创新，人才和人才队伍的培养是关键。而人才的培养则必须依靠教育。因此，教育的大规模发展是知识经济建设的基础和前提条件，而教育产业化则是教育发展的必由之路。

（3）经济发展任务。在知识经济建设中，加快知识产业的发展和传统产业的知识化步伐，是国家经济发展的根本任务。知识产业是技术、信息、知识密集型产业。应该加快包括信息产业、咨询产业、文化产业以及教育产业在内的知识产业的发展，使知识产业成为国民经济的最大增长点。同时，知识化是经济现代化的根本方向，要以高科技对传统产业进行知识化改造，从而加快传统产业的知识化和现代化步伐。

（4）社会发展任务。知识经济建设中的社会发展任务，主要包括大力提高人民的文化水平和教育水平，加强精神文明建设，促进人的全面发展。这就是要实现社会发展与管理的知识化、智能化和现代化。

3. 我国知识分子在知识经济建设中的作用

（1）知识分子在知识经济建设中的先锋作用。知识分子手中掌握着先进的科技知识，这些科技知识是进行知识经济建设所必需的。它们的作用对知识经济的发展具有重大的影响。

（2）知识分子在知识生产中的主体作用。知识分子是科技创新和知识创新的主体，同时担负着知识传播和普及的重任。应充分发挥他们的创造性作用，促进科技与知识的创新、转化，推动知识经济的发展。

（3）知识分子在精神文明建设中的推动作用。知识分子通过各类文化事业的发展，推动社会主义精神文明建设，推动社会向知识化、信息化迈进，从而推动人类文明进步和社会和谐发展。

第五章

知识分子与政治

　　亚里士多德认为，人是政治的动物。知识分子尤其如此。他们的文化素质决定了他们更敏感和热衷于社会问题。历史上各个时期、各个国家的知识分子总是希望通过直接、间接地向统治者施加影响，去实现自己的理想。但是在实践中他们与政治、与执政者的关系是不稳定的。因而最早从事知识分子研究的社会科学家默顿作出了这样一个经典的论断："知识分子与政策制定者间的蜜月总是别扭、粗鲁和短暂的。"① 知识分子有时被融进权力圈，成为其中的助手和顾问，有时为维护社会公正价值观念对所处的权力集团进行批判，默顿不过是说出了一个久已存在并延续至今的事实。

第一节　知识分子的政治角色：从依附到独立

一　知识分子对政治权力的依附性

1. 依附于阶级的知识分子

　　马克思主义阶级理论认为，各个时代阶级的状况，取决于当时生产发展阶段的具体情况。恩格斯指出：各个时代的"阶级是什么样子，那要看生产的发展阶段"②。知识分子伴随人类文明的步伐，走出蒙昧野蛮的原始

---

① R. Merton, *Social Theory and Social Structure*, Glencoe, 1957, p. 222.
② 《马克思恩格斯选集》第 1 卷，人民出版社，1995，第 238 页。

社会后，直至知识经济时代到来之前，由于生产发展状况和社会发展水平的制约，只能依附于其他阶级而存在。

阶级的存在必须要有自己的经济基础，它离不开特定的生产关系和生产资料所有制。而知识分子则远离了这种经济基础。由于没有自己独立的经济基础，在数千年的历史发展进程中，知识分子也就始终没有取得自己的独立地位，未能成为社会中一个独立的阶级，而只能依附于当时社会中的各个阶级。从社会发展历史上看，人类社会出现阶级之后，先后经历了三个阶级社会，即奴隶社会、封建社会和资本主义社会。每个阶级社会中，都只存在有限的几个阶级。它们是：该社会处在对立地位的一对基本阶级，作为旧社会的遗留和作为新社会的创立者的萌芽的阶级，与个体所有制相联系的贯穿阶级社会始终的个体劳动者阶级（自由民、自耕农、自由职业者、小农场主、小业主等。在资本主义社会，个体劳动者阶级通称为小资产阶级）。与此相联系，人类历史上的知识分子就分为奴隶主阶级知识分子、奴隶阶级知识分子、地主阶级知识分子、农民阶级知识分子、资产阶级知识分子、无产阶级知识分子和个体劳动者阶级（小资产阶级）知识分子。如前所述，由于阶级划分的标准与知识分子划分的标准的不一致性，所以导致某一阶级的知识分子之为某一阶级的知识分子，主要有两种情况，即特定阶级的知识分子化和知识分子的特定阶级化。下面仅以资本主义社会为例，对这两种情况略加说明。

在资本主义社会，存在资产阶级知识分子、小资产阶级知识分子和无产阶级知识分子。

（1）关于资产阶级知识分子。①资产阶级知识分子化。在资本主义社会早期，没有受过多少教育、知识文化较少、白手起家成为资本家的人在资本家中占有不小的比例。虽然一部分资本家受过高等教育，本身就是知识分子，但整个资产阶级知识分子化，还是现代社会才有的现象。在现代社会发展过程中，生产及管理对高级人才的极大需要，使高等教育第一次真正面向社会。经济实力雄厚的资本家在教育上也占据着优势，他们往往将经济上的优势转化为教育上的优势，使自己及其子女知识分子化。在资本家中，除了极少数过着寄生式的生活以外，大多数也从事一定的脑力劳动，参与企业的经营管理。从劳动方式看，他们是脑力劳动者；从拥有知识角度看，他们更是够得上知识分子的条件。但他们占有生产资料，是地地道道的资本家。②知识分子资产阶级化。除资产阶级知识分子化外，在资本主义社会，一些知识分子也开始资产阶级化。一些高级经理人士、政治代理人士和拥有知识资本的知识分子逐渐资产阶级化了。高级经理人士表面上受雇于资本主义企业，但他们在企业中拥有很大的权限，是资本的实际控制者，他们享受着高额的薪金，这些薪金很大一部分并非他们的劳动所得，而是来源于雇佣工人创造的一部分剩余价值。此外，他们大多拥有数目可观的股票。综合起来看，他们形式上是雇佣劳动者，实际上是资本家的代理人，显然，他们已经资产阶级化了。在资产阶级各种主要政治组织和政府机构中担任高级官员的政治代理人士与资本主义企业的高级经理人士类似，自然也属于资产阶级化了的知识分子，不同的是后者从事资产阶级的生产行政管理，前者从事资产阶级的政治行政管理，后者为个别资本家管理企业，前者为总的资本家管理国家。知识分子资产阶级化，在知识经济时代最突出的表现就是出现了不同于传统资本家的知识资本家。他们是以知识为主要资本的企业家和思想家，是以知识作为资本进行经营的人。这些新式的资本家在生产资料、生产方式、生产结果上都与传统资本家的经营存在着质的区别，而最大的区别可归结在知识作为资本的运用上。他们是知识分子的典型，又跻身于资本家的行列，是一种新型的资本家。

（2）关于小资产阶级知识分子。①小资产阶级知识分子化。那些拥有一定生产资料，既不雇佣他人也不受他人雇佣者，称为小资产阶级。由于高等教育的社会化和大众化，小资产阶级也开始知识分子化。拥有高等学历的小业主、小店主、小农场主日益增多。②知识分子小资产阶级化。在资本主义社会，也有部分知识分子小资产阶级化，如作为知识分子的合伙律师、开业医生，他们不直接受雇于人，也不雇佣别人，而且拥有一定的生产资料。在当代社会，他们一般又被称为自由职业者。

（3）关于无产阶级知识分子。①无产阶级知识分子化。现在，无产阶级已开始知识化进程。在当代发达国家，工人的文化知识水平普遍提高，工人受教育年限增多，接受高等教育的工人也不少。科学技术的进步和社会劳动分工的发展，改变了某些生产的工艺，创立了一些新的工业部门，出现了许多复杂的新职业，这些职业往往需要较高的技术。这样，有较高文化知识和专业技术知识的新技术工人和技术员，取代了能够单独把劳动对象变为成品的、有较高熟练程度的旧技工。无产阶级知识化的结果，是白领工人增多，蓝领工人减少。②知识分子无产阶级化。知识分子无产阶级化的过程也就是脑力劳动无产阶级出现的过程。马克思说："资本主义生产方式的特点，恰恰在于它把各种不同的劳动，因而也把脑力劳动和体力劳动，或者说，把以脑力劳动为主或者以体力劳动为主的各种劳动分离开来，分配给不同的人。……所有这些人不仅直接从事物质财富的生产，并且直接为资本家创造剩余价值。他们的劳动是由有酬劳动加无酬的剩余劳动组成的。"① 这里的"脑力劳动"和"以脑力劳动为主"的人，显然是指工厂中的工程技术人员和管理人员，他们与"体力劳动"和"以体力劳动为主"的人无异，都是雇佣劳动者。在当代资本主义国家，不仅受雇于企业之内的工程技术人员和管理人员，而且受雇于国家机关的公务员和办事员，以及在教育、科研、医疗卫生等事业性单位工作的人员，都是知识分子化的无产阶级或脑力劳动无产阶级。他们或者直接为资本家生产剩余价值，或者间接为资本家生产或实现剩余价值。他们或者受雇于单个资本家，或者受雇于总的资本家，总之，绝大多数都是雇佣劳动者。

根据马克思主义阶级理论，一个社会的阶级关系来源于该社会的生产关系，生产关系是基础。因此，阶级划分的决定性因素是各个大的社会集团在社会生产中的地位，是对生产资料占有的关系。在资本主义社会，依据各社会集团在生产中的地位，就分为资产阶级、无产阶级和介于两者之间的小资产阶级。知识分子虽然拥有以脑力劳动为主要劳动形式这一共同特征，然而终究还不是一个在生产关系中有共同特征的社会群体，因而只能分属于资产阶级、无产阶级和小资产阶级，形成资产阶级知识分子、无产阶级知识分子和小资产阶级知识分子。

2. 依附于政治的中国知识分子

中国知识分子总是政治权力的一个核心构件。即使在大道没落的时代，士也有足够的理由期待一个新的王者。"五百年必有王者兴"，在这王道更替的腐败、混乱中，知识分子通过修身，维护自身的生存，也使道得以延续。因此，知识分子总是处在对政治权力的依附状态。由专制权力造成的士的软弱性和依附性，成了中国知识分子的文化性格。

---

① 《马克思恩格斯全集》第26卷（第1分册），人民出版社，1972，第444页。

　　中国传统社会—政治结构一直处在单一性和分散性的更替循环中，在社会稳定、秩序得以维持的情况下，社会—政治结构是中央集权的单一结构，权威由上而下，垂直贯穿。而当权威式微，结构行将解体时，几乎没有什么有效的中间屏障来缓解它的瓦解，全部社会组织都被这种权威的崩溃所带动。知识分子的地位、命运由这种权威结构的单一性所决定。在有秩序的社会中，知识分子大部分被吸纳进统治阶层。而当结构松懈以至于瓦解时，知识分子的地位非常尴尬，其命运也很悲惨。这时，治生成为知识分子必须面对的痛苦选择。可以想见，一向仰承俸禄的四民之首，现在不得不养活自己，这是多么无奈和酸楚。之所以如此，不仅仅是这个选择本身同已形成的角色心理相冲突，而且，还包含着价值无所归依而产生的焦虑、困惑。对古代士大夫来说，选择治生之业，尤其是选择商业，总是对自己、对文明价值形式的严重挑战。

　　拒斥知识分子治生是专制权力垄断权力的一个根本策略。因为治生即从事经济活动，具有强大的反叛意义和政治意义。它显示知识分子要在统治之外活动了，要有独立性了。对于一个专制政权来说，知识分子从事经济活动，就是对专制权力的挑战。所以对统治者而言，通过科举等途径将知识分子网络起来，总是一件对统治生死攸关的重大措施。而由于知识分子仅靠统治权力供以俸禄和荣誉，其人格尊严的维护就只有依托专制权力了。

　　到了近现代，中国知识分子的基本状况就其主体而言，就是没有自己的归宿，没有自我定位，也没有形成独立的社会力量，而像一个游魂，飘浮于社会之中。它依违于政治和学术，游离于传统和现代，摇摆于中国和西方。中国知识分子在现代化过程中始终没有形成一个独立的社会阶层，知识分子作为一个独立的社会阶层所必需的社会经济和政治基础在近现代的中国始终没有出现。

　　从国家与社会的关系上说，现代化的过程是一个独立的公民社会形成，并日益与政治国家分离的过程。但是，中国的公民社会在现代化过程中时隐时现，没能从政治国家中独立出来。国家牢牢地控制着全部社会生活，包括政治生活和经济生活。高度一元化的利益结构，抑制了独立的利益集团的产生。知识分子不仅在政治上受到国家的严密控制，而且在经济上几乎完全依赖于国家；他们的直接衣食父母不是公民，而是政府。进而言之，中国的现代化过程也没有使政治国家内部的结构发生分化，这种高度一元化的政治统治结构内在地抑制了作为一个独立的社会政治力量的知识分子的产生。由于没有赖以独立的社会经济基础和政治基础，近现代知识分子便像毛泽东所说的那样，是"附在皮上的毛"。

20 世纪 20～40 年代，中国知识界的大多数仍能在左右两种政治势力或国共两党之外生存发展。他们在国共两党之间保持相对的独立性，试图开拓自由民主和社会民主主义事业。新中国成立后，诸多自由民主人士无意坚守自己的独立立场，向左面一边倒了。一方面，新的制度安排使全部知识分子依附和受制于政府。随着新中国政权体制的建立和巩固，国家和政府逐步吞没了社会，更不必说由独立自主的社团组成的公民社会了。国家吞没社会的基本体制安排是单位制度和户口制度。这两种制度担负着生产、分配、消费和福利等社会一切方面的功能，而一个根本性的后果是所有社会个体都依附和受制于国家和政府。具体到知识分子，毛泽东在1957年4月与民主人士的谈论更形象地将知识分子描述为以往分别附在帝国主义所有制、封建主义所有制、官僚资本主义所有制、民族资本主义所有制和小生产所有制这五张皮上的毛。按毛泽东的说法，三大改造完成后，这五张皮不存在了。皮之不存，毛将焉附？知识分子如果不想做上不着天、下不着地的梁上君子，就只有依附于国家和政府。另一方面，当年的知识分子因为中国共产党建立了完全独立的新国家，加上他们又被新政府养了起来，结束了民国时期相对自由但极不安定的生活，而对新政权感激涕零，真心诚意地依附国家和政府并引以为荣。1951 年 9 月，北京知识界部分人士上书周恩来，主动提出要党的领导人对他们进行思想教育，因而换来人人都触及灵魂、脱胎换骨的思想改造运动。在毛泽东的心目中，知识分子是新中国的被雇佣者，而正是这个被雇佣者是中国资本主义道路的根源。这个判断即把独立的知识分子等同于走资本主义道路的带头人，为重新建立知识分子的依附地位提供了理由。

3. 官学一体的古代知识分子的道路

长期以来，中国知识分子的唯一功能就是治国平天下。在传统的中国，知识分子从一般劳动者中分离出来后，基本上就处于政治的场中心，其思维的主题始终不曾有须臾偏离。之所以如此，则源于中国传统社会特有的政治体制。在中国的传统政治体制中，知识分子作为"士"，其实是皇权贵族队伍中的后备队，只有入"仕"为官，才具有了人的形态，即主体资格，利益也才有一定保障。因此，用现代经济学的眼光看，"学而优则仕"乃当时中国知识分子的一种经济理性行为，因为那时的统治者为读书人辟出的仅此一条道路，它使得知识分子从肉体到灵魂都不得不于归依于统治者。

中国古代知识分子重入世，讲躬行笃践。这种躬行笃践最终指向了政治。产生于西周末年的文人阶层，失去了土地和经济的支撑，除了一小部分转变为商人外，多数成为"游士"，或贵族的"食客"。"游士"的圈子多限于政治，贵族养"食客"也多是为了政治。因此，中国古代知识分子一开始便是政治寄生虫，与政治结下了不解之缘。

春秋战国之际是个多元政治的时代。在这个时代，自身无根基的士阶层享受了更多的自由空气。但是与政治紧密结合的作风，即使在这一较为自由的时代也是显而易见的。孔子虽然反对饥不择食地投靠君主，"邦有道则仕，邦无道则可卷而怀之"，但就其理想而言是希望有机会影响、辅助某一君主，实现其抱负的。孟子说："士之失位也，犹诸侯之失国家也。""士之仕也，犹农夫之耕也。"读书做官，在战国时代已成为以孟子为代表的多数知识分子安身立命的基本态度。

秦汉时代的知识分子失去了春秋战国时期知识分子的政治上的自由选择，逐渐成为皇权的直接工具。隋唐的科举制把长期以来存在的士人与政治的密切关系制度化，并且使读书人彻底沦为皇权的工具。到了这个时候，读书取仕已经不仅是士阶层所普遍怀抱的理想，而上升为社会要求他们必须走向的正途和归宿。宋明两朝的一些大学者努力经办独立于科举的书院，但是他们无力挽狂澜于既倒，读书做官成为绝大多数人的人生追求。

这种官学一体的制度安排把有才能的人尽可能多地网罗进来，辅佐皇帝，使对立面失去潜在的领袖人物。这对于维持一个家天下和既存秩序的长治久安来说，无疑是十分明智的。但正因为它把一切文人吸引到读死书、考科举这样僵化刻板的道路上，消除了本可能会成长起来的社会批判家。中国历史上，缺乏传统的批判者和批判精神，不能不说与官学一体的体制消除了独立知识分子的存在有关。

4. 对知识分子的文化专制主义阻碍了中国社会进步

中国的专制主义文化政策，大体上是在封建专制主义政治体制的形成过程中同时出现的。它以限制人民群众的思想和言论自由为开端。战国时期李悝在《法经》中就规定了"议国法者诛"。商鞅变法，也是严厉禁止百姓议论律令。在压制百姓议政的同时，禁锢传统文化的传播。秦始皇焚书坑儒460余人，向知识分子首开杀戒。焚书与坑儒有着内在的联系。这两件事可以说是秦始皇推行法家文化专制主义的两种手段。前者旨在禁锢传统文化，取缔私学，后者旨在禁绝言论自由，用法家的专制主义思想来规范人的行为，借以达到愚民的目的。

董仲舒作《春秋决狱》，就是以附会《春秋》经义来判案。按经义决狱，无疑是为历代封建统治者惩治思想犯、言论犯和大兴文字狱提供了法律依据，从而给历代知识分子带来了无穷无尽的厄运。特别是文学狱，自宋代以后，愈演愈烈，清代则达到了登峰造极的地步。

五四新文化运动动摇了封建主义的基础，但远未肃清其流毒。中国资产阶级民主革命的不彻底性，为专制主义文化保留着卷土重来的温床。一旦气候适宜，必然沉渣泛起，祸国殃民。封建军阀和国民党反动派就是用思想罪、言论罪和文字狱残酷迫害和镇压共产党人和一切进步人士的。值得深思的是，"文化大革命"时期，一小撮野心家、阴谋家篡党夺权后，以无知否定有知，以愚昧否定科学，以专制否定民主，对全民族实行法西斯专政，其打击的矛头主要指向被称作"反动学术权威"和"臭老九"的知识分子。这场史无前例的"文化大革命"，就是从批判海瑞罢官和三家村开始的，是典型的文字狱。

中国历史上反复出现的各种文化专制主义，以思想罪、言论罪和文字狱，从肉体上消灭了一批又一批善于独立思考和具有创造能力的社会精英，阻断了知识的传播和文化的传承，同时也禁锢着国人的精神世界。不论是"听人谈天只钳口"、"人云亦云随大流"，还是"话到嘴边留三分"，都造成了严重的传播和交流障碍，给社会发展带来的负面影响不容忽视。其严重后果，一是众人皆沉默不语，助长了长官意志一言堂的气势，阻碍了民主风气的发扬；二是人云亦云，众口一词，舆论一律，抹杀个性，压制了创新思想的勃发和创新能力的生长；三是由误解而产生的窝里斗频频发生，影响团结，涣散斗志，大大削弱了民族的凝聚力。其实有很多非根本利害冲突的矛盾，大都是由误解产生的，如果全社会有一个良好的舆论环境，在交往中人人都能做到直言相告，确保顺利交流，那么，必然会减少许多无谓的扯皮和纠纷，提高办事效率，增强人际团结，保持社会稳定发展。

在高科技飞速发展的知识经济时代，谁获得的有用信息丰富有效，谁就耳聪目明，能够驾驭客观事物运作的主动权，获得最佳的机会。如果人们不能正常从事交流活动，导致耳目闭塞，墨守成规，再好的发展机会也会被白白放过。所以说，改善交流环境，优化人民的交流行为，对民族生存、社会进步和国家发展都极其重要。

二　知识分子对政治的独立性

1. 知识分子独立性的基础

随着科学技术在生产力要素中的广泛渗透并跃居首要位置，随着教育的普及和国民素质的整体提高，随着信息文明和知识经济的到来，知识分子在社会生活中的作用越来越重要。在一定意义上，知识分子可喻为整个社会有机体的大脑部分，在一定程度上也是社会理性的载体，知识分子在社会中的独特功能的发挥与其独立性密切相关。

知识分子是专门从事创造和传播价值的一个独立的社会阶层。从正面看，知识分子的主要职能是制造社会的合法性，为一定的社会力量、社会运动和社会制度进行辩护；从反面看，知识分子的主要职能是进行社会批判，尤其是进行社会体制的批判。制造合法性，同时也是对另一种社会力量进行社会批判。这种意义上的知识分子是近现代的产物。

作为一个专事社会创造和传播的独立阶层，知识分子的出现只能是社会现代化的结果。只有在社会现代化的条件下，才具备知识分子赖以产生的社会经济基础和政治基础。首先，现代化导致社会利益的多元化和社会结构的分化。国家或政府无法再垄断全部的社会利益，公民社会开始形成，并日益独立于政治国家，从而使得独立的社会阶层可能出现。其次，现代化作为一个总体性的社会变迁过程，也必然要求政治上的进步。政治统治有两种基本形式：暴力的形式和同意的形式。从政治统治的形式看，政治进步的过程就是暴力不断让位于同意的过程。同意的形式指的是对公民进行灌输、说服、教育和劝导，从而使其心甘情愿地服从既定的政治统治。暴力的统治主要依靠军队和警察等实现，同意的统治主要由知识分子来完成。从这种意义上说，政治进步的过程是一个日益重视知识分子的过程。简言之，公民社会的形成是知识分子作为独立阶层的社会基础，而民主政治的推进是其政治基础。

知识分子的独立意识和独立性，是保证其批判视角和理论导引实践功能正确发挥的基础。知识分子是知识和人文精神的传承者，这需要知识分子具备比其他社会成员更强的独立性。知识分子的独立性包括其独立的视角、独立的思考、独立的价值观、知识和思想的独特体系和专业化的传承渠道、对社会文化发展的高度的责任感、对社会变革和文化走向的强有力的影响、对大众精神生活和日常生活的影响等方面。这些使其形成一个独特的社会阶层、精神领域的统治阶层、精神生产和消费的主体，并在人类文明的精神成分越来越重的大趋势中越来越成为举足轻重的社会阶层。在知识经济时代，知识分子独特的生存方式和原则在受到普及教育的全社会公众中推广开来，在以开发人的智力资源为主的社会生产中成为主力军和领导阶层，这是人类历史上第一个以精神力量而跃居统治地位的阶级。

2. 知识分子是社会的批判者

知识分子的功能既然在解释世界，很自然地，他总是以怀疑与批判的眼光来观察他所处的世界，他的想法与看法与社会现状总是有距离的。没有一个现实社会是圆满的，因此知识分子总是无法对现实社会不保留地加以拥抱。

由于纯知识分子是批判他身处的社会的，因此，他与政治权威结构总是具有先天性的紧张关系。知识分子一方面要与政治权威保持距离，以保有他特殊的批判者的身份，一方面又想与政治权威接近，以实行他的政见或主张。而政治权威基本上是不会喜欢知识分子的。因为他的权威之被批判将会被打折扣。另外他又不能不靠知识分子，因为政治上的任何统治者，虽然有权力，但赤裸的权力总是较少有效并且难以经久，权力也须被人心甘情愿地接受才能有效。权力犹如钞票，钞票必须使人信得过才有购买力。权力必须使人信得过才有制约力。而权力要使人信得过则必须转化为权威即合法化。使赤裸的权力转化为被人认为合法的权威则是知识分子的特有功能。古往今来的皇帝、君主，没有一个是喜欢裸体的，他需要体面的衣裳的装饰，才能显示出威仪、与众不同与神圣不可侵犯，而知识分子则是替统治者穿衣裳的人。知识分子既然是替统治者穿衣裳的人，当然他也可以把统治者的衣裳剥掉，而使他成为赤身裸体的独夫。知识分子虽无力移山，但却可以鼓动群众。知识分子对于政治权威的态度，常取决于社会政治体制的结构关系。如果知识分子在社会中有立足之资，他就有较大的批判的自由；如果在政治之外，尚有抗衡政治的能力，则他的批判的自由度更大。在西方，中古时期，教会与王权对立，中古以后政府权力之外始终有多元的非政府的权力中心，这是民主可能之根由，也是知识分子享有批判之自由的根基。

3. 知识分子是公民社会的发言人

政府在与知识分子的交往中，如果政府以买主身份出现，知识分子处于被挑选的状态，这种购买就是不合理的，知识的生产就将被迫打上意识形态的烙印。政府同知识分子关系的合理化，意味着解除政府对知识分子的政策性约束，变政府挑选知识分子为政府和知识分子进行双向选择。这种转变可以这样描述：政府不再是提着装满政治资本的密码箱而来的政治资本家，像许多世纪前奴隶贩子收购奴隶一样购买知识分子；不再是知识分子为政府服务并根据其业绩、根据政府的满意程度来给予一定的地位；政府也没有理由依据什么原则来改造知识分子，相反，政府在获得人民同意和授权的前提下，向知识分子出卖其政策和服务。知识分子同政府的关系倒转，是现代民主政治形成的标志。

知识分子的转型，权威的合理化再造，其动力来自人民，其前途也来自人民，这要求知识分子不能再渴望被购买，而是代表人民向政府购买政策和服务，代表人民发出声音，使政策在人民中间得到矫正，符合人民的需要。一言以蔽之，人民以订货者和消费者的身份监督政府的产生和评判其产品。而知识分子则是人民利益、权利的自觉整合者和表达者。当然，人民不是一个抽象的理念，而是具体的。在现实生活中，通常被区分为不同的利益集团。所谓代表人民，则意味着代表不同的利益集团，整合、表达该集团的利益。

知识分子同政府的关系是代表公民社会，或者说作为公民社会的发言人，同政府进行对话。这种类似政治的活动准确地说属于公民权利运动。这种意义上的知识分子构成了对政府行为的有效制约。如果说宪法是制约政府权力的制度约束，那么以知识分子为首的多元权利中心则是对专制权力的社会的理念约束。

4. 从单位人到社会人

以往的知识分子受行政权力的摆布。今后的知识分子能否改变这种状况，超越行政权力，真正具有独立的人格和独立的思想呢？应该说是可能的，现在已经初露端倪。

随着政治体制改革的深入进行，政府职能范围缩小，政府不再无所不包，行政官员的权力受到限制，他们不仅不能对知识分子动用武器的批判，还不能限制其言论自由。在知识经济时代，知识分子是最有实力、最有革命性和最有发展前途的阶级，创造巨额财富的工具不再是机器、工厂和矿山，而是计算机和信息。智力和知识将是社会的主宰，而这些都是知识分子所拥有和掌握的，也为知识分子取得独立地位提供了坚实的基础。在这个时代，知识就是重要资产，知识分子再也不是无恒产的人，他们是最先进的生产力的代表，他们的知识将成为财富的真正源泉。知识分子可以不通过掌握行政权力来影响社会，也不必通过行政权力来提高自己的社会地位。他们是信息的主要创造者和传播者。知识分子自身的强大，使他们更有条件保持独立的人格和自由的思想，更有条件对社会持批判态度。知识分子正在由单位人变为社会人。多年来，知识分子都是某一个单位的员工，单位发工资，单位分房子，单位报药费，单位评职称，单位报出差费，个人的生存和发展资源全部掌握在单位领导人手里。过去，行政权力对知识分子的压制大多是通过单位来实施的，现在这种情况开始改变。过去如果和单位领导人关系不好，就会失去报国之门，现在只要有真才实学，不愁没有事做："天生我才必有用，单位不用社会用。"

随着社会的多元化，知识分子会有更多的选择。过去的知识分子全靠行政官员赐给官位，为了得到这一官位，他们不得不匍匐在行政阶梯上，向行政官员俯首称臣。现在除了官位外，还有越来越多的出路。只要有知识，他就可以找到实现自己价值的社会位置。官本位势必被市场淡化，被社会分化淡化。

5. 知识经济社会造就独立的知识分子阶级

知识经济时代的到来，为知识分子摆脱依附的地位，成为独立的阶级，提供了条件。

从生产力方面看，在知识经济时代，知识成为生产力的第一要素，知识分子也就成了第一阶级。他们从农业经济时代的远离物质生产领域经工业经济时代的进入物质生产领域到知识经济时代的主导物质生产领域，既是生产力发展的结果，又是生产力发展的需要。生产力发展水平的标志是生产工具。马克思曾十分明确地论述从生产工具的演变来判定不同时代社会发展主导力量的观点。他指出，生产工具是劳动资料系统的主干。"劳动资料不仅是人类劳动力发展的测量器，而且是劳动借以进行的社会关系的指示器。""各种经济时代的区别，不在于生产什么，而在于怎样生产，用什么劳动资料生产。……在劳动资料中，机械性的劳动资料（其总和可称为生产的骨骼系统和肌肉系统）比只是充当劳动对象的容器的劳动资料（如管、桶、罐等，其总和一般可称为生产的脉管系统）更能显示一个社会生产时代的具有决定意义的特征。"① 谁掌握着先进的生产工具，谁就是先进生产力的代表，这是历史唯物主义所昭示的基本原理。在工业经济时代，产业工人掌握着先进的生产工具——机器，直接作用于劳动对象从事物质生产，因而产业工人是先进生产力的代表。20 世纪中期以来，特别是世纪之交，人类社会发生了前所未有的变化，新科技革命方兴未艾，信息技术异军突起，计算机成为最先进的生产工具，信息的收集、整理、传输、应用成为生产力发展的强有力的发动机。在这个知识经济时代，知识分子掌握着先进的生产工具——计算机，劳动者操纵它从事信息符号的处理和应用，间接作用于劳动对象从事物质生产，因而知识分子是先进生产力的代表。

从生产关系方面看，计算机成为最先进的生产工具不仅使生产力有了迅速发展，而且使生产关系的性质也发生了深刻变化。机器的发明引发了工业革命，使产业资本家能够作为生产资料所有者而建立了资本主义生产关系；计算机的发明则引发了信息革命，知识分子在利用计算机处理信息和创造信息的过程中，正在促成一种新的生产关系诞生。这种新的生产关系的标志是，知识分子成为新生产资料——计算机和信息——的所有者。因此，知识分子不再是只能附着某个阶级身上的没有自主地位的阶层，把知识分子看成"没有皮的毛"的观点也已经过时。知识分子因为拥有当今世界上最大的资本而获得了自己的经济基础，知识分子利用自己占有的生产资料即计算机、信息和知识，创造出崭新的最有生命力的产业即信息产业，并在此基础上推动人们的政治观念和文化观念发生新的变化。

---

① 《马克思恩格斯全集》第 23 卷，人民出版社，1972，第 204 页。

由于以往人类社会生产中的知识含量相对很低，知识分子未能成为社会中独立的阶级，同时，与知识经济的落后状况相应，知识分子存在着软弱、动摇、清高等缺点，但这只是每个阶级（工人阶级也不例外）在其不成熟阶段所不可避免的缺点。随着知识经济的到来，这些缺点也必将在知识分子身上得到克服。而且，随着自身经济基础的确立和依附时代的结束，知识分子也必将在自身利益的基础之上产生一定程度的主体意识。可以认为，正像封建主和资本家分别凭借手推磨和蒸汽磨成为封建时代和资本主义时代的统治者一样，知识分子凭借计算机、信息和知识这一新生产工具及建立在此之上的新生产关系，也必将成为知识经济时代的主导者。

三 知识分子与政治离合的表现、原因、机制

1. 知识分子与政治离合的表现

在中国历史上，知识分子与社会体制有千丝万缕的联系，表现为知识分子与权力的结合与分离，渗透出爱怨交加的情怀。要么知识分子被融进权力圈，成为其中的助手和顾问，要么为维护社会公正价值观念对所处的权力集团进行批判。这种若即若离的状态一直持续至今。

自从春秋战国时期以后，"士"一直保持着活跃的个性，希望与权力集团保持亲密的联系，成为权力的志士，通过这样的方式实现自己的政治理想。也有一些知识分子，他们政治上不得志，经常被政治所冷落，甚至遭到政治权力的压制，甚至有一些志士敢于对当时的现实进行公开的批判，为了维护真理和公正，牺牲性命也在所不惜，显示了知识分子的独立和批判精神。这种与政治权力的复杂关系，在中国历史上一直以不同的形式不断地上演着。

20 世纪初特别是五四运动以后，中国现代意义上的知识分子开始出现。他们把民主和科学作为追求的理想目标，同时，也完全继承与发扬了古代"士"的"先天下之忧而忧"的忧患意识，并且为建立新政权立下了汗马功劳。但政治上如此的活跃并没有给知识分子带来安稳和令人羡慕的生活，独特的批判精神反而使得他们不可避免地遭受政治上的磨难。到了"文化大革命"时期，中国知识分子所遭受的政治磨难达到了顶峰，一些知识分子甚至付出了生命的代价。

党的十一届三中全会以后，党和政府对知识分子的政策进行了全面的检讨，改善知识分子待遇、提高知识分子的地位包括政治地位成为时代的主流，知识分子的积极性被前所未有地激发出来，他们积极投入到经济改革和社会改革的大潮中，为国家的富强、民族的兴旺不遗余力。以社会主义市场经济体制为取向的改革带来思想上的多样性、经济地位上所发生的位移以及知识分子所具有的独立性和批判精神使得知识分子在多样化社会面前不可避免地分化了，如同伴随着市场经济的整个社会阶层分化一样，知识分子的分化成为其中重要的组成部分，并对中国社会产生了重要的影响。

2. 知识分子与政治离合的原因

（1）知识分子与政治对立的原因解释。知识分子不仅是知识精英，更重要的是承载着社会良心。知识分子秉持普世的公平和正义，讲述真理，向权势说真话。构成社会良心的知识分子是社会整体利益的守护者，尤其代表着弱势的、不被重视的群体的利益。这样的知识分子注定是特立独行的，游弋在社会主流之外，与政治权威之间呈现泾渭分明的对立关系。

对这种对立关系可以有多种解释。从观念和文化方面看，知识分子之所以要反对权威在于他们自身的思想渊源和人文素养，在于他们对人类社会的反省精神。放眼各个社会阶层，正是知识分子的普世性原则、反省特质和理性力量，使知识分子能够超越日常生活的秩序，提升到抽象性和前瞻性的层次之上，对原来的日常秩序构成一种对抗力量。

一些学者注重从知识分子的社会功能和社会角色来解释知识与权力的对立。立普赛认为，知识分子与权力关系的一个重要特征就是内在的不兼容性。一方面，知识分子总是倾向以他们认为理想的、美好的、普遍适用的概念批判现存体制。萨依德强调："知识分子扮演的应该是质疑，而不是顾问的角色，对于权威与传统应该存疑，甚至以怀疑的眼光看待。"[1] 另一方面，科塞指出："一旦套上追逐权力的重轭，知识分子就失去了他最本质的特征，只能发挥辅助性的作用。"[2] 这种功能的解释强调知识分子角色的内在性、独立性和不依赖于特定社会秩序的特征。

穆迪提出，在总体性社会下，知识分子与国家呈现二分对立模式。他

---

[1] 〔美〕萨依德：《知识分子论》，单德兴译，（台北）麦田出版社，2004，第 163 页。

[2] L. Coser, *Men of Ideas: A sociologist's View*, New York, Free Press, 1965, p. 185.

认为，知识分子作为一个整体，处于被支配的地位，他们与占据社会支配地位的政治权威之间没有共同的利益，是一种对立的关系。这一模式的判定显然忽视了制度因素和具体的历史场景：改革前的中国社会呈现的是为政治所征服的形态，国家职能无限地延伸到市民社会和经济领域中。"知识分子国有化"、知识分子体制化和知识分子的"非知识分子化"等观点讨论的都是同样一种社会现象，就是国家社会主义在经济结构和社会结构领域进行社会重建的同时，在文化领域也推行全面的改造。知识分子被有组织地整合进国家的行政体系中，几乎不存在"自由漂流"的知识分子。在这样的制度背景下，知识分子与体制是一种依附的关系，根本谈不上知识分子自身的独立和自主，更遑论知识分子与国家的对抗和对立。

（2）知识分子依附政治的原因解释。依附本质上是一种交换关系，即享有较高社会地位的人利用自己所控制的权力和资源保护次级地位的人，而次级地位的人反过来以忠诚、支持和服务作为回报。由于权力关系的高度不平等，各种资源分配和机会来源都相对集中地掌握在地位高的人手中，这样，全方位的控制就成为滋养依附关系的肥沃土壤。

古德曼一直从依附理论的观点分析中国知识分子和国家权威体制。在依附模式下，知识分子与国家的关系错综复杂。国家对知识分子的政策看似知识分子与国家的矛盾，但从更深层次看，知识分子实际上是政治领袖进行权力斗争的工具，与不同的政治派别形成纵向的庇护关系。当政治领导人之间发生冲突时，如果这种冲突无法在高级领导内部得以解决，就会蔓延到更广阔的圈层中，而知识分子又最擅长于在符号、微言和隐喻的面纱背后进行或直接或微妙的辩论，从而知识分子成为争论前台的主角，成为他们政治庇护人的替身。

中国在20世纪50年代中期之后，国家实现了对社会的完全控制，所有的知识分子都成为国家的雇员，知识分子直接依附于体制，依赖国家和政党才能谋求生存。在制度分析的基础之上，奇克和韩姆银提出了"体制知识分子"的概念，体制知识分子服务于国家的各级机构，党和知识分子之间已经没有明显的区别，而是交织错综的依附关系，在每个层次中都混合了政治权威和知识分子的共同利益。

体制知识分子刻画出中国知识分子与国家的关系特征，它的一个基本判断是认为知识分子没有实质的自主，而仅仅是政治领导者的代言人，只有在政治庇护之下才能实施他们的政治行动。但随着制度的变迁，改革开放政策的推行，知识分子的类型又有了新的划分。不过，无论划分的类别有怎样的变化，知识分子与体制的依附关系这一基本模式并没有改变，在改革时代，党内同样需要知识分子撰写文章、发表评论、召开会议，以达到影响民意的目的。可见，知识分子和体制的关系实际上并未发展出新的模式。

3. 知识分子与政治离合的机制分析

究竟是什么样的机制使中国知识分子与社会权力产生了既亲又离的关系？知识分子参与社会权力的构建一方面有自身天然的政治情结的因素，有着与政治权力合谋的愿望，期望自身的社会理想通过参与社会权力获得实现。另一方面，权力构建需要谋士的帮助和参与以期获得政治上的成功，期望知识分子的参与能够保持政权的稳定，使得统治阶级的意志获得拥护和贯彻。这种相互的需要使得知识分子与政治阶层不管在历史上哪个时期都能紧密地发生联系。但知识分子终究有自己的群体性、独立性和批判精神，这种天然的特性使得他们一旦发现社会发展的天平偏离了正义的轨道，出现无法忍受的违背道德和良知的社会秩序时，总能毫不犹豫地对这种偏离"理想"的社会体制进行无情批判，这便与统治阶级自身的目的产生了不可避免的矛盾与冲突。这种矛盾与冲突使得统治阶级清醒地意识到，如果不能对知识分子进行有效控制，知识分子总有一天会把自己送上断头台。因而在中国历史上的任何时期，权力集团对这一部分知识分子始终保持高度的警惕，经常实行利用、打压与分化相结合的方式，要求他们为统治阶级服务，为既存的政权服务。而在这些知识分子意识到现存的政权无法维护社会公正与道义的时候，他们或者将在意识上疏离统治集团，或者将采取行动，对现存政权提出挑战。

第二节 知识分子的政治参与

一 知识分子政治参与的原因与优势

1. 知识分子的参政原因

参政是中国古代知识分子的传统。士素来以治国、平天下为自己学术成就与人生价值的最高实现。他们研究学问、知识，必须而且依附于政治，或者说最终通过政治实践来检验，确保他们的学术地位和价值。因此，他们的学术功能常被政治功能所淡化、遮蔽。在这样的文化氛围中，由士而仕，参与政治、投身宦海，成为古代士的最规范的自我角色认同。"士之仕也，犹农夫之耕也。"仕是读书人的本分，"士之失位也，犹诸侯之失国家也"。随着中国封建专制制度的解体，科学文化事业的发展，"士"这个阶层发展壮大起来了，其称谓也发生了相应的变化，演化为我们今天所说的"知识分子"。但是，"士"的参政意识作为一种文化传统绵延下来了。那么，知识分子参政有着什么样的原因呢？

（1）思想根源。中国知识分子的一个特点是入世精神很强，勇于干预现实。这一点从古代的士到现代知识分子是一脉相承的，只是在不同的历史阶段其表现程度有所不同。在科举制度下，社会倡导的是"官本位"，"官者管也，职者值也"，读书人只有一条"学而优则仕"的路可走，从而促使他们与当时的体制牢固地结成一体，成为那个体制内的一个组成部分。中国近代知识分子直接或间接地受到西方民主思想的影响，而中国落后的现实也使他们感到强烈的不满，促使他们产生了改造现实社会的愿望，激发出否定现存制度的思想和行动，其中一部分人便积极地投入改造社会的政治运动。

（2）社会心理基础。知识分子的特点是习惯于站在个人的立场上观察周围的一切事物，审视一切问题。而"天下兴亡，匹夫有责"的社会责任感，促使知识分子自觉地投入改造社会的实践中去。不过，在对现实社会的改造过程中，他们又感到自己社会地位低下与力量的弱小，只有依附于某种社会思潮，与某种社会力量相结合，个人才能真正发挥作用，实现对社会进行改造的目的。一般地说，知识分子的成就主要是依赖于知识共同体的一套规则的认可，而不需求于政治权威。但是，知识分子与其他社会集团一样也渴望拥有权力。这种渴望由于其自命为理性和知识的承担者而具有合理性。一旦客观形势给知识分子提供参政的机会，便会将参政的欲望变为现实。

（3）文化根源。文化是在历史中传承的，一种文化在历史中形成后，就作为一种不可轻视的社会力量存在并发生影响。当时在社会上最有力量的、最有权势的阶层，也最容易获得这种文化力量的阐释权。那么，和这种文化在精神上相契相依的这一部分人，就必须在这个时代，用自己的力量保卫并贯彻这种文化。而在各种社会群体中，知识分子作为文化的创造者和传播者，也最适合担当这个重要的使命。因此，掌握国家权力者就千方百计地把这些知识分子转化到自己这一方面来，从而出现一种对知识分子的争夺，即吸引他们为其政治路线服务。同时，由于知识分子受到这种文化传统的熏陶，就无法摆脱现实文化价值的功利纠缠，而参政是弘扬这种文化精神的途径之一，因此他们也就可能把参政作为一种实现自己愿望的机会。

2. 知识分子的参政优势

由于知识分子拥有比其他阶层更高的文化知识水平、相对独特的生活方式、与众不同的品格操守，他们在参政上具有以下优势：

（1）知识分子具有参政的优越条件。他们有知识、有资料、爱思考、善表达，他们指点江山、关注时事、解读历史、评议现实，他们忧国忧民、愤世嫉俗、穷究事理、崇尚正义，他们身有所长、业有所专、以求知为目的、以天下为己任，等等。这些都是知识分子参政议政的优势。

（2）知识分子具有议政的人格气节。知识分子参政议政所表现出来的政治情怀在于说真话、讲实情，刚正不阿，抨击时弊，为民请命。这不仅反映了一个人对社会各种现象的观察、分析、判断的能力，而且反映出一个人的品格、情操及其价值理念。能否说真话、讲实情，不仅能衡量一个知识分子在多大程度上确定自我存在，而且体现出他的社会责任感。知识分子应该成为社会良心的代表，应该具有高尚的人格气节。知识分子作为一个群体虽然具有参政议政的优势，但这只是一种可能。对于个体的知识分子而言，接近或远离政治、投入或淡出政治，完全是无可厚非的个人选择。

二　西方知识分子的政治参与

1. 知识分子积极参与选举活动，是重要的选民集团

战后以来，特别是 20 世纪 50 年代以来，西方知识分子的数量渐渐超过了劳工总数的一半，在选民集团中形成了多数。在普选制的今日，知识分子总体上的向背决定着各种政治力量的对比。各主要政党，如果要取得政治上举足轻重的地位，就不能不寻求知识分子的支持。知识分子本身没

有一个统一的政党，在政治行动中并不一致支持某一政党，而是不同程度地各自支持不同政党。第二次世界大战后知识分子的迅猛兴起使西方政治力量的组合复杂而多变。由于知识分子中间意识渐占主体地位，60 年代后西方政治舞台上有极端主张的政党，无论是极左的还是极右的，都难以上台执政。传统的两极化的政党今天大多向中间趋近，上台执政的政党不能不更多地带上中间色彩，虽然有一定的中左和中右之偏向。

2. 知识分子大量参与管理事务，是行政权力的实际执行者

在科技革命进程中，西方国家机构迅速扩充，承揽了更多的经济和社会管理事务。尤其是那些推行福利国家政策的政府，管理的职能几乎覆盖到社会生活的每一个角落。国家职能的增加，使公务人员迅猛扩张。这些新补充进来的公务人员基本上是受过良好教育的知识分子。在实行多党政治的西方国家，政府首脑频繁更替。特别是有的国家，政府几乎每年都改组，为保持社会的稳定，需要具有一支常任的成熟的干练的公务员队伍。由于他们实际上执行管理职能，从而将政治斗争及政治领导人的变动对社会的冲击性影响减少到最低限度。社会管理不因政党及领导人的更替而中断，保持了连续性和稳定性。在西方政治日趋复杂和多变的情况下，知识分子的社会管理职能更加重要。

3. 政治领导人知识分子化，高级知识分子直接参与政府工作

今天西方的政治领导人，基本上都受过良好的教育。根据受教育的程度，他们都是知识分子。尽管他们与那些以知识为业的如教育和研究人员不同，但知识对于他们获取并掌握政治权力仍是不可缺少的。除了直接担任政治领导人外，在西方国家，还有一些知识分子充当执政者的顾问和参谋。由于政府管理事务艰巨和复杂，不仅需要常任的公务员队伍，国家还特地设立一些机构和职位，聘请各种高级专家为政府顾问，参与政府决策[①]。

三 中国知识分子的政治参与

1. 宣扬民主政治，提高人民觉悟

知识分子通过民主思想的宣传教育，在提高人民群众的民主觉悟方面

---

① 陶文昭：《知识分子与现代西方政治》，《社会主义研究》1996 年第 6 期，第 53 页。

发挥着很大的作用。我国封建主义思想观念的影响很深，人民群众整体的政治素质不高。这种状况大大限制了他们参与政治、行使民主权利的能力。要建设社会主义政治文明，就必须唤起人民群众的政治觉悟，提高广大人民群众的民主觉悟和政治素质。当然，民主意识是不可能自发地产生的，人民群众的政治素质也不可能自然而然地提高，必须在人民群众中进行广泛的以社会主义民主为中心内容的宣传教育，在有些地区甚至需要进行民主启蒙教育。这个任务历史地落在了广大的具有社会主义民主觉悟的知识分子身上。知识分子具有较高的民主意识、文化素质和思想政治觉悟，对一般群众往往会产生强烈的感召力和影响力。他们往往通过民主思想和民主行为去感召人民群众。他们既用民主思想去感召民众，通过发挥他们的智能优势，凭借各种舆论工具来传播民主思想、民主精神，促使人们从愚昧、僵化的思想中解放出来，也用民主行为去感召人民群众，通过积极的参政议政，通过对政治生活的评判，帮助人们确立正确的民主观，引导人们从事民主实践，积极投身到社会主义政治文明建设中来。

2. 推动各级政府重大决策的民主化与科学化进程

政府在制定科学决策之前，必须会同各方面的专家对决策的目标和实际状况进行研究和评估，对政策的实施进行监控和修正。知识分子拥有较高的文化知识水平，他们可以更为宏观和深刻地认识社会政治问题，具有天然的协助政府科学决策的种种优势。江泽民曾明确指出：“我们要顺利实现建设和改革的任务，必须保证决策的科学性。从中央到地方，在决策的研究、论证、咨询、制定和组织实施中，知识分子的作用都越来越突出。”[①] 随着我国干部人事制度的不断完善，知识分子在干部队伍中的比重越来越大。具有不同知识结构、不同专长的知识分子干部在参与政治、经济、社会发展重大问题的决策过程中，能充分发表各自的意见，使参与决策的领导者尤其是党政一把手能认真听取他们的不同意见，从各个不同的角度思考问题，从而使决策过程能充分反映民意，广泛集中民智，有效地促进了决策的科学化与民主化。

3. 领导政权建设

在各个领域和部门中，都有知识分子担负着领导的角色。不仅在经

---

① 江泽民：《爱国主义和我国知识分子的使命》，1990 年 5 月 4 日《人民日报》。

济、科技、教育、文化等领域，而且在党、政、军各个部门，都有很多优秀知识分子出任领导。改革开放以来，干部队伍朝着知识化、专业化方向迈进了一大步，多数县级以上领导干部具有大专以上文化程度。领导班子结构明显改善，知识分子的比例明显提高。所以，知识分子是政权建设的决定力量，并不只是理论上的预测，它已经是我国政权建设中客观存在着的事实。一个好的领导者，必须具有过硬的政治理论素质和思想作风素质。只有具备这些素质的领导者，才富有权威，才能掌好权、用好权。所以，领导干部的知识化、专业化，是做好领导工作的重要条件，也是我们党和国家机构中高级领导干部的必备条件。将来的领导干部必将由优秀知识分子来担任，这是由现代领导过程本身的规律所决定的。邓小平指出："只靠坚持社会主义道路，没有真才实学，还是不能实现四个现代化。无论在什么岗位上，都要有一定的专业知识和专业能力，没有的要学，有的要继续学，实在不能学、不愿学的要调整。我们要按照专业的要求组织整个领导班子，充分发挥专业人才的作用。"① 他还进一步指出："今后的干部选择，特别要重视专业知识。我们长期都没有重视，现在再不重视，就不可能进行现代化建设。"他要求："我们要逐渐做到，包括各级党委在内，各级业务机构，都要由有专业知识的人来担任领导。"② 邓小平从时代的变化出发，要求我们树立新的用人观点，坚定不移地推进领导干部的知识化、专业化。坚持干部队伍的"四化"方针，是我们社会主义事业取得胜利的根本保证。可以预见，在 21 世纪，在党和国家的中、高级领导干部中，大学毕业生的比重会大大增加，硕士、博士的比重也会日益增长。在未来的党政中、高级领导干部中，知识分子将占绝大多数，成为主导力量。

我们说，各级党政机构的领导干部必将主要由知识分子来承担，不是说知识分子是当然的领导者。只有具有共产主义理想，具有很强的决策能力和管理协调能力的优秀知识分子才能出任领导者。这是由我们党和国家的性质所决定的。我们今天所从事的是社会主义现代化建设，党和国家的各级领导干部不但要具备一定的科学文化基础知识，熟悉各自领导范围内

---

① 《邓小平文选》第 2 卷，人民出版社，1994，第 262 页。
② 《邓小平文选》第 2 卷，人民出版社，1994，第 264～265 页。

的必要的专业知识，了解有关业务方面的具体情况，掌握它们的特殊规律，而且还必须具有马克思主义的理论知识，树立共产主义理想。只有这样，才能切实地把坚持党的政治领导同实行科学领导结合起来。担任领导工作的知识分子，必须是知识分子中的优秀者。

第三节　知识分子的政治与学术

一　知识分子政治与学术的交融

知识分子的学术与政治天然地交融一体。

作为传统社会知识分子的士，产生于春秋战国时期的百家争鸣之中。百家争鸣并非玄虚而无关实在的纯学术讨论，百家大部分都在辩论和比较各自的经邦纬国谋略，以适应治国、平天下的时代需要。各学派的思想无不与政治关系密切。孔子主张学而优则仕，以至于"三月无君则皇皇如也"。孟子更指出："士之仕也，犹农之耕也，士之失位也，犹诸侯之失国家也。"周秦以降，整个中国古代社会的士大夫阶层都继承了孔孟这种经世致用、关心国家大事的精神，形成了忧国忧民、学术与政治一身二任的传统。这种传统深深地渗入了中国知识分子的灵魂，在国势临危的近现代，更驱使一代代知识分子上下求索，执著追求自己的学问学术用于匡时济世的政治大业。他们以各自的方式展现了中国知识分子的学术与政治之间剪不断理还乱的关系。

在西方，知识分子一词本身就产生于社会政治运动。1894 年法国德雷弗斯冤案之后，一批作家、教授、学者坚持正义，为平反此案奔走呼号，他们言辞激昂的呼吁被称为知识分子宣言。时至今日，知识分子在西方仍被习惯地理解为不断批判和改造现实的人，认为知识分子作为一个阶层，一个单独的社会力量，甚至知识分子这个词本身，都是以其政治上和道义上的异议为特征的。

总之，尽管知识分子概念的界定与划分有所不同，但东西方的知识分子在热心政治、学术与政治紧密结合这一特点上却并无二致。过去，我们提出区别对待知识分子的学术与政治问题的政策，仅仅是特殊历史背景下的特殊办法。在现代民主政治的理想环境中，知识分子应有的正确态度是，站在独立自主的地位上，以求知为目的，以天下为己任，在执著追求专业学术的同时，保持一种热切的人间情怀。

二 知识分子政治与学术的冲突

知识分子参政与学术存在着难以克服的矛盾。知识分子参政所面临的一个现实问题是如何处理参政与学术研究之间的关系。从某种意义上说，参政与治学各有利弊，并非只有利而无弊，或只有弊而无利。但对于大部分知识分子来说，他们去"平天下"是有碍于学术精神的发展的。由于一个人时间与精力毕竟有限，往往只能顾及一个方面而失去另一方面。具体地说，他如果参政，要在政治舞台上一显身手，就要放弃学术；反之，他若倾心于学术，在学术的百花园里有所建树，就不能不放下参政。就其总体状况来说，知识分子参政常常是失大于得，留下了诸多教训。

首先，知识分子参政的缺失在于他们常常为无法从事学术研究而苦恼。学术与参政之间难以避免的冲突，使知识分子处于进退两难的境地。一个知识分子欲在学术上多作贡献，就多少有负于救国救民的社会责任；不少近代的知识分子虽然在学术上作出了相当可观的贡献，但在良心上总感觉有一种引为愧疚的精神压力，产生一种愧对民族、愧对国家的忏悔意识。而那些为了救国救民，积极投身于政治的激流，一心一意扑在政治上的人，又不得不忍痛远离自己所钟爱的专业。在近代参政的知识分子中间，有许多人具有非凡的才华、智慧，本来有希望成为大哲学家、大科学家或大文学家，或者说在有生之年有可能为人类的科学宝库奉献出绚丽的瑰宝，可惜并不能如愿。在中国大一统的外界氛围下，从事政治活动的知识分子，在人生价值的天平上都表现出难以平衡的倾斜，从而陷入现实的困惑之中。

其次，知识分子参政的缺失在于造成了中国科学文化发展滞后，学术成果不足。长期以来，我们把文化变革视为政治革命的先导或舆论准备，认为最深刻的变革只能是政治变革，一切学术最终只能为政治制度变革服务。事实上，文化的发展是不能以政治革命的形式来完成的，政治制度的改革，仅仅是诸多环节中的一环，对解决各种社会问题有重要的作用，但不可能指望任何社会问题都可以运用政治权力得以解决。这种政治高于学术的倾向没有被作为教训加以汲取，反而被作为一种传统经验得以颂扬，这就进一步强化了人们重政治、轻学术的倾向。新中国成立以后，政治被置于统帅一切的最高地位，成为一切工作的灵魂。衡量文化、学术成果的标准，也是政治标准第一。几十年来的实践警告人们，由于政治高于学术，使中国的文化学术发展受到严重的损害，和世界上其他国家相比存在很大的差距。

再次，知识分子参政的缺失在于人的良好品德受到销蚀。人们的社会实践活动有政治活动、生产活动和科学实验活动。这些实践活动对于陶冶人们的思想、品格、情操等都有重要作用。但是，由于涉及的范围、对象等不同，对人的情感所产生的影响也有差别。就政治活动来说，政治斗争是一个荆棘丛生的地带，诡谲多变，它需要人具备各种品格。有时要求坚定的信念与诚实、勇敢与无私、严厉与果断；有时却要求施展人性中恶的一面，如只顾目的而不择手段，即使运用这种手段背离起码的社会公德，要受到众人非议，但只要能达到某种目的，他也会置之不理。这种政治活动对于人格所带来的损害是不容回避的。

三　知识分子政治与学术矛盾的解决

1. 倡导治学高于参政的原则

知识分子在社会中承担着双重角色：一方面，他们是民族文化主要的社会载体；另一方面，他们以其得天独厚的文化修养和精神素质，以超越自身的济世胸怀和宽阔的视野，对社会政治生活拥有一定的参与权。高尔基鉴于历史的经验教训明确地提出了治学高于参政的原则。他指出，知识分子"应当站在政治之上，应当学会限制并善于限制自己的政治情感……意识到文化工作高于政治工作"[①]。我们认为，这一原则是知识分子处理政治与学术矛盾时必须坚持的一项基本原则。

首先，这一原则符合知识分子的职业特点。从事文化活动与参与政治活动相比有其特殊性，它不需要轰轰烈烈的大场面，只需要拥有一块恬静

---

① 〔苏〕高尔基：《不合时宜的思想》，朱希渝译，江苏人民出版社，1998，第299页。

的精神家园，一片闲适的绿地。这是大部分知识分子所向往的境界。知识分子拥有一定的自由空间对于冷静地思考是有益处的。正如罗素所说，在时空上保持着某种程度的孤立，是产生伟大作品不可或缺的要素。拥有这种孤独气质，对于知识分子创造传世佳作，臻于学术的清纯与完满是十分重要的。

其次，这一原则有益于维护学术研究的科学性、独立性。参政与治学之间虽有联系，但是，两者毕竟属于不同的范畴，有着不同的研究对象，对于主体的才智要求是不同的。搞政治斗争要求主体注意政策的现实性，讲究策略，讲究适度、分寸、时机、实效，讲究社会可接受性；搞学术研究则要求主体追求思维的彻底性，精神的纯洁性，价值的纯粹性。两者不应相互混淆。知识分子当然要关心政治，要注意辨别社会历史发展的方向，要通过自己具体的学术成果为社会服务，以显示肩负的社会责任。但是，如果一味强调知识分子的政治责任，要求知识分子必须通过具体的研究去表达政治见解，对学术发展只能有弊而无利。

再次，这一原则符合当前中国的国情。当前我国的社会转型要求每一个社会阶层都实现自身的转型，也要求知识分子实现职业重点的转移。知识分子如自由撰稿人、独立制片人、艺术家等主要凭自己的知识、技术服务于社会，从社会获取相应的报酬以便维持生活。换言之，知识分子必须走出旧体制，依靠自己的知识谋生。由于知识分子获得了一定的自由空间，可以自由地创造自己的一套话语体系，于是，一个相对独立的思想文化市场产生了。这样，大批新型的思想家、学者和艺术家等就会涌现出来，这种典型意义的知识分子必将中国的科学文化发展推向新的时代高峰。

2. 实现干部知识化

重视知识，充分发挥知识分子的作用，大胆选拔优秀知识分子到各级领导岗位上来，是新时期的一个极为重要的问题。实现干部队伍的革命化、年轻化、知识化和专业化，并把它作为新时期干部工作的正确方针确定下来，这是党中央在制定了正确的政治路线之后，经过认真总结过去经验教训作出的一项重大战略决策。它反映了新形势、新任务的要求，符合干部队伍的实际，顺应了社会主义现代化建设的客观进程和历史发展的必然规律。现在，需要我们充分认识并切实加以解决的一个重要问题，就是领导干部在革命化的基础上，进一步知识化、专业化，这是现代化建设的紧迫需要，也是决定建设成败的关键。

第一，领导干部知识化、专业化，是被历史证明了的科学真理。知识是人类劳动和智慧的结晶，是人类社会最宝贵的财富和不断发展的源泉。无论是自然科学知识还是社会科学知识，都包含着人类在认识世界和改造世界漫长过程中积累起来的真理成分，是人类争取自身解放的强大武器。由于知识分子掌握了较多知识，因而在人类发展过程中处于指导地位和起着推动作用；由于知识分子反映和表现了整个社会的阶级利益，因而历史上的各个阶级、各个政治派别，都特别重视把自己的知识分子选拔到领导岗位上来，发挥其为本阶级的利益出谋划策并指导本阶级活动的重要作用。重视知识和知识分子，实现领导干部的知识化和专业化，是被历史证明了的科学真理，大胆从中青年知识分子中选拔优秀人才到领导岗位上来，也是马克思主义一贯重视和倡导的重要思想。

第二，领导干部的知识化和专业化是以大生产为基础的一切社会的共同要求。社会化大生产的发展和科学技术的进步，决定了各项事业的组织、领导和管理工作必须由受过教育、有知识、懂专业的人才来担任。随着新技术革命的发展，电脑被广泛应用在工农业生产、交通运输、银行、商店、医院等服务行业乃至家庭生活中，使社会生产和生活的自动化程度大为提高，生产效率也随之出现更大的飞跃。在这种复杂多变的形势下，必然给组织领导和管理工作带来一系列新的情况：昨天需要的机构和人员，今天可能成为多余的了；前一段时间畅销的产品，现在被新的产品取而代之，昨天有效的机构和称职人员，现在就不那么适应了。这种情况，就对领导和管理人员的知识化和专业化提出了不断深化的更高要求，不然就不能适应现代化科学技术复杂多变、不断发展的局面。

现代资产阶级十分重视领导管理人员的知识化和专业化。在发达国家，有科学文化专业知识的管理人员，占职工总数的1/3。美国从20世纪50年代起，有知识的领导管理人员每年递增11%。从世界各国经济发展的历史来看，一个国家要想把生产搞上去，取得较高的经济效益，在市场上具有较强的竞争力，就一定要任用有知识的专业人才，这是以大生产为基础的一切社会的共同要求，也是一条值得我们重视的宝贵经验。

第三，从知识分子中选拔优秀人才，是真正实现领导班子知识化、专业化的重要途径，也是现代化建设成败的关键所在。我们所进行的现代化事业是前所未有的伟大事业，比我们过去从事过的任何事业都要复杂艰巨得多。为了实现社会主义现代化，同过去的年代比，更加需要科学文化知识；而知识分子正是当代科学文化知识的首要持有者和推进者，是我国现代化建设中绝对必需的智力因素，也是我们国家的宝贵财富。从知识分子中选拔各级领导干部，正是现代化建设的迫切需要。

列宁曾指出，没有具备各种知识、技术和经验的专家来指导，便不能过渡到社会主义。党的十一届六中全会通过的《关于建国以来党的若干历史问题的决议》也强调，要坚决扫除长期存在而在"文化大革命"期间登峰造极的那种轻视教育科学文化和歧视知识分子的完全错误的观念，努力提高教育科学文化在现代化建设中的地位和作用，明确肯定知识分子同工人、农民一样是社会主义事业的依靠力量，没有文化和知识分子是不可能建设社会主义的。这是新中国成立以来历史经验的基本总结，也是顺利进行社会主义现代化建设的关键。正因为这样，各级领导班子都要严格坚持四项基本原则，善于把党的路线、方针、政策同本地区本部门的实际结合起来，调动和组织各方面的积极因素，充分发挥知识分子的作用，卓有成效地完成党所提出的任务。各级领导干部更要充分认识现代化建设的迫切要求，努力掌握科学文化知识，熟悉各自领导范围的专业知识、管理知识，了解有关业务领域的具体情况，掌握它们的客观规律。只有这样，才会使现代化宏图变为现实。

正是由于上述几点，我们今天要更大量地起用知识分子参加各级领导，建设一支能够肩负起现代化建设使命的干部队伍。选拔优秀的知识分子担负一定的领导职务，实现领导干部的革命化、年轻化、知识化和专业化，是一项带有战略意义的大事，直接关系到现代化建设的成败。我们一定要认真总结历史上正反两个方面的经验，坚决克服轻视知识和知识分子的"左"的思想。为了现代化建设的需要，为了祖国的未来，我们要坚决防止、抵制一切压制和摧残人才的现象，勇于改革不合时宜的组织制度、人事制度，选贤任能，大力培养、发现和破格任用优秀人才。

3. 处理好官僚与学者两种类型知识分子的关系

现代社会的一个本质特征是分工化。知识分子队伍中的最大分工是一部分人进入官僚组织，从事社会管理，成为官僚；另一部分人留在文化科学领域，从事知识文化工作，充当学者。官僚组织的特征是：它维持着整个"社会机器"的日常运转，这种工作性质要求它重视现实性，追求秩序，强调稳定。官僚组织有一套规则，要按规章办事；有一套纪律，下级要服从上级。在很多情况下，一个官员的任务就是像工具一样执行某项任务，目标不需要他去考虑。科学文化团体的特征是：充满怀疑和创新精神。在科学研究的领域中，成就就是创新，而创新总是建立在怀疑旧理论、旧观念的前提上的。要服从真理，否定任何人格化的权威。在重视工具手段的同时，也要思考手段所追求的目标、价值、得失，以至社会生活的终极意义。

这两个领域、两种类型的知识分子都是社会必需的。社会不可以不运转，不可以没有秩序，不可能为了明天的理想不要今天，因此存在着这样那样的弊病的行政管理机构也还必须存在。但是人类不可以漠视现状中的弊病，不可以不修正、不发展现今的制度；一个不善于大胆想象的民族不可能迎来更美好、和谐的明天。因此这两种类型的活动相辅相成，两者分别完成着两种功能。前者构成了一个民族的政治、经济领域，后者构成了它的思想、文化领域。

官僚与学者，各具独立的价值，分别完成着重要的社会功能。一个正常的社会中，政治总是落后于思想，思想总是超前于政治。政治与思想并无优劣之分，只是两者的性质不同。一个民族政治上应该稳健些，三思而后行；思想应该活跃些，勇于探索。思想交锋应走在政治实践的前面，这是一个民族进行选择时必须具备的知识和智慧准备。

政治上的稳健与思想上的激进是社会两个领域的不同性质所决定的。不能企图使在活跃的思想探讨中提出新观念、新思想的知识分子迅速走入实践。要看到政治领域中的发展有它自己的规律。一个完全由学者或理想主义者组成的政府机构，几乎必然达不到良性运行。一定程度上的保守永远是政治生活中的一项基本的机制。对于知识分子而言，"批判精神和不受束缚是他的标志，他总能'在'一个社会中而不完全'属于'它。一定程度的疏远正是完成知识分子角色的前提，而同时这种疏远是建立在对于社会基本理想和中心价值的深切关心之上的……在他们深切关注的同时，他们应该保持独立。这种态度使他们通过'独立关注'国家和人民的命运而超越感情上的中立和盲目的卷入"①。

在信息时代的今天，处理好官僚与学者这两类知识分子的关系尤其重要，这就离不开两者的交流与沟通。不重视沟通渠道，官僚与学者的关系将变得有隔膜、互相猜疑、有误解、互相对立，影响社会的正常运转和顺利发展。

第四节　知识经济时代西方知识分子的改良主义倾向

在知识经济时代，随着科学技术的发展和社会的变化，改良主义思潮和运动在西方国家逐步兴起并有相当的发展②。

一　知识分子改良主义倾向的原因

在今天的西方国家，普遍缺乏革命形势，改良主义充斥着整个西方社会。不难发现，知识分子是这种改良主义的主要社会基础，知识分子的改良主义倾向有复杂的原因。

第一，知识分子在经济中力量的增强。20 世纪中期以来，科学技术日新月异，生产力水平空前提高，知识经济初露端倪。知识经济是以生产力的知识要素为主导的经济。它是一种基于高科技和人类知识精华的经济形态。在这种经济形态里，知识代替自然资源成为生产的第一要素。在知识经济时代，知识分子牢固地与生产结合起来了。这种变化，增强了拥有知识者即知识分子在市场交换中的力量。一般地说，资本的重要性在资本密集型经济中高于知识密集型经济，而知识的重要性在知识密集型产业中高于资本密集型产业。将资本与知识人格化，就是知识密集型经济中资本家力量有所削弱，知识分子力量有所增强。在当今的高技术产业中，资本所有者一方面仍支配科技人员，而在另一方面又依赖于他们，尤其是其中的骨干。资本家对知识分子的信赖和知识分子力量的增强，使知识分子有可

①　L. Coser, *The Men of Ideas*, New York：Free Press, 1970, p. 360.

②　陶文昭：《知识分子与现代西方政治》，《社会主义研究》1996 年第 6 期，第 55 页。

能凭借自己的力量迫使资本家作出更多的让步。

第二，战后的经济形势使资本家能够作出一些让步。科学技术革命使战后经济出现持续的相对繁荣，从而给资本家创造了比以前多得多的利润。第二次世界大战以后，资产阶级在积累了巨额财富以后，为了使其统治更加稳定持久，不断进行社会改良，改善了社会关系，调整了分配关系。随着诸项社会政策的实施以及社会权力系统中公共成分的增大，在发达资本主义国家，社会冲突程度大幅度降低，阶级矛盾大为缓和。在这种大背景下，资本家权衡利害之后能够分给知识分子更多的一份。科技进步经济快速增长时，冲突的双方可能同时获利。西方战后的快速发展为改良主义营造了适宜的环境。

第三，知识分子开始表现出对西方社会的认同。由于受资产阶级教育，知识分子中的一部分对西方社会制度仍有相当高的认同感。他们对资本主义现状的一些指责，是因为现状不符合这些资本主义民主、自由等理念，而不是抛弃这些理念本身。与西方国家的发达状态相反，由于社会主义国家经济相对落后，具体制度存在不少明显的缺陷，一些西方知识分子对现实社会主义不予认同。这些，加上第二次世界大战后民心思定，在广大知识分子中激进的革命主义就没有市场，相反，改良主义却大为盛行。

二 知识分子改良主义倾向的表现

当代知识分子的改良主义，表现为思想上的新思潮和运动上的新形式。

现代西方各种思潮迭起，其中反映知识分子政治利益的是专家治国论，或称技术统治论。专家治国论思潮与知识分子的壮大紧密相关。20世纪20年代，凡勃伦的《关于现实技术工作者协会的备忘录》被视为专家治国论的政治宣言，他本人也被公认为这种思潮的创始人。第二次世界大战后，专家治国论思潮以不同形式流传于西方主要资本主义国家，其中心在美国。专家治国论是社会向知识社会发展，知识分子社会作用增强的一种反映。科技革命是知识分子壮大的根本动力，也是专家治国论兴起的根本之源。知识分子都不同程度地赞同和认可这种观点。专家治国论长盛不衰，并且成为一种主流思潮，靠的是知识分子广泛而有力的支持。

专家治国论对于资本家是一定意义的挑战。因为其正面宣传知识分子的管理才能和知识万能论，无疑是间接表达了资本家的无能及资本的无关紧要。专家治国论是改良而不是革命的。它回避了当代仍然起决定作用的对生产资料的占有问题。它企图以生产的经营管理权取代所有权，以国家行政管理权取代统治权，这只是一些知识分子的天真幻想。

20世纪60年代以来，西方政治运动的显著特点是传统工人运动相对沉寂。资本主义社会里的政治斗争，主要表现为两大对立的基本阶级即工人阶级和资产阶级之间的斗争。这是由它们在资本主义生产关系中所处的地位及其相互关系决定的。在早期资本主义社会，资本家对工人进行着残酷的剥削和压迫，工人成了资本家的雇佣奴隶，众多的工人沦为赤贫者，甚至连奴隶般的生活也难以维持。因此，工人阶级反抗资产阶级的斗争此起彼伏，异常激烈。然而，这种情况并未一直持续下来。特别是在发达资本主义国家，阶级斗争形势从资本主义达到成熟阶段后趋于缓和，迄今没有激化的迹象，也没有出现革命的形势，这与工人阶级结构的变化有很大关系。在资本主义社会早期，工人阶级缺少科学文化知识，主要是体力劳动者。战后，随着科技的发展和知识经济时代的到来，工人大都拥有较多的科学文化知识，以脑力劳动者为主。在工人阶级知识化和脑力劳动者无产阶级化的双重作用下，一方面，绝大多数工人成为知识分子，另一方面，越来越多的知识分子参与生产过程，成为无产阶级的重要组成部分。所以，在知识经济时代，工人阶级不仅仅是简单的体力劳动者，而且是复杂的脑力劳动者。然而，这样的工人阶级的革命性显然不如传统的以体力劳动为主的产业工人。

与传统工人运动沉寂形成对照的是，以知识分子为主体的新社会运动广泛兴起。如果说传统工人的衰减是工人运动消退的原因，那么知识分子的激增则是新社会运动兴起的基础。新社会运动极为复杂，如和平运动、反核运动、生态运动、女权运动、民权运动、学生运动等，每一个运动内部都是派别林立、主张不一。新社会运动思想的复杂性以及组织的分散性、多变性与传统的阶级运动有很大区别，很难归之于传统的哪个阶级。它的参加者似乎来自不同的阶级、阶层和政党。但不难发现，新社会运动的这些特点正与知识分子的政治特点相似。知识分子也是政治思想复杂，有浓厚的个人自由主义，来自并代表不同的阶级和阶层。新社会运动的积极参加者主要是受过良好教育的知识分子。综合地看，新社会运动是具有知识分子特点的政治运动。

　　新社会运动总体上是改良主义的。这些运动，大多数没有长远的目标，只是对资本主义的现实提出种种批判，要求改变现实的某一政策，消除某种不合理现象，改造某种不满意状况。这些新社会运动所用的理论武器都不是马克思主义的，其对资本主义的批判没有触及资本主义的本质，因而其局限性是十分明显的。

· 第六章 ·

知识分子与文化

知识分子历史地承担着社会的文化功能。如果没有知识分子对科学文化的创造和传播，就不会有今天的社会发展和人类文明的进步。在知识经济时代，中国社会主义现代化建设的步伐将大大加快，知识分子这一高素质的社会群体，将承担起重要的使命。知识分子作为人类科学文化知识的重要继承者，作为先进科学技术的重要开拓者，作为美好精神产品的重要创造者，在精神文明建设中是一支骨干力量。我们要提高全民族的思想道德素质和科学文化素质，培育一代又一代有理想、有道德、有文化、有纪律的社会主义新人，广大知识分子负有重要职责。

第一节　知识分子是文化建设的主体

一　大众文化时代的到来

文化是一个内涵十分丰富的范畴。广义的文化是指人类在改造自然和改造社会的过程中所创造的物质财富和精神财富的总和。狭义的文化是指作为观念形态的、与经济和政治并列的有关人类社会生活的思想理论、道德风尚、文学艺术、教育和科学等精神方面的内容。这里指其狭义。当代科技革命使文化传播的媒介及文化接受的主体发生了重大变化，从而使当代文化发生了深刻的转型。

文化的传播要借助一定的媒体即传播工具。随着技术的不断进步，传播工具也得到不断改进，出现革命性变革。近代传媒的第一次革命是印刷术的采用。印刷术的推广,大大拓宽了文化传播渠道,扩大了文化影响的范围。在印刷业革命的基础上,大众传媒首先兴起的是报业。在 19 世纪与 20 世纪之交,英国的《泰晤士报》,美国的《华盛顿邮报》、《洛杉矶时报》,法国的《费加罗报》,日本的《朝日新闻》等举世闻名的报纸及其他各类发行量不等的报纸相继创办,并影响至今。美国报纸的种类在 1910 年左右达到最高峰——2600 种,达到每个家庭一份报纸的水平。广播和电视的出现,开辟了大众传媒的新天地。约在 20 世纪 20 年代中期,广播在发达国家相继开播,成为报纸之后的又一公共传媒。广播与报纸相比,传播范围更广。那些过去邮路难以到达的农村及边远地区,现在能与城市同步分享信息。电视的出现是传播工具方面最有意义的变革。它是在 20 世纪 50 年代随着半导体技术的突破而迅速发展起来的。据统计,1950 年美国家庭电视机拥有量只有 9%,80 年代后为 98%,几乎每个家庭都拥有电视机[1]。其他发达国家的情况也基本上如此,在广大发展中国家,虽然报纸、广播和电视的普及率与发达国家有一定差距,但也呈上升之势。

随着科技的进步,文化大众即能够接受所传播文化的人也逐步扩展到全社会。作为一定文化的接受者,必须有相应的文化水平。随着科技的进步,民众的受教育水平有了很大幅度的提高,扫除了早期民众接受文化的基本障碍,全体民众基本上具备了通过现代传媒接受文化的能力。早期的文化与普通民众无缘,不仅因为他们教育程度低,也因为他们没有时间来消受这些文化成果。科技进步使劳动生产率大大提高,劳动时间大大缩短,劳动者自由支配的时间大大增加。业余时间的增多,使人们的文化需求普遍增多。

历史基础、市场经济及竞争因素和新科技革命综合作用的结果,不仅大大增强了西方发达国家的综合国力,而且也使劳动人民的生活水平在生产发展的基础上有所改善,昔日马克思、恩格斯指出的那种工人连奴隶般的生活也难以维持的状况基本上已不存在,取而代之的是占人口 80% 以上的居民都能过上生活有保障、医疗有保障、失业有救济、养老有保险、儿童有照顾的优裕生活。经过多年的实践,大部分发达资本主义国家建成了

---

① 梅孜编译《美国政治统计手册》,时事出版社,1992,第 181 ~ 182 页。

项目十分齐全的、对于社会成员的整个生涯即"从摇篮到坟墓"予以保障的社会福利制度。这种制度为所有合法居民提供了一个基本生活与发展所需要的保障网络。根据恩格尔系数规律，收入增多，加上生活有保障，家庭就可使边际收入增长额首先用来采购耐用消费品如住房、汽车等，然后用于奢侈品、文化娱乐消费等。生活水平提高也使民众有更大的文化消费财力，不断刺激着对文化的需求。

总之，现代传媒的发展、民众文化水平和生活水平的提高，促成了大众文化时代的到来，这是一个全体民众都在消费文化的时代，也是一个文化影响全体民众的时代。现代文化的转型表明文化在社会中重要性的上升，现代文化获得了空前的历史地位，承担社会文化功能的知识分子因而从总体上获得了前所未有的影响社会的力量。

二 科学教育文化战略重点的确立

邓小平在谈到我国社会主义现代化建设时指出："我们要实现现代化，关键是科学技术要能上去。发展科学技术，不抓教育不行。"[①] "我们国家要赶上世界先进水平，从何着手呢？我想，要从科学和教育着手。"[②] 我们党正是根据邓小平这一思想，作出了大力发展教育和科学的战略决策，并把这一任务确定为我国社会主义现代化建设的战略重点。

马克思主义创始人一贯重视科学技术的作用。100 多年前，马克思、恩格斯就明确提出了"科学技术是生产力"的观点。邓小平不仅科学地继承了马克思主义"科学技术是生产力"的观点，而且随着时代的发展，随着科学技术在生产过程和经济发展中的作用越来越显著，经过长期理论思考和实践探索，创造性地发展了马克思主义的这一观点，进一步指出科学技术是第一生产力。邓小平的这一观点，对于我们这个人口众多、经济文化都比较落后的东方大国，如何面对世界科学技术迅猛发展的形势，尽快把经济和科技搞上去，迎头赶上发达国家，实现社会主义现代化，具有重要的理论和实践意义。

---

① 《邓小平文选》第 2 卷，人民出版社，1994，第 40 页。
② 《邓小平文选》第 2 卷，人民出版社，1994，第 48 页。

20 世纪中期以来的科学技术革命，把科学技术推到了生产力发展的首要位置。科学技术是第一生产力，表示科学技术在生产力发展中已上升到最重要、最关键、最有决定性的地位。它与生产力系统中的其他要素结合、渗透在一起，使其他要素发生质的变化，推动社会生产力发展，从而对经济社会发展起决定性的重大作用。

第一，科技水平直接决定劳动者的素质。劳动者是生产力中人的因素，是生产过程的主体，劳动者素质的高低是决定劳动生产率高低的首要因素。而劳动者素质的高低，又直接取决于科技发展水平。当今时代，由于现代科学技术的日新月异，生产设备的更新、生产工艺的变革都非常迅速，许多产品往往不要几年的时间就会更新换代。劳动者只有具备较高的科学文化水平、丰富的生产经验、先进的劳动技能，才能在现代化的生产中发挥更大的作用。而正是科学技术的发展和不断进步，越来越多地造就出这样高素质的劳动者；也正是依靠这些高素质的劳动者，现代生产力才有了突飞猛进的发展。

第二，科技的发展使整个劳动工具的性能发生了质的变化。劳动工具的改革和创新，对生产力的发展起着巨大的作用。人类历史上每次产业革命，都是以劳动工具变革为标志的。不同时代使用的劳动工具，都是由科学技术发展水平决定的。蒸汽机的发明和应用，使人类在不到 100 年的时间内创造出的生产力比过去一切世代的总和还要多、还要大。电的发明和应用，开辟了新的经济时代，极大地提高了劳动生产率。第二次世界大战后，特别是 20 世纪 70 年代以后，微电子技术进入机器控制系统，实现了自动化生产，不仅在很大程度上代替了人的体力劳动，而且还部分地代替了人的脑力劳动，从而可以完成人力本身需要几年、几十年才能完成的课题，将劳动生产率提高到历史上从未有过的高度。

第三，现代科技的发展，使劳动对象发生了根本性变化。科技的发展，不仅改变了劳动对象的结构，扩大了劳动对象的范围，而且使劳动对象的质量更高、性能更好。除了自然界原有的自然资源和传统的工业生产原料、材料、燃料外，自然界原来没有的新原料、新材料层出不穷。在高科技的今天，劳动已不仅仅以自然物、半自然物为对象，更多的是用人类创造的全新原材料作为劳动对象。

第四，科技进步使生产管理更加科学化。在社会生产力的发展中，使物的要素和人的要素有机结合起来的管理是使潜在生产力变为现实生产力的关键。生产社会化程度的提高，特别是在自动化生产条件下，分工越来越细，相互间的协作也越来越紧密，客观上要求生产过程的管理更加严密，对生产要素的组织更加合理。信息论、控制论、系统论为现代科学管理提供了新的手段和工具，大大促进了生产力中诸要素的协同作用。

科学技术是第一生产力，大力发展科学技术，向科学技术进军，要有一支浩浩荡荡的科学技术大军。邓小平指出："我们要向科学技术现代化进军，要有一支浩浩荡荡的工人阶级的又红又专的科学技术大军，要有一大批世界第一流的科学家、工程技术专家。造就这样的队伍，是摆在我们面前的一个严重任务。"① 造就这样一支科学技术队伍，离不开教育。邓小平认为，靠空讲不能实现现代化，必须有知识、有人才。知识和人才是靠教育来取得和输送的，一定要把教育办好。邓小平说："一个十亿人口的大国，教育搞上去了，人才资源的巨大优势是任何国家比不了的。"② "就今天的现状来说，要特别注意调动教育工作者的积极性，要强调尊重教师。我国科学研究的希望在于它的队伍来源。科研是靠教育输送人才的，一定要把教育办好。"③

总之，四个现代化的关键是科学技术现代化；发展科学技术，不抓教育不行；科技人才的培养，基础在教育；经济的发展必须依靠教育和科技。邓小平的这些思想充分表明了科学教育文化在经济发展和社会进步中的作用，确立了科学教育文化在社会主义现代化事业中的战略重点地位。

三 知识分子是文化建设的主力军

知识分子作为我国工人阶级的一部分，他们在为社会主义现代化建设进行着辛苦劳动，并在其中发挥着非常重要的作用，尤其是在文化建设方面充当着主力军。

---

① 《邓小平文选》第 2 卷，人民出版社，1994，第 91 页。
② 《邓小平文选》第 3 卷，人民出版社，1993，第 120 页。
③ 《邓小平文选》第 2 卷，人民出版社，1994，第 50 页。

知识分子作为文化建设的主力军，是由文化建设的内容及其劳动的性质决定的，是一种历史的必然。文化建设的内容指的是教育、科学、文学艺术、新闻出版、广播电视、卫生体育、图书馆、博物馆等各项文化事业的发展和人民群众知识水平的提高。在这些战线和部门工作的同志，他们从事的主要是脑力劳动，其成果也主要是精神产品。精神产品和物质产品的生产是两种不同性质的生产。两种生产劳动具有各自的特点，对劳动者也有不同的要求。如果把两者进行比较，应该说，进行脑力劳动和精神产品的生产，要比进行体力劳动和物质产品的生产，对劳动者的素质要求更高、更严格。一般地说，进行脑力劳动，除了要求劳动者具备进行体力劳动所需要的强壮体魄外，还要求劳动者有较高的知识储备，需要接受比体力劳动者时间更长、内容更广、数量更多的系统性、专业性的教育，掌握一种乃至几种为社会、为人民服务的专业技能，并在实际工作中使自己的知识不断深化、更新和扩展，这样才能为人类的精神生活、为社会的生产和再生产、为科学技术的发展进行创造性劳动。从历史上看，知识分子专门从事精神生产，对社会历史的发展作出了巨大的贡献。现代科学文化迅猛发展，知识经济时代悄然到来。如果没有知识分子对科学文化的创造和发展，那么就不会有今天的发展和进步的人类文明，更不会有明天令人难以想象的文明。

现在，我国人民正在党的领导下，为建设社会主义现代化强国而奋斗，强调知识分子在文化建设中的主力军作用，有着更为重要的现实意义。实现现代化，建设高度的物质文明的关键是科学技术现代化。只有掌握了先进的科学技术，才能创造和驾驭先进的生产工具推动生产力迅速向前发展，才可以在掌握雄厚科学技术的基础上，进行新的研究、新的探索，把新的科技成果应用于生产，制造出更先进的生产工具，促使生产力跃进。在这方面，知识分子担负着无比艰巨的重任。目前，我国科学技术在多数领域比发达国家落后 10～20 年，许多企业生产技术和经营管理落后，大批职工缺乏必要的科学文化知识和操作技能，熟练工人和技术人员严重不足。要实现现代化，就必须坚决改变这种落后状况。

知识分子作为文化建设的主力军，在社会主义精神文明的另一个方面即思想建设中，也发挥着非常重要的作用。思想建设的主要内容概括起来，就是革命的理想、道德和纪律，其核心是共产主义的世界观和科学理论。这些东西是不能自发地在人们头脑里生长起来的，它需要反复教育和灌输，才能确立起来。我们的理论工作者、思想政治工作者有责任向广大群众宣传马克思主义基本理论，宣传党的路线、方针和政策，宣传社会主义的主人翁思想和集体主义精神，等等。同时，要善于研究和解答社会主义现代化建设和人民群众提出的各种思想、理论和社会问题，为人民群众排疑解难。

第二节　知识分子的精神特质

一　知识分子的批判精神

1. 社会的批判者

知识分子是现实的不满者，是异端的提出者。在不满现状的社会思潮中，总是可以看到知识分子的作用，各种异端思想总是与知识分子的名字联系在一起。统计资料表明，对社会不满、站在社会舆论的对立面，也是当代知识分子的普遍特征。

从批判的角度看，中西方知识分子在政治态度上表现出耐人寻味的差别。西方社会中占统治地位的意识形态和舆论是右的，其学术界人士的政治态度却偏偏是"左"的。从我们长期的生活经验中不难感受到中国知识分子的政治态度往往比占统治地位的社会舆论和公众态度要右倾一些。中西知识分子政治态度上这种貌似不同的假象后面隐藏着一种共性：一个社会中的知识分子总是倾向于站在该社会正统意识形态的对立面上。也就是说，知识分子比其他社会成员更喜欢以社会批判者的姿态出现。

知识分子的批判精神，一直为学者们所关注。韦尔德认为，从希腊智者学派晚期开始，知识分子就习惯对自己所处的社会中那些被认为天经地义的说法和价值提出质疑和挑战。美国的里德指出，学者大多是反对现状的。学者对于政治的首要功能，就是反对现行的一切。

现代西方的一些学者对批判精神的强调更达到一个新的高度。他们很多人将之视为知识分子的本质，以之作为判断知识分子与非知识分子的依据。班迪克斯认为，在现代世界中，知识分子是那些受过教育并且批评这个世界的人。科塞说，知识分子是这样一些人，他们看来对现存的一切永远不满。他们总是用更高、更博大的真理来对当前的真理提出疑问。霍夫斯塔特指出，在现代观念中，知识分子作为一个阶层、一个单独的政治力量，甚至知识分子这个词本身，都是以其政治上和道德上的异议为特征的。阿隆指出，批判现存秩序的倾向，可以说是知识分子的一种职业病。

中国古代的知识分子素有"达则兼济天下，穷则独善其身"的德性化人格追求。士以载道，知识分子在不同角色之间转换时，或为立德，或为立言，或为立功，其中尤其以立德为上。中国知识分子有着根深蒂固的道统。知识分子面对"士"与"仕"的矛盾角色时，道统总是对政统起着制衡的作用。中国古代知识分子的批判，并非对道统和政统不加区别的批判，而是依据道统对政统的批判。

2. 社会批判的原因

为什么知识分子总是承担着社会的批判者的角色呢？

首先，不满是人类的本性。

人类是永不满足的动物。人的需求远远超过了他的生理欲望。仅物质占有方面而言，人的占有欲望就是无限的。人类物质上更充分的满足不但没有消除反而更刺激了他占有更多物质产品的欲求。况且物质还仅仅是人类整个需求心理中的一个层次。正如马斯洛所说，获得了生理、安全的满足后，人类还需要社交、荣誉、自我实现。在需求层次中，愈往上走，愈加复杂，愈无限定。因此，可以说，人类欲壑难填，其需求是无止境的。

这种无限伸张的欲求的积极一面是它驱动着人类社会和文明不断地发展，其消极的一面是带来了人类社会内部的冲突和纷争。这种积极与消极是任何事物不可缺少的正反两面。尽管如此，人类毕竟要对其欲望和不满作出一定的限制。人类生理上缺乏这种限定，他必须求助于文化。人类还编造了种种戒律、箴言去抑制自身的不满。各类宗教中"不贪财"的戒律，孔夫子"君子居无求安、食无饱求"的告诫，《道德经》中"知足者常乐，能忍者自安"的箴言，都表现出这种用心。

与人的不满本性相对，满足其需求的条件毕竟是有限的、不充分的。于是人类的本性遭遇到现实，其潜在的不满就必然成为"表现出来"的不满。"不满是人类的本性"，意味着人类不会随着某一个目的的实现、某项社会条件的改善而永远满足下去。正如马斯洛所说："不管有什么满足、什么好事、什么幸运，人们总是能够把它们塞进自己的胃口。对于那些好事的绝对欢喜只是一小会儿。一旦他们习惯了这些，就会忘掉它们，为了更高的幸福把手伸向未来。"① 不满是批判的前提，思想上的勇气往往只属于超越时代风尚的人们。这种超越往往需要一种眼界，这种眼界是同知识阶层中的一部分人联系在一起的，有了自己的价值观———一种内在的支撑，才有胆量冒天下之大不韪，站在社会的对立面上。

其次，科学离不开批判精神。

真正直接和彻底改变了人们的传统思维方式，把批判精神推进世界的是近代科学。科学的出发点是什么？达尔文说："我必须从大量事实出发，而不是从原理出发，我总怀疑原理中有谬论。"② 波普说："科学开始于问题。"这里的"事实"与"问题"两者从不同角度说明了科学的出发点。"从事实出发"，从宏观上阐明了科学有别于玄学、思辨和单纯逻辑演绎的一般性质。科学不是天启、神谕和面对虚空的冥想，而是建立在经验基础之上的。"从问题出发"，从微观上说明了每一项具体科学研究的发轫点。问题和事实两者的共同倾向是不迷信任何原理、结论、权威。而"问题"本身更显示了对前辈成果的怀疑，问题的提出已经包含了一种批判。正如波普所说："知识有各种来源，但没有一个是权威的……在寻求真理中我们最好的措施是从批判我们最珍爱的信念开始。"③ 可见，科学在其每一次尝试、每一次起步中，都显示出它的咄咄逼人的怀疑与批判精神。

关于知识分子批判精神的内在根源，知识界存在着众多的解释。科学社会学关注科学与批判精神的内在联系。科学在本质上是批判性的。科学拒绝任何有组织的，特别是非科学权威对真理的压制。波普著名的证伪理论认为，任何科学理论和科学知识，只要它是科学的，那么总是一种相对

---

① Maslow, *The Farther Reaches of Human Nature*, New York：Penguin, 1971, p. 242.

② 〔英〕贝弗里奇：《科学研究的艺术》，陈捷译，科学出版社，1979，第90页。

③ K. Popper, *Conjectures and Refutations*, London：Routledge, 1963, p. 6.

的和错误的理论。科学家的任务不在于总是去证明什么，而在于总是去否定什么，只有在否定的基础上才能产生新的东西。正是由于坚信科学必须处于不断变化发展之中，科学家才将一切凭借传统或政治权威而一劳永逸地把握真理的企图视为不符合科学精神。马克斯·韦伯在著名的"以学术为业"的讲演中指出，一个人所取得的成就，在 10 年、20 年、50 年内会过时。这就是科学的命运，当然也是科学工作的真正意义所在。科学请求被人超越。爱因斯坦作为物理学家，其权威的树立来自对牛顿权威的批判。他对自己的权威保持着清醒的认识，他相信在真理和认识方面，任何以权威自居的人，必将在上帝的讥笑中垮台。耐人寻味的是，自然科学家是从事最严格、最精密工作的人，恰恰是这些人在自己的成果前持相对主义的态度。诺贝尔物理学奖金获得者麦克斯·波恩说："我确信，像绝对的必然性，绝对准确、最终真理等观念，都是应当从科学中排除出去的幽灵。"①

再次，知识分子使用的符号系统与现实之间总是存在一定的距离。

知识分子是一些在符号系统中学习、工作的人。这类符号系统可以是文字符号、数学符号、音乐符号等。但是比起现实世界，这些符号世界毕竟要完美得多。长期生活在符号系统中，并受到其熏陶的人们，自然希望现实世界的一切领域都像符号世界一样美好。尽管不同职业的文化人置身在不同的符号系统中，但符号系统的共性——追求和谐与完美，带给了他们一种"职业病"：对于非和谐与不完美的敏感与不满。因此，一切受过良好正规教育的人都会近乎出自本性地对充斥在社会一切领域中的愚昧、荒诞、非理性持否定和批判的态度。即使处在一个狭小闭塞的现实环境中，他们也可以通过种种信息媒介去了解外界，因为在内心盛装着若干个"参照系"，就难免不产生对比，对比之余不免对自身的现状产生某种程度的不满足，对自身所处的社会保持某种程度的批判态度。科学家精心设计的精密、和谐、美妙的理论大厦与现实非理性、反理性甚至强权的社会存在天壤之别，要他们逃避、妥协是可能的，而要他们发自内心地认同，不持批判态度，则是难以想象的②。

---

① 〔德〕麦·波恩：《我的一生和我的观点》，李宝恒译，商务印书馆，1979，第 97 页。
② 郑也夫：《知识分子研究》，中国青年出版社，2004，第 88 页。

3. 社会批判的历史与教训

批判性是知识分子的特征之一，但知识分子批判性发挥的程度如何，则与特定的时代条件、特定时代的知识分子政策以及知识分子自由的程度有密切关系。从历史上看，旧时代的知识分子——士——的作用得到较好发挥、士的独立思想与自由精神得到较好表现的时代，全都是士作为自由职业者的时代，而不是士被国家包下来、养起来的时代。春秋战国时期的士是一个自由职业阶层，他们往来于列国之间，或为帝王师，或游说诸侯，或领兵打仗，或为合纵连横出力，列国君主对他们都极为尊重。如果没有士这一自由职业阶层，春秋战国时期也就不会出现百家争鸣的黄金时代。汉武帝独尊儒术，罢黜百家，把儒家的士养起来。然而，也就是这个汉武帝，对士事实上最瞧不起，此时士的地位也很低。汉王朝结束，魏晋时期，又有了一个不大不小的自由职业阶层，于是乃有令今人颇为神往的魏晋时期的士风，即独立思想、自由精神的一度张扬。此后，中国进入科举时代，士又被国家包养起来了。只要考上了秀才，成了士的一部分，国家至少供给膏火之薪。清王朝末年，废除科举，断了士的出路，于是士纷纷向着自由职业者转变。当教师，当作家，当编辑，当导演，当演员，当公司、工厂以及政府机构里的各种职员，这一进程到五四运动发生时，终于形成了一个广大的自由职业者阶层。他们比较自觉地具有独立思想、自由精神。没有这一阶层，五四新文化运动也就不可能发生。

在世界大多数国家，知识分子都是自由职业者。新中国成立后，本来完全可以让自由职业者存在，国家某一部门如需要人员可以从他们之中招聘。他可以应聘，也可以不应聘。但由于当时我国以苏联为师，搞计划经济，于是国家对知识分子又实行了全部包下来、养起来的政策，知识分子全都成了国家干部，"大锅饭"吃了近半个世纪，"铁饭碗"抱了近半个世纪。被国家包下来、养起来的知识分子，已经不是自由职业身了。把知识分子变为国家干部统统包下来、养起来的政策，无论是对国家还是对知识分子自身都是十分不利的。孔夫子之所以有这么高的地位，恰恰是因为当时他是自由职业者。他办私学，收取学生的学费，因人施教，弟子三千。他周游许多国家，退而著书立说，他是自由人，这才成了儒家的开山祖师。

把知识分子包养起来，为我所用，就彻底磨掉了知识分子的批判精神。端人的碗，就得听人的管，既然国家包了你，养了你，不管国家执行的政策对错与否，你都得拥护与支持。社会的进步，得益于知识的创新，而知识的创新，则主要依靠知识分子的奋发进取、理性质疑和理性批判。任何科学的发现、任何新思想创见和想象力的萌生，无不得益于、来源于自由思想、自由探究这一理性乐园。在 21 世纪，面向那以人为核心、以尊重每一个社会公民个性自主、自由发展，以倡导科学、民主、人权、知识、市场公平为内涵的全球现代化的大趋势时，我们必须更加平心静气，更加诚心诚意抛弃一切历史的成见，抛开一切历史遗留的枷锁。

100 多年前，马克思正是以他的理性怀疑，批判了当年社会的积弊。由于他当年批判的深刻、准确，以及他对症下药的有效，被他所批判的那个社会的后代学者、教授们几乎完全一致地公认、公举他为人类第二个千年的第一位千年思想家。此外，大凡出过国门，领略过外部世界的人，大概都知道发达国家对知识分子从来是不怕、不烦、不惧、不防的。看来这不仅是发达国家普遍拥有的一种社会学观念，而且更是它们得以快速发展的基本原因之一。

二　创新精神

知识经济时代是新知识、新技术、新观念、新事物层出不穷的崭新时代，创新是这个时代的灵魂和主题。在知识经济时代，知识分子必须有伟大的创新精神。

1. 知识经济与创新的联系

创新是经济发展、生产率增长和人民生活水平提高的基本驱动力。随着知识在经济活动中重要性的迅速增加，参与知识生产、传播的机构种类和数量不断增加，创新过程变得越来越重要。知识经济时代的到来，使科学在经济和社会中的重要性日益增加。如果没有科学的支撑，没有科学方面的突破，要想有大的技术创新是不可能的。科学不仅扮演着技术创新的角色，而且更加直接地、深入地参加到创新活动中。此外，人文社会科学知识、商业活动、日常生活和工作中的经验和知识都可以导致创新，这些都极大地丰富了知识经济的创新内涵。

新技术革命特别是目前的信息技术革命，正对经济社会生活产生着新的影响。以科学技术为主要领域的知识经济"新"就"新"在其本质是创新。美国著名经济学家熊彼特曾经指出，创新是经济变动的一个重要因素。创新不同于发明和实验，创新是指对经济生活产生影响的"生产手段的新组合"。这种新组合可以弥补资源、资本上的劣势。加快创新可以在十分激烈的市场竞争中掌握主动。只有创新，才会获得财富；创新的程度越高，获得的财富就越多。

在世界经济知识化的强劲成长过程中，知识成为核心资源。对知识资源的开发利用水平，将从根本上决定经济的发展速度与质量。知识的丰裕程度和创新性，成为一个国家或民族发展、财富积累的决定性因素。总之，知识经济时代就是空前创新的时代。创新时代呼唤着创新精神。

2. 知识分子在创新精神支配下的创造性劳动对时代发展的重大作用

广大知识分子创造性的劳动对知识经济的快速发展起着极为重要的作用，甚至可以说起着决定性作用。创造性的劳动凝聚着广大知识分子的创新精神。

人类历史上生产力每一次划时代的进步，都有赖于人类知识特别是科学技术的重大飞跃。在人类的生产力进化史上，依次经历了石器、铜器、铁器、机器四个时代。其中，机器时代又分为动力机、自动机和智能三个阶段，并对应着三次大的科技革命和产业革命。每次革命都表现为知识和智力的创新，是创造性的知识和发展的智力的高度凝结。在智能阶段，创造性的新知识和发展的智力已成为根本性的推动力量。经济和产业的发展又决定于科技的进步和突破。知识分子的知识和技术的创新直接推动着科技的发展和突破。创造新知识，开发新技术就是知识创新，它使人们能够掌握最先进的生产工具，从而成为新时代人们创造和改变社会历史的具有决定性的力量。

3. 知识分子必须具有新时代所需要的创新精神

每个时代都有特定的精神，知识经济时代的时代精神就是创新。中国知识分子的创新精神是保持国家、社会、民族创新能力，促使其快速发展的重要前提。中国广大知识分子必须不断地解放思想、转变观念，确立起新时代所需要的创新精神。

在飞速发展的知识经济时代，大到一个国家和民族，小到一个团体或个人，只有大胆创新，提出新思路，创造新业绩，才能在竞争中立于不败之地。中国知识分子的创新精神对国家、民族的发展极为重要。创新必须有一个良好的创新精神状态。就是要抓住机遇而不可丧失机遇，开拓进取而不因循守旧。知识分子创新的精神状态，从其思想、工作、学习诸方面体现出来。

一个国家创新体系包括体制创新、科技创新、理论创新等内容。创新具有基础性的作用。技术创新是创新的结果；思想与方法创新是创新的手段；使创新活动获益以及为创新活动直接提供各种帮助的制度安排是创新的必不可少的条件。但支撑这一切的是一种精神，即创新精神。没有创新精神，就很难有适宜于创新的制度的产生，就难以产生创新思想和方法，就难以形成层出不穷的科技创新局面。因此，创新最重要、最核心的是一种精神。

我国改革开放的实践也证明，只有以创新精神为先导，才能取得创造性的成果。解放思想所体现的是一种创新精神。党的十一届三中全会以后，正是解放思想的创新精神开启了改革开放之门。30 余年来，我们在创新精神的指导下，真正走上了中国特色社会主义道路，在这条道路上不断创新、开拓前进。可以说，我们取得的每一个胜利，都是创新精神的结晶。没有创新精神就没有中国的发展。在未来的知识经济时代，要确立中国在世界上应有的地位，全体社会成员，尤其是知识分子必须具有创新的精神。

创新是人的能动性的最高表现，既需要勇气又需要科学的方法，既要勇于创新又要善于创新。这就要求我们必须坚持解放思想与实事求是的统一。解放思想、实事求是，是马克思主义活的灵魂和精髓，是我们认识新事物、适应新形势、完成新任务的根本指导思想。解放思想和实事求是是统一的。只有解放思想，才能达到实事求是；只有坚持实事求是，才能真正解放思想。在创新问题上，解放思想表现为敢于创新；实事求是表现为善于创新。敢于创新，是一个敢于解放思想，突破传统观念、原有理论、习惯势力等束缚的问题。善于创新，就是要注重创新的科学性。一是要坚持继承与创新的统一。一方面，创新是对前人的超越，对陈规的突破，是思想认识的升华，是创造性的实践。另一方面，创新又是对前人合理认识的继续，是以批判地继承为前提的。没有原有的知识、技术基础，知识创新、技术创新就会成为无源之水、无本之木。一般来说，在其他条件相同的情况下，对现有知识、技术懂得越多，掌握得越全面，知识创新、技术创新的可能性就越大。二是要坚持创新与借鉴的统一。创新有一个利用他人经验、成果的问题。借鉴他人的成功经验和成果，对自身的研究和工作创新起着重要作用。把自己封闭起来，无视他人的经验和成果，不可能大有作为，也不可能取得突出的创新成效。因此，要善于学习和借鉴人类社会创造的一切文明成果，特别是当代世界的文明成果。

只要广大知识分子将创新精神广泛应用于自己的工作领域，并用整个知识分子群体的创新精神去唤醒全民族的创新意识，我们就能跟上知识经济时代的前进步伐，中华民族的伟大复兴就一定能实现。

在知识经济时代，随着计算机、软件和网络等科学技术的发展，知识分子重复性的脑力负担减轻，不少重复性脑力劳动岗位趋于消失。这在客观上要求从事重复性脑力劳动和管理的知识分子，转入具有创新性劳动的工作岗位，否则就要失业。在科学技术日新月异的今天，创造性脑力劳动的复杂程度和层次会不断提高。从事日趋复杂的高层次的创造性劳动，是一个创新的过程，也是知识分子创新精神的体现过程。人类社会的发展，是创造、创新的过程。人类对现状是不会满足的，新的需求会不断出现。为满足新的需求，就必须从事带有创造性的劳动，即开发新技术，创造新产品，提高产品质量，满足人们的新需要。在自然和社会不断变化的情况下，需要认识的领域的扩张，使人类创造性脑力劳动的任务越来越重。知识经济时代经济结构的多元、复杂性决定了技术结构的多元、复杂性。这就需要大量的脑力劳动者即知识分子创造性的劳动，需要知识分子发扬创新精神。

三 知识分子的道德素质

1. 中国传统文化对知识分子的道德要求

（1）知识分子要正心、修身。在传统文化里，非常重视人的思想品德和人格的完善，在人才培养中，强调德才兼备，特别对知识分子提出了更高的要求。以知识分子为主体的官僚阶层，担负着治理国家、管理万民的职责。知识分子思想政治品格的好坏，直接影响着统治阶级的统治。但任何人都不是天生的治国济世之才，也不是生来就具有高尚的品德，而是有一个发展、完善、升华的过程。故孔子提出："欲治其国，先齐其家，欲齐其家，先修其身，欲修其身，先正其心。自天子以至庶人，一是皆以修身为本。"修身就在于提高自身素养。正心就在于按照社会的要求，不断改造主观世界，使之逐步接近社会要求的目标。道德品质修养是一个过程，中国教育从某种意义上看，就是人的完善与修养的过程。

（2）知识分子要讲仁爱。如何正确对待个人与社会、他人与自己的关系，如何和谐协同社会关系，在中国传统文化中提出了一个重要原则：爱人。中国传统文化以儒家文化为支撑点，儒家文化的内核是仁，而爱人又是仁的根本。仁者爱人包括几个方面的意义。尊重人，关心人，爱护人，从善良、忠诚、信义的角度出发，对他人予以充分的肯定，这是仁爱的基本观点。己所不欲，勿施于人，这是做人的重要准则。特别是孔子提出的"己欲立而立人，己欲达而达人"的思想，包含了无限的人道主义思想，表达了人类互相依存、互相尊重、共同发展的理想。在当今社会中，在处理人与人之间的关系中仍然具有很强的指导意义。

（3）知识分子要以天下为己任。中华民族与世界其他民族相比，有一个独特的文化特征，即认同共同的祖先——黄帝与炎帝，都承认自己是炎黄子孙；并围绕这一点，产生了一种认同感，由此形成了共同的思想意识观念和心理素质。这种情结随着时间的流逝，不但没有衰退，而且越来越浓郁、凝重。有国才有家，爱家就要爱国。在中国传统文化中，无论是官方的正规教育，还是民间的言传身教，爱国主义一直是一个永恒的主题。儒家提倡的"以天下为己任"、"天下兴亡，匹夫有责"理念在人们的思想意识中根深蒂固。知识分子承担着治国安邦的社会责任，因此在爱国主义教育上也有着更高层次的要求和境界，对爱国的内容也赋予了更深刻、更丰富的内涵。"先天下之忧而忧，后天下之乐而乐"，集中代表了优秀知识分子的广阔胸怀和爱国忧民的社会责任感。

2. 当代知识分子道德弱化倾向的表现

在中国几千年的历史发展中，古代知识分子在社会道德建设中发挥了极其重要的作用，他们以高超的道德智慧构建了举世瞩目的中华道德文化体系。社会主义条件下的中国知识分子，在道德建设中曾发挥过积极的重要的作用。但随着改革开放的进一步深入，社会主义市场经济体制的建立和社会转型，知识分子的社会道德出现了某种弱化的倾向。这种弱化对整个社会的道德建设产生了消极的影响。

当代知识分子道德弱化倾向表现在以下的几个方面[①]。

（1）社会责任感的弱化。改革开放以来，尤其是 20 世纪 90 年代以来，当代知识分子虽然还具有恒定的社会责任感和历史使命感的传统，但已出现某种程度的弱化。祁述裕指出："90 年代的文化界始终并置着两种声音，一种是讲究闲适超脱，一种是号召与市民阶层为伍。这两种声音看似截然对立，却有着内在的一致性。他们都共同地认为所谓知识分子的使命和责任是虚幻和自扰的，现在必须把自我从太苦、太累的状态中解救出来。"[②] 这两种声音都是对责任的消解，而责任的消解使他们变得什么也不在乎，什么也无所谓。他们比中国历史上任何其他年代的知识分子都更无信仰的牵累和制约，但是也比任何一代的知识分子更加缺乏创造未来的指向以及反叛的明确目的。它意味着这部分知识分子放弃了自身的职业与职责，蒙蔽了自己的眼睛，从而失去了对社会的批判精神，弱化了对社会的责任感。

（2）道德理想信念的弱化。道德理想就是通过对理想未来的超现实把握，把人的目光引向未来，引向崇高的道德境界。当代知识分子更多的是把自己的精神关注指向现实世界，指向现实的利益，甚至不惜以身试法危害社会。知识分子的道德意识、道德情感正在悄悄消失，他们因无理想而困惑，由困惑而走向虚无主义，寻求逃避。所谓的"躲避崇高"、"渴望堕落"、"难得糊涂"、"潇洒走一回"、"跟着感觉走"等就是他们心态的反映，是他们在尽情享受"卸去道德重负"后的快乐。

---

① 董广军：《当代知识分子道德功能的弱化倾向及分析》，《浙江万里学院学报》2006 年第 3 期，第 59 页。

② 祁述裕：《逃遁与入市：当代知识分子的选择和命运》，《文艺争鸣》1995 年第 4 期，第 21～28 页。

（3）道德示范作用的弱化。由于受经济水平、文化素质和思想状况等多方面因素的影响，当国民的道德修养还达不到独立的道德人格水准时，处于较高社会地位的阶层必然是遵守社会道德的楷模，对整个社会的道德实践起着示范引导作用，也就是俗话说的上行下效，在中国，官员、知识分子应该是主要的上行者。但因为中国的政治体制改革还在进行之中，相当一部分官员贪污受贿，不但起不到道德楷模的作用，相反还是社会道德的破坏者。这样，道德示范的重任就落在知识分子的肩上。然而，由于改革开放后整个社会的趋利化，使得知识分子正在逐渐丧失自己的社会批判功能和对社会道德的积极引导功能。

3. 新时期提高知识分子道德素质的对策

面对知识分子道德的弱化，我们不能放任自流，而是必须高度重视，有所作为，使当代知识分子重新担负起道德建设和道德示范的重任。

（1）加强人文素质教育。当代知识分子的知识结构不尽合理，这主要表现为学养不足，人文素质欠缺。长期以来，人们对自然科学价值的盲目崇拜，对人文科学的制度性歧视及学业实用主义的态度，导致了当代中国几代人都没有受到足够的人文精神的熏陶，不了解古代知识分子的修身、齐家、治国、平天下，更不知知识分子心怀天下的道德责任为何物，缺乏对人生的意义的追问、对人生价值的赋予和对人的终极关怀，最终导致了学贯古今中西的人文精英的缺失。针对当代知识分子学养不足、人文素质的欠缺，我们在教育中应倡导文理并重，加强人文学科建设，加强人文素质教育，注重人文精英的培养。要充分认识到人文学科在社会发展中的作用，从而增强知识分子对社会问题的人文关怀、对社会道德问题的高度关注，增强社会责任感。

（2）稳定知识分子政策。新中国成立后，时好时坏的知识分子政策影响了知识分子的命运，也决定了他们难以在道德建设中发挥重要作用。在从反右到"文化大革命"期间，在"以阶级斗争为纲"的施政纲领的指导下，政治运动一个接着一个，阶级斗争一浪高过一浪。在这一过程中，许多知识分子受到了极不公正的对待。这些做法不仅严重伤害了知识分子的道德情感，从而摧毁了整个社会的同情心和正义感，瓦解了作为道德的重要基础的人道主义精神。因此，我们要从法律层面长期稳定党和国家的知识分子政策。只有这样才能从制度上保证知识分子的社会地位，保证知识分子对整个社会的道德引导作用。

（3）改变知识分子的经济地位。知识分子从事的是脑力劳动，是一种复杂劳动，而复杂劳动所创造的价值是简单劳动的倍加，所以知识分子应享有较高的经济待遇。经济地位的提高能使知识分子尤其是人文知识分子有充足的时间、精力、金钱去关注社会问题，静心从事科学研究以及道德理论的创新，为社会的道德进步作出应有的贡献。

第三节　知识经济时代知识分子的文化使命

在知识经济时代，中国社会主义现代化建设的步伐将大大加快，知识分子这一高素质的社会群体，将承担起重要的使命。江泽民指出："在现代化建设和改革开放的实践中，我们越来越深刻地认识到，同历史上任何时期相比较，中国人民从来没有像今天这样，对自己的知识分子提出如此广泛、如此迫切的要求。我们相信，我国的知识分子一定会遵循党的基本路线，努力学习马列主义、毛泽东思想，努力提高专业水平，努力增强民族自豪感，为实现社会主义建设的伟大历史任务贡献全部聪明才智，担负起历史赋予的光荣使命。"[1] 当今世界，知识经济的形成，使知识成为最重要的生产要素，知识分子成为知识的主要载体、传播者、创造者。中国知识分子要顺应时代要求，肩负起国家和人民的期望，努力成为"先进思想的传播者、科学技术的开拓者、'四有'新人的培育者、精神产品的生产者"。

一　先进思想的传播者

先进思想是指符合人类社会发展方向、体现社会生产力发展要求、代表社会成员的最根本利益、反映时代发展潮流的思想。创立科学理论，传播先进思想，捍卫真理，是中国知识分子的传统。翻开人类科学文化发展

---

[1]　江泽民：《爱国主义和我国知识分子的使命》，载中共中央统一战线工作部、中共中央文献研究室编《新时期统一战线文献选编（续编）》，中共中央党校出版社，1997，第221页。

的史册，我们会清晰地看到，知识分子依靠知识优势，通过自己著述、讲授、评价、言说，始终承担着传播先进思想的重任。先进思想是一种伟大的力量，但传播先进思想却是艰难而痛苦的，甚至要付出生命的代价。在中华民族腾飞的今天，中国作为一个最大的发展中国家，整个国民的科学文化素质较低，对先进科学技术的认识不足。这种状况正严重地制约着中国现代化的进程。因此，传播先进思想对广大知识分子来说更可以说是任重而道远。

中国知识分子是先进思想的继承者和传播者，这一论断在中国历史发展的进程得到了充分的体现。古代中国知识分子提出和传播"先天下之忧而忧，后天下之乐而乐"、"天下兴亡，匹夫有责"的思想；近代中国知识分子能够睁眼看世界，介绍西方科技文化，提出和宣传了"世界大同"、"天下为公"的思想；现代中国先进的知识分子更是举起马克思主义思想的大旗，筑起科学社会主义的理想信念，传播科学的世界观、价值观和人生观，成为名副其实的先进思想的传播者。

在我国改革开放以来的30余年里，广大知识分子自觉地肩负起传播先进思想的重大历史使命，在科学理论研究和宣传中发挥着不可替代的作用。1978年进行的关于真理标准问题的讨论，充分显示了马克思主义的伟大力量。当时，我国知识分子中相当多的人，如理论界、新闻界、科技界的知识分子以极大的政治热情投入到这场关系到党和国家前途命运的讨论中，传播真正的马克思主义。党的十一届三中全会以后，无论是作为经济体制改革发端的农村联产承包责任制，还是企业经济体制改革，无论是社会主义初级阶段理论，还是社会主义市场经济理论，各界知识分子都在其中发挥了极为重要的理论研究和传播作用。

知识经济时代是以知识为基础的时代。先进思想的传播更离不开知识分子的作用。这是因为，先进思想需要知识的营养，只有以知识为基础的思想才是健康的、成熟的、科学的、进步的。无论是认识问题、理想问题、信念问题，还是道德修养问题、生活情趣问题等，都只有从知识中吸收丰富的营养，才能具有较高层次。知识能够扫除思想上的迷雾和伪科学的影响。知识是思想的钥匙，依靠知识，才能打开思想的闸门。知识可以创造思想，传播思想。因此，知识分子理应肩负起传播知识和先进思想的重任。

在知识经济时代，中国知识分子仍要自觉肩负起传播马克思主义的历史重任。在当前，要积极宣扬马克思列宁主义、毛泽东思想，特别要深刻理解和积极传播当代中国的邓小平理论、"三个代表"重要思想和科学发展观。在新的历史条件下坚持邓小平理论、"三个代表"重要思想和科学发展观就是坚持马列主义、毛泽东思想。

二 科学技术的开拓者

知识分子的优势首先在于拥有科学文化知识和科学技术知识。从历史到现实，科学技术的进步、科学技术成就的取得，都凝聚着知识分子的艰辛劳动和重要贡献。知识经济时代是科学技术高度发展的时代，知识分子对科学技术的开拓作用比以往任何时代都更加突出。

在中国历史上，一大批知识分子对我国科技事业的发展作出了重大贡献。我国从春秋战国时期至16世纪，科学技术一直处于领先地位，这无疑离不开知识分子的杰出贡献。我国的指南针、火药、造纸术和活字印刷术这四大发明更是举世闻名，对世界的科技进步和经济发展产生了极其重大影响。由此可见，我国的知识分子在历史上就是科学技术的重要开拓者。新中国的诞生，开辟了中国工业化和现代化的新纪元。我国科学技术取得的每一个成就，都是广大知识分子勇于拼搏、全力攻关、奋力开拓的结果。在广大从事科学技术工作的知识分子的辛勤劳动下，我国的科学技术取得了前所未有的巨大成就，有的成就已接近世界先进水平。

知识分子不仅发现、创造科技知识，而且使之转化为现实的生产力，为现代生产开辟道路、拓展领域。科学技术有物的载体，比如科学仪器设备，还有活的人的载体，主要是知识分子。活的载体是第一位的。当今科学技术上的重大发明创造，例如相对论、量子力学、分子生物学、控制论、信息论等，以及电子计算机、晶体管、激光、核电站、航天飞机、遗传工程等，都是由知识分子开拓出来的。就社会科学而言，在我国，从事社会科学工作的知识分子，以马克思主义为指导，研究并揭示社会各个领域的各种现象及其发展规律；为团结人民、教育人民，提高全民族的科学文化水平和政治思想觉悟；为丰富人民的文化生活，建设社会主义的精神文明；为发展生产，提高经济管理水平；为保卫社会主义制度，保障人民的民主权利，发挥着社会主义的上层建筑对经济基础的巨大能动作用。知识分子创造知识、掌握知识、传播知识、应用知识，当之无愧是科学技术的开拓者和先进生产力的代表。

没有知识分子在科学领域的开拓、拼搏、进取，我国的科学技术、经济建设和社会发展就不可能取得如此巨大的成就。正如江泽民于2001年12月看望人民科学家钱学森时指出的那样，这些年来，我国经济建设和社会发展取得了很大进步，与广大科学工作者的努力是分不开的。广大科技工作者为祖国的发展和人民的幸福艰苦拼搏，作出了无愧于时代的贡献。

当今世界，随着新技术革命的发展，科学技术正以前所未有的深度和广度渗透到社会生产和生活的各个领域。今日世界的竞争，归根到底是综合国力的较量。综合国力的较量，主要表现为科学技术的竞争。在以全球为背景的知识经济的竞技场上，科学技术的较量，将把一些国家抛向贫穷落后的深渊，把另一些国家推向繁荣富庶的峰巅。在这种严峻的形势下，任何国家和民族都不能不高度重视科学技术。为适应时代要求，知识分子要义无反顾地承担起科学技术开拓者的重任。

三　"四有"公民的培育者

"四有"公民是指有理想、有道德、有文化、有纪律的社会主义公民。"四有"是对社会主义现代化建设者素质的全面高度的概括。培养"四有"公民，归根到底是为了提高全民族的素质。江泽民在党的十五大报告中指出："我国现代化建设的进程，在很大程度上取决于国民素质的提高和人才资源的开发。培养同现代化要求相适应的数以亿计高素质的劳动者和数以千计的专门人才，发挥我国巨大人力资源的优势，关系21世纪社会主义事业的全局。"① 可以说，国民的素质如何，关系到国家的兴衰。培养我们时代所需要的"四有"公民，责无旁贷地落在知识分子，尤其是各类教师的肩上。目前，我国已拥有各类各级教师上千万人。他们通过多种形式的教育，把前人、他人和自己在社会实践中总结出来的科学技术知识，传授给现实的劳动者（如成年人岗位培训）或潜在的劳动者（如在校的大、

---

① 《江泽民文选》第2卷，人民出版社，2006，第34页。

中、小学生），使他们树立正确的理想和人生观，掌握更多、更新的科学技术知识和更高的劳动技能，为他们在当前或今后的工作岗位上提高效能、出色完成本职工作打下坚实的基础。

造就"有理想、有道德、有文化、有纪律"的德、智、体全面发展的社会主义事业建设者和接班人，是全面贯彻党的教育方针，坚持社会主义办学方向，全面推进素质教育的根本要求，是社会主义教育的核心和灵魂。

新中国建立以后，以毛泽东为核心的党的第一代领导集体在20世纪50年代就提出应该使受教育者在德育、智育、体育几个方面都得到发展，成为有社会主义觉悟的有文化的劳动者的方针，并领导创立了适合当时中国国情的社会主义教育的基本理论、方针、原则和制度。以邓小平为核心的党的第二代领导集体十分关心学校培养人的工作。他指出，学校应该永远把坚定正确的政治方向放在第一位，强调要向青年进行有理想、有纪律的教育。以江泽民为核心的第三代中央领导集体从我国社会主义现代化新时期的实际出发，科学地总结了以往的经验教训，采取了一系列重要措施加强和改进学校的教育工作，作出了关于全面推进素质教育的决定，强调要提高整个中华民族的思想道德和科学文化素质。江泽民指出，学校在加强科学文化知识教育的同时，要特别注意加强理论教育、思想教育、品德教育、法制纪律观念教育，确立为建设有中国特色社会主义而奋斗的政治方向。以胡锦涛为总书记的第四代中央领导集体在新世纪、新阶段，根据全面建设小康社会奋斗目标的新要求，提出了办好人民满意的教育的战略目标和任务。他指出："要全面贯彻党的教育方针，坚持育人为本，德育为先，实施素质教育，提高教育现代化水平，培养德智体美全面发展的社会主义建设者和接班人，办好人民满意的教育。"[1]

四代中央领导集体的这些重要思想，为知识分子尤其是教育界的知识分子担负起"四有"新人培育者的重任指明了前进的方向。从事教育工作的知识分子要朝着这个方向前进，努力培养21世纪的"四有"新人。

---

[1] 胡锦涛：《高举中国特色社会主义伟大旗帜，为夺取全面建设小康社会新胜利而奋斗》，载本书编写组编《十七大报告辅导读本》，人民出版社，2007，第36页。

四　优秀精神产品的生产者

人类的生产活动可分为物质生产和精神生产。物质生产是基础，是人们进行精神生产的前提条件；精神生产反过来又促进物质生产的发展。精神生产所获得的成果，特别是优秀的精神产品，对物质的生产和人类社会的发展是一种巨大的推动力。优秀精神产品的作用主要表现为它能以科学的理论武装人，以正确的舆论引导人，以高尚的精神塑造人，以优秀的作品鼓舞人，从而充分调动人们的积极性、主动性和创造性，最大限度地发挥人的潜能。

精神生产是一种复杂的艰苦的脑力劳动，要求其产品能适应社会生活和时代发展日益多样化的形势，满足人民群众随着物质生活水平的提高而对精神产品高层次、多样化的需求，不断提供新的精神产品、新的精神成果；要求每一件精神产品，无论是一种科学理论，还是一件文艺作品，都要有首创性或独创性。因此，精神产品的生产者，必须具有较高的知识水平、思维能力和创造精神，必须在继承前人精神遗产的基础上，不断地发展，不断地创新。精神生产是一种创造性、求新性、探索性的劳动。从事这项生产的人要有较厚实的知识积累，较高的文化素养，较强的思维能力。这支队伍主要是知识分子。一方面，知识分子是人类科学文化知识的直接继承者；另一方面，知识分子又把已有的科学文化知识和思想理论方面的成就推广、应用到新实践活动中去，并在实践中进行新的总结、概括、深化，把经验上升为理论，使之系统化、理论化，从而创造出新的精神产品。在人类历史上，非知识分子劳动人民也创造了不少优秀的精神产品，但这种情况大多发生在物质生产与精神生产的分工尚不明显，知识分子群体尚未完全分化独立出来的古代。从数量上看，这类非知识分子生产的精神产品也只占少数，并且往往还经过知识分子的加工整理。今天，精神产品的生产几乎完全靠知识分子，生产出更多、更好的精神产品，已成为广大知识分子义不容辞的历史责任。

优秀精神产品本身是社会文明的组成部分，能够促进人的全面发展，推进社会全面进步。建设中国特色社会主义，实现国家的现代化，不仅要建设中国特色的经济、政治而且还要建设中国特色的社会主义文化；不仅要有丰裕的物质文明，还要有高尚的精神文明。优秀精神产品能促进人的全面发展，而且可以为国家经济管理体制改革、政治体制改革、科技教育文化体制等方面的改革和人们思想的解放和观念的转变，提供正确的理论指导、价值评判、舆论导向和精神支持。

人文社会科学知识属于"精神产品"的范畴。从事人文社会科学工作的知识分子仍然大有可为。2001年8月，江泽民在北戴河会见部分国防科技专家和社会科学专家时明确指出："在认识和改造世界的过程中，哲学社会科学与自然科学同样重要；培养高水平的社会科学家与培养高水平的自然科学家同样重要；提高全民族的哲学社会科学素质与提高全民族的自然科学素质同样重要；任用好社会科学人才并充分发挥他们的作用，与任用好自然科学人才并充分发挥好他们的作用同样重要。"① 新时期，中华民族的兴旺发达，中国社会的全面进步，离不开优秀精神产品的重要组成部分——先进的人文社会科学——的生产。在知识经济时代，中国不仅要有繁荣的经济，而且要有繁荣的文化；人民群众不仅应该过上比较宽裕的物质生活，而且还要有比较丰富的精神生活。这就需要思想文化战线的知识分子坚持原则，深入实际，忠于人民，勇于创新，生产出富有时代特色、受广大人民群众欢迎的优秀精神产品，为人民提供更多更好的精神食粮。

中国知识分子要生产的优秀精神产品实际上就是先进文化。文化是人民在社会实践中逐步形成的知识体系、价值观念、生存方式等构成的观念复合体。它是实践的产物，是历史的积淀。文化有先进与落后之分。先进文化是人类智慧、文明的结晶，是人类生存与发展的灵魂。先进文化是由全体进步社会成员共同推动的，但不同阶层在先进文化建设中的作用并非完全一致。社会先进政党代表先进文化的前进方向，知识分子则是先进文化的中坚力量。在工业革命时期，马克思发现，科学技术第一次成为生产力；在信息革命的时代，邓小平明确指出科学技术是第一生产力。这就从理论上确立了知识分子在先进文化建设中的作用。知识分子的重要特点在于基本解决生存问题之后，他们不会在享受阶段过多地停留，很快便将自己的智力、体力和财力投入到对于发展需要的追求中。作为集革命性和建

---

① 《江泽民会见科学专家并发表重要讲话》，http://www.china.com.cn/chinese/49450.htm。

设性于一身的发展主体，知识分子这种对发展需要的强烈追求在推进其他劳动群众的知识化和人的全面发展过程中具有重要带动作用，也是社会发展的巨大精神财富和持久动力之一。对现实状况的永不满足使他们不仅成为科学理论的创造者，而且成为社会改革与发展的先驱，成为社会进步的重要推动力量。一国知识分子在数量上的增加和质量上的提高是其社会进步和文化发展的重要指标。这就更加显示出知识分子作为先进文化中坚力量的客观现实性。在社会进步过程中，先进文化的价值越来越大，在先进文化的建设过程中，知识分子的作用越来越突出。

· 第七章 ·

知识分子与中国现代化

现代化是一个历史的概念，又是一个世界性的命题。从历史的角度和世界的角度看，现代化至少已有300年的历史。现代化运动在世界各地是分两条路径向前推进的：一是封建主义经由资产阶级革命向资本主义现代化行进；一是封建或半封建的社会经由无产阶级革命和工业化向社会主义现代化行进。历史证明，资本主义现代化道路在中国行不通，我国人民在共产党领导下，走上了社会主义现代化道路。我国社会主义现代化是一项宏伟的事业，必须依靠工人、农民、知识分子和一切热爱、关心祖国的同胞团结奋斗。知识分子作为工人阶级的一部分不仅在我国民主革命和社会主义建设过程中起了极其重要的作用，而且在改革开放和社会主义现代化建设过程中发挥着不可替代的作用，承担着重要的历史使命。

第一节　中国现代化的国情与时代条件

一　中国现代化的曲折进程

根据人类社会发展的一般规律，每个国家和民族最终都要走向现代化。但人类历史进程不是同步的，由于各种复杂的原因，迄今为止，人类社会曾经辉煌过的一些文明，有的衰落了。率先完成农业社会向工业社会过渡进而实现现代化的国家是西方一些资本主义国家。这些国家早在16～17世纪就开始通过建立资本主义制度进而逐步实现工业化和现代化。因此，有人把这些国家的现代化称为早发内生型现代化。另一种是后发外生型现代化，即在前者的刺激与示范下，为了回应外部世界的生存挑战而后建立资本主义制度进而实现工业化和现代化。

中国是当今世界上最大的发展中国家。加快发展，实现我国的现代化，既是我们这个时代的主题，又是中国几代仁人志士不懈追求的目标。我国的现代化是在西方资本主义的影响下开始启动的，是在外敌入侵的巨大压力下被迫进行的。鸦片战争的爆发使中国的传统文明和西方文明第一次发生了真正意义上的碰撞，使中国人民第一次清醒地认识到中国的落后现状，从而使中国打破了以自我为中心、自我封闭的状态，开始要求改变传统的、落后的生产方式，走向独立、自主、繁荣的强国富民之路。因此，鸦片战争是中国走向世界的起点，也是中国迈向现代化的起点。

从总体上看，在世界范围内的现代化运动中，中国是一个后来者。我们可以将中国已经走过的 170 多年的现代化探索历程分为五个阶段来加以考察。

第一阶段，1840～1895 年。中国历史出现了第一次现代化运动：洋务运动，其核心是物的现代化。鸦片战争后，中国开始由传统农业文明向近代工业文明转型，也开始一步一步由封建社会变为半殖民地半封建社会。在近代中国复杂的历史演变过程中，封建王朝腐败与外国资本主义殖民化同步进行，中国人民的革命斗争与现代化的种种努力相互交错。以洋务运动为开端的现代化主要是表现在器物和技能层次上的现代化。洋务运动主张制造近代军事装备，建立近代工业，学习西方近代科学技术，发展教育文化，提出了中学为体、西学为用等主张，但它实际上只是在器和用的层次上建立起某种能够赶上西方列强的军事工业和民用工业。

第二阶段，1895～1911 年。中国历史上出现了现代化运动的第二次浪潮，其核心是制度的现代化。1895 年的甲午战争宣告了洋务运动的破产，从此，中国开始了改变封建制度的历程。1898 年的百日维新标志着中国现代化进程中政治制度变革时代的到来。这场自上而下的改革虽然因受到保守势力的强烈抗拒而中途夭折，但 1911 年，孙中山领导的辛亥革命的爆发则把康有为、梁启超等变革旧制度的要求推进了一大步。它不仅宣告了立宪运动的破产，确认了国家主权属于全体国民，而且在中国历史上第一次建立了资产阶级民主共和国。然而，辛亥革命虽然结束了清朝的封建统治，但并没有结束封建意识。由于制度上的变革缺乏广泛的群众基础特别是文化基础的支持，它很快就被改变性质，并最终走向了蒋介石的独裁。

第三阶段，1911～1949年。这一阶段的现代化是以思想和文化上的现代化为核心，以新文化运动为起点，在五四运动时期达到高潮，并最终以马克思主义在中国的胜利和新中国的建立为终结。在现代化进程中，思想层次的现代化是最艰难的，五四运动的开展、马克思主义的传播都力图在思想文化战线上彻底清除封建的垃圾，为经济的现代化和制度的现代化确立与之相适应的心理和文化基础。

第四阶段，1949～1978年。这是中国开展社会主义现代化建设的起始阶段，其核心是以工业化为主的现代化。新中国的成立，具有划时代的意义。它标志着中国这个睡狮已经苏醒，开辟了中国历史的新纪元，从而为实现国家的现代化创造了前提和条件。新中国成立以后，毛泽东和党中央对如何在中国实现现代化进行了艰难的探索。1956年，我们党领导的社会主义改造基本完成，中国从新民主主义社会走上了社会主义道路。社会主义制度在中国的建立，为中国现代化开辟了现实的道路和广阔的前景，并使中国的现代化进入了一个新的历史阶段：社会主义现代化时期。但由于对现代化建设的困难认识不足，对现代化自身规律把握不准，1958年的"大跃进"使我国工业化乃至整个现代化建设遭受重大挫折，同时也使我国社会偏离了现代化的历史主题。

第五阶段，1978年以来，中国现代化进入新的发展阶段，其核心是追求社会主义的全面现代化。党的十一届三中全会以后，我国社会主义现代化建设进入了一个新的历史时期。邓小平是我国社会主义现代化事业的总设计师。他反复指出，我们搞建设，要根据中国的情况，走出一条中国式的现代化道路。在以邓小平为核心的中央领导集体的领导下，我们党重新确立了解放思想、实事求是的思想路线，形成了以经济建设为中心，坚持四项基本原则，坚持改革开放的基本路线，制定了为实现社会主义现代化而奋斗的纲领，开辟了一条正确的建设中国特色社会主义的道路，并全面把建设中国特色社会主义的伟大事业推向前进。

总的来看，自从19世纪中叶中国进入现代化历史进程以来，现代化就是贯穿中国历史的主线。在100多年的时间里，中国现代化历经曲折，屡屡受挫。实践证明，资本主义现代化道路在中国行不通。中国共产党成立以来，为中华民族的独立和富强，进行了艰辛的探索。新中国成立后，中国共产党领导全国人民进行了社会主义建设的伟大实践，取得了不小的成就，但也走了一段弯路。直到 1978 年党的十一届三中全会召开，中国的现代化才出现历史性的转折和焕然一新的局面。

二　现代化的中国国情

我国的社会主义现代化，不可以照搬别国现代化的现成模式。邓小平指出："我们的现代化建设，必须从中国的实际出发。无论是革命还是建设，都要注意学习和借鉴外国经验。但是，照抄照搬别国经验、别国模式，从来不能得到成功。这方面我们有过不少教训。把马克思主义的普遍真理同我国的具体实际结合起来，走自己的道路，建设有中国特色的社会主义，这就是我们总结长期历史经验得出的基本结论。"① 不照搬其他社会主义国家的现代化模式，立足于自己的探索，这是一种远见卓识。各国的国情相去甚远，文化传统迥异，历史特点各具特色，如果照搬，只能走向失败。这是一种马克思主义的科学态度。马克思在 1881 年 3 月 8 日给俄国革命家查苏利奇的复信草稿中指出，社会主义的产生和发展，"一切都取决于它所处的历史环境"②。

从中国实际出发，即从中国国情出发。目前，中国国情是：一是底子薄。旧中国是一个十分落后的国家，新中国成立后虽然取得了很大成绩，但由于底子薄，至今仍然是世界上较贫穷的国家之一。二是人口多，耕地少。虽然我国推行计划生育政策，但人多的问题在一段时间内仍然存在。我国面积广大，但耕地很少，人均资源不足。三是人口素质低。虽然规定了义务教育制度，但农村、城镇儿童因为贫穷辍学的现象仍相当普遍，造成人们的教育水平不高，这对我国现代化建设将是最大障碍。文化水平低，就会影响人们对现代化的正确认识，而反现代化的愚昧、迷信、奢侈的习惯势力就会十分顽固。四是社会主义制度还不完善。我国社会主义还处在初级阶段，也就是不发达阶段，还有很多不成熟不完善的地方。基于这样的国情，我们建设社会主义现代化，就必须作长期艰苦奋斗的准备。

① 《邓小平文选》第 3 卷，人民出版社，1993，第 2～3 页。
② 《马克思恩格斯全集》第 19 卷，人民出版社，1963，第 451 页。

我们要树立赶超世界先进水平的信心，但也要认识到，为了缩短两三个世纪（至少一个世纪）造成的差距，必须立下长期奋斗、艰苦奋斗的决心。在相当长的时期内，我们仍然要提倡和实行艰苦创业。

三 中国现代化的时代条件

1. 中国现代化是和平与发展时期的现代化

中国的现代化建设，不仅要从国内实际出发，而且要从国外实际出发，不仅要从中国国情出发，而且要从国际时代特征出发。要把国内国情和国际时代特征综合起来，作为全面分析现代化问题的客观根据，构建中国现代化的模式。和平与发展是当代世界的主题，是世界上不同社会制度的国家面临的共同问题。中国的现代化也只能是和平与发展时期的现代化。

首先，和平是当代世界的一个主题，中国现代化必须抓住这一变化提供的客观机遇。

从国外实际出发，就必须分析当今国际形势及其发展趋势。马克思对资本主义生产方式进行了深刻分析，揭示了资本主义制度下社会化大生产和生产资料私有制的基本矛盾，阐述了资本主义经济运动的一般规律，从而说明了资本主义必然为社会主义所代替的历史趋势。但资本主义向社会主义的过渡，是一个长期的历史过程。从资本主义向社会主义过渡的时代，可以分为两个相互区别又相互联系的阶段，即以革命和战争为时代主题的阶段以及以和平和发展为时代主题的阶段。20世纪70年代以来，国际形势发生了较大变化，革命与战争的时代逐步被和平与发展的时代所替代。在这个新时期和新阶段，不同社会制度的国家之间虽然存在着各种矛盾和斗争，但从总的趋势来看，是由战争转向和平，由对抗转向对话。

当今世界范围内，导致和平的各种因素正在发展。世界和平力量的增长超过战争力量的增长。第三世界的人民占全世界人口的3/4，是维护世界和平的中坚力量，他们希望自己发展起来，厌恶战争带来的灾难。许多发达国家的群众和开明人士也反对战争，希望和平。中国是维护世界和平的坚强力量，在反对超级大国的霸权主义、维护世界和平方面正发挥越来越大的作用。另外，大国在长期的军备竞赛中，军事力量尤其是核力量的发展呈均势状态，谁也不敢轻举妄动首先使用核武器，否则将会引来毁灭性的报复。在这种情况下，谁想发动新的世界战争，都不得不考虑严重的后果。这些都表明了争取较长时间的和平国际环境，是有希望的。

和平成为世界的主题，是我们从事现代化建设事业的天赐良机。从国内来看，中国现代化发展起点低，经历的时间短，走了很多弯路，因而中国共产党人明确自己对于现代化建设的责任和使命。要赶上世界发达国家的现代化水平，在和平的环境里一心一意搞建设，才能缩小同发达国家的差距。

其次，发展是当今时代的另一个主题，中国的现代化建设必须从这一时代主题出发。

邓小平强调，发展是硬道理，发展问题要从人类发展的高度来认识。现在世界人口 60 多亿，第三世界占了 3/4，虽然第三世界中一部分国家开始富裕起来，但还不能说已经发达了，而大部分国家仍处在极其贫困的状态，经济落后的状态亟待改变。发展问题不仅是发展中国家的问题，实际上也是整个世界面临的共同问题。由于世界经济的发展，使经济生活国际化进入了一个新阶段，经济全球化趋势明显加强，南方和北方的国家的经济联系空前紧密。"南方得不到适当发展，北方的资本和商品出路就有限得很，如果南方继续贫困下去，北方就可能没有出路。"[1] 在经济全球化趋势越来越明显的条件下，发展越来越成为一个超越地域、制度界限的共同问题。另外，人类所面临的全球性问题，如环境污染、资源损耗、人口剧增等问题日益严重。这些问题的解决往往必须借助国际社会的携手合作，共同采取措施。

正是基于以上认识，邓小平强调加快发展，尽早实现现代化的极端重要性。他说："现在，周边一些国家和地区经济发展比我们快，如果我们不发展或者发展太慢，老百姓一比较就有问题了。"[2] 国际环境和时代发展，要求我们更加坚定地以经济建设为中心，集中力量发展生产力，加快现代化建设的进展。

2. 政治多级化与经济全球化的世界格局

（1）政治多极化。多极化趋势是当今世界的一大突出特点。从世界范

---

[1] 《邓小平文选》第 3 卷，人民出版社，1993，第 106 页。
[2] 《邓小平文选》第 3 卷，人民出版社，1993，第 375 页。

围来看，冷战结束后，美国成为唯一的超级大国，它依仗其位居世界首位的经济、科技力量和军事实力，企图维护它的世界领导地位，在外交上频频发动强硬的攻势，在一些国际问题上独断专行，企图压制其他国家跟着它的指挥棒转。一句话，美国仍在主宰世界。但欧盟、俄罗斯和日本在世界政治舞台上的地位和作用也不容忽视。随着欧洲一体化进程的加快，欧盟的实力不断增强。俄罗斯吸取近年来在国际事务中受制于西方的教训，开始采取一系列措施，应对北约东扩的重大挑战。日本不甘心只做经济大国，也在采取措施，努力发挥其政治作用。这一切都表明，世界各种力量正在出现新的分化和组合，大国之间的关系正在进行重大的调整。

广大发展中国家始终是国际政治舞台上一支重要的力量，是推动建立公正合理的国际新秩序的主力军。正如江泽民在亚太经合组织第三次领导人非正式会议上指出的那样，如果说发展中国家在政治上的崛起是20世纪下半叶国际局势演变的一大特征，那么，它们在经济上腾飞则是21世纪世界新格局的一个重要标志。事实上，近年来发展中国家的总体实力在不断增加，地位在上升。发展中国家要求平等相待、友好相处的呼声日益高涨。广大发展中国家独立自主、团结合作，反抗外来干涉的意识在不断增强，发展中国家在国际事务中正发挥着越来越大的作用，必将成为未来世界多极化格局中的重要一极。

中国作为联合国常任理事国和地区大国，近年来在致力于国内改革开放和现代化建设事业的同时，积极参与国际外交事务。中国改革开放所取得的成就引起世界各国广泛关注，巨大的市场潜力更是备受各国重视。随着综合国力的不断上升，中国在国际事务中的作用和影响与日俱增，作为大国的地位进一步巩固。中国已经成为维护世界和平和地区稳定的重要力量。

综上所述，多极化格局是当代世界历史发展进程中的必然趋势，因为多样化的多姿多彩的世界必然导致多极化的新格局。毫无疑问，这种多极化的趋势将有利于世界的和平、稳定和繁荣。

（2）经济全球化。经济全球化是指人类经济活动随着社会生产力和科学技术的进步，突破国界和地域限制，在全球范围内相互沟通、相互联系、相互影响、相互作用的发展过程和趋势。这种全球化是科学技术和社会生产力发展的结果，也是商品生产和市场经济发展的结果。目前，经济全球化趋势加速发展，主要表现在以下几个方面。

第一，国际贸易发展迅速，成为世界经济增长的强大助推器。国际贸易不断增长，其增长率远远高于世界生产的增长率。国际贸易的范围也从传统的商品领域扩大到技术、金融、服务贸易领域，极大地推动了贸易联系密切的国家在各个领域的交流与合作。值得重视的是，1995 年 1 月 1 日诞生的世界贸易组织标志着世界贸易进一步规范化，世界贸易体制开始形成，一个以贸易自由化为中心、囊括当今世界贸易诸多领域的多边贸易体制大框架已经构筑起来。

第二，资本金融市场急剧扩大，成为经济全球化成长的强大动力。20世纪 80 年代以来，跨国银行及其分支机构推进了金融国际化的发展，世界著名金融中心的市场规模不断扩大，形成了一个全时空的世界金融体系。同时，世界金融市场和跨国金融机构越来越紧密相连，使国际上的资金融通更加方便，现代化的信息技术使贸易、投资和国际金融业务更为迅捷，导致了国际流动资本数额巨大、国际投资形式增多、资金交易规模扩大。

第三，跨国公司急剧扩张，成为推动经济全球化的主导力量。在资本国际化过程中，产业资本国际化处于主体地位，跨国公司则是它的载体。目前，全世界跨国公司的数量及其所提供的世界生产总值不断增加。一些大的跨国公司的资产额或销售额甚至超过世界上不少国家的国民生产总值。近年来跨国公司的规模继续扩大，并不断拓宽投资、生产和销售等领域，把资本、技术和管理等要素推广到世界各地，打破了经济发展的国家和民族界限，把世界各国经济直接联系起来，极大地促进了经济全球化的进一步发展。

第四，全球规模的世界市场开始形成，成为经济全球化的重要纽带。实行市场经济的国家范围空前扩张，除亚洲一批新兴工业化国家外，前苏东地区的国家剧变后转向市场经济，中国在社会主义道路上的改革也确立起社会主义市场经济的目标，逐渐形成了有发达资本主义国家、发展中民族主义国家、社会主义国家等参与的世界市场，全球各国和地区之间的经济联系和相互依存越来越密切。国内市场与国际市场的界限在迅速消失，生产的国际化直接推动着全球范围的人流、物流和资本流在全球大市场中的交易普遍化。

第五，现代科学技术迅速发展，成为推动经济全球化的物质基础。无论是世界贸易的迅速增长、资本金融市场的迅速扩大，还是跨国公司的急剧扩张，都与现代科学技术的发展密不可分。以信息技术为代表的新技术革命对世界经济的发展，对各国综合国力的提高，对各国政治、军事、外交、人们的活动方式与思维方式的作用日趋广泛、日益深刻。现今科学技术的国际性交流、合作与竞争的潮流蔚为壮观，世界技术贸易发展极快。当代科学技术以空前的规模和速度应用于生产，使社会物质生产的各个领域面貌一新，科学技术真正成为第一生产力，成为经济增长和发展国际分工的决定因素。特别是互联网的使用，使涉及银行、电信、保险、交通运输和大量的服务业得到发展，实现了资本对"空间最小化"的追求，极大地提高了经济活动的效率。

在经济全球化背景下，世界各国间的综合国力竞争更加激烈。各国都把发展经济、谋求更加有利的国际经济地位放在首要地位。发达国家凭借较强的科技实力和经济实力，抢占国际市场，扩大对外投资，在世界范围内进行资源的配置，力图在经济全球化中获得更多、更大的利益。许多发展中国家也以经济全球化的发展为契机，通过对外贸易和引进外国资金、技术，努力获得后发优势，推动本国经济快速增长。中国只有积极参与经济全球化，尽可能多地获得经济全球化带来的益处，减少经济全球化所带来的损失，才能在激烈的国际竞争中立于不败之地。

3. 新科技革命方兴未艾

科学技术是人类认识和运用自然规律、社会规律能力的集中反映。科学从来就是一种在历史上起推动作用的革命力量，自古以来，人类社会经济和文化方面的每次重大发展，都依赖于科学的重大发现和重大发明，以及由此形成的技术科学和工程技术的发展和应用。在第一、第二次科技革命的过程中，可以说人类文明进步取得的丰硕成果，越来越得益于科学发现、技术创新和工程技术的不断进步，越来越得益于科学技术运用于生产实践中形成的先进生产力。而在第二次世界大战后发生的第三次科学技术革命中，科学、技术与生产的关系又发生了更加深刻的变化。这就是：科学技术与现代生产力系统已经融为一体，它广泛而深入地渗透到由生产力各要素相互联系构成的生产力系统的从微观到宏观的各个层次，渗透到生产力系统的每一个要素、整个结构以及生产力系统的外部环境中。它不仅在经济发展过程中的作用越来越大，而且成为生产力中最活跃的因素和主要源泉，具有开辟道路、决定水平、确定方向的作用，科学技术已经成为第一生产力。正因为这样，第三次科技革命对于经济、社会发展的推动作用，又超过了前两次科技革命。

新的科技革命从 20 世纪 40 年代开始，到了 70 年代，又掀起了一波高潮（有人称之为第四次科技革命），而且又以技术群落的形式推出其主导技术。这些技术群落大体上有三类：一是涉及物质活动的基本要素（物质、能量、信息），如电子技术、新材料技术、新能源技术和信息技术；二是涉及人类发展的各个方向，如向宇宙空间发展的航天技术或宇航技术、空间开发技术，向海洋发展的海洋开发技术，以及向深入研究生命等各种复杂系统发展的生物工程技术；三是作为在各种技术和实践中利用技术手段的新的制造、加工技术和激光技术。在新科技革命中，现代科学技术不只是在个别的科学理论、个别的生产技术上获得了发展，也不只是有了一般意义上的进步和变革，而是几乎各个科技领域都发生了深刻的变化，出现了新的飞跃，而且高科技向现实生产力的转化越来越快，在经济发展中的作用越来越大，在整个国民经济中所占比重越来越大。新科技革命的崛起，不仅推动了社会生产力的发展，而且改变了世界的产业结构和就业结构，对各国的发展影响深远。

4. 知识经济初显端倪

1996 年，以发达国家为主要成员的经济合作与发展组织（OECD）发表了题为《以知识为基础的经济》的报告，首次使用了"知识经济"这个新概念，并把其界定为：知识经济是建立在知识和信息的生产、传播和应用之上的经济。这一新概念源于对知识和技术在经济增长中所发挥作用的充分理解。它把知识和经济两个概念紧密地结合在一起，是对当今世界经济形态及其趋势的深刻描述。知识经济时代是继农业经济、工业经济之后，人类社会经济发展的一个新时代。知识经济代替工业经济产生的影响比工业经济代替农业经济的影响更为巨大。正如江泽民所指出的那样，当今世界，以信息技术为主要标志的科技进步日新月异，科技成果向现实生产力的转化越来越快，初见端倪的知识经济预示着人类的经济社会生活将发生新的巨大变化。这种变化主要表现在知识在经济和社会发展中的核心作用已经形成。在农业经济和工业经济中，不能说没有知识和科学的渗透，种植业和纺织业都离不开知识的支持，但那时起核心作用的无疑是资源和劳动力。在知识经济社会中，知识的力量和知识的生产、分配和使用密不可分，信息企业中的软件产业、芯片技术及微电子产品等都"以知识为基础"、"以知识为核心"。知识经济在资源配置上，"以智力资源为第一要素"、"以人才资源为第一资源"；知识经济在经济决策和科学管理上，以知识化为基本特征；知识经济在经济增长渠道上，以知识密集型产品为主渠道。知识的核心作用显而易见。

知识经济的基础——知识，不是一般的知识，而是现代高科技知识。知识经济的发展依靠的是现代高科技知识的创新、创造性应用和广泛传播。可以说，没有第四次科技革命就没有知识经济的产生和发展。知识经济也是以和平与发展为主题的世界格局的产物，和平的国际环境为知识经济的形成和发展创造了很好的外部条件，世界性的经济发展的浪潮和激烈竞争成为知识经济发展的直接动力。总之，它们的相互联系、相互作用将构成 21 世纪历史进程的决定性因素。这将是一个以经济和科技为主要内容的激烈竞争的时代，也是一个充满机遇和挑战的时代。我国的社会主义现代化就是在这样一个历史大背景下展开的，它既为我们提供了前所未有的机遇，也使我们面临严峻的挑战。我国知识分子在现代化的进程中，将肩负更重的担子，承受更大的压力，需要发挥更大的作用。

第二节　知识分子在现代化建设中的作用

一　知识分子的现状

1. 中国知识分子的数量规模

毛泽东在 1957 年《在宣传工作会议上的讲话》中认为，中国知识分子有 500 万人[①]。随着教育、科学文化事业的发展，到今天，中国知识分子的队伍比 1957 年庞大多了。据第五次全国人口普查，全国总人口为126581 万人，其中，每 10 万人中受大专以上教育的有 3611 人。按此推算，全国大专以上文化的人数为 4570 万。2000 年，在国有企业、事业单

[①] 《毛泽东选集》第 5 卷，人民出版社，1977，第 404 页。

位的专业技术人员有 2165 万人，其中工程、农业、卫生、科研人员约为
1000 万，教学人员约为 1178 万人。据有关方面的估计，目前国有单位的
专业技术人员占全国技术人员总数的 70% 左右。由此可以算出，全国专业
技术人员约为 3092 万人。文化事业从业人员为 147 万人，扣除行政和后勤
人员，大约有知识分子 50 万人。广播、电视、报刊、出版等行业的知识分
子大约有 50 万人，以上各项合计为 3200 万人。再加上其他各行各业的知
识从业人员，全国总共有 4000 多万名知识分子①。

从绝对数量来看，我国知识分子队伍是相当庞大的，但从相对数量来
看，我国知识分子在全国总人口中所占的比例还是相当低的。1990 年，美
国在校大学生高达 1397.5 万人，中国仅为美国的 1/3；印度在校大学生为
480.6 万人，中国比印度落后了 10 多年。美国率先进入知识经济时代，美
国 58% 的成人具有大学以上文化水平，而目前中国同这个标准相差极其遥
远②。这些状况决定了中国在培养和扩大知识分子队伍方面还有相当长的
道路要走。

2. 中国知识分子的素质结构

这里所说的知识分子的素质结构，是指知识分子的学历结构、年龄结
构和职称结构。改革开放以来，中国知识分子在数量规模日益扩大的同
时，素质结构不断优化。

从学历结构上看，20 世纪 70 年代末和整个 80 年代，我国将知识分子
的学历标准的底线划在中专，大专及以上学历的比重很低。20 世纪 90 年
代以来，特别是进入 21 世纪以后，我国有关部门已经把知识分子应具备的
学历条件提高到了大专程度。高等院校毕业的学生是我国知识分子的主
体，改革开放以来我国在校研究生和普通高校大学生的数量变化反映了知
识分子的学历结构的优化。在校研究生的数量由 1978 年的 1.1 万人上升到
2003 年的 65.1 万人；普通高校大学生的数量由 1978 年的 85.6 万人上升到
2003 年的 1108.6 万人，25 年增长了近 12 倍。在校研究生和普通高校大学
生的人数比例由 1978 年的 0.01∶1 变为 2003 年的 0.06∶1③。改革开放以

① 杨继绳：《中国知识分子的现状和未来》，载赵宝煦编《知识分子与社会发展》，华夏出
版社，2003，第 20~21 页。
② 刘吉：《论知识分子的社会地位与历史作用》，《学术界》2001 年第 6 期，第 4 页。
③ 国家统计局编《中国统计摘要 (2004)》，中国统计出版社，2004，第 175 页。

来，中国知识分子阶层的学历结构发生了重大变化，由改革开放初期的以中专学历为主转变为以大学学历为主，并且研究生学历所占的比重日益提高。

从年龄结构上看，改革开放初期，中国知识分子的年龄结构呈现老化的非正常状态，这主要是在知识分子问题上长期的"左"倾错误造成的严重恶果，尤其是"文化大革命"耽误了整整一代人的教育。经过 10 多年的发展变化，到 1995 年，在我国的专业技术人员中，35 ~ 54 岁的占 41.9%，35 岁以下的占 54%，其中 20 ~ 29 岁的占 36.1%[①]。年龄结构的重心大大下移。20 世纪 90 年代后期，特别是进入 21 世纪以后，我国知识分子的年龄结构彻底摆脱了改革开放初期断层和老化的不正常状态，知识分子队伍日益年轻化。

从职称结构上看（这里所说的知识分子的职称结构，是指知识分子在高级、中级和初级三个职称上的比例关系），到 1995 年底，在我国 3406 万专业技术人员中，具有高级技术职称的有 90 多万人，具有中级技术职称的有 536 万人，具有初级技术职称的有 1165 万人，在专业技术人员总数中所占的比例分别为 2.7%、15.6%、33.9%[②]。职称结构同改革开放初期相比有了很大的改观，高级专业技术人员的比例明显上升，中级专业技术人员的比例基本不变，初级专业技术人员的比例大幅度下降，朝着合理的职称结构迈进了一大步。近几年来，在学历结构和年龄结构不断优化的基础上，中国知识分子的职称结构进一步改善。

3. 中国知识分子的声望地位

关于知识分子在社会公众心目中的声望地位，一份颇有代表性的 100 种职业声望排序表能给我们提供比较明晰的答案。在这个排序表中，占据前五位的依次是大学教授、政府部长、大城市市长、社会科学家、法院院长（检察长）。大学教师名列第 10 位，高于局长（第 11 位）、合资厂长（第 21 位）；中学教师名列第 24 位，高于集体厂长（第 30 位）、机关司机（第 36 位）、科长（第 37 位）；小学教师名列第 45 位，高于合资企业的文秘（第 51 位）、个体司机（第 52 位）、国有企业工人（第 54 位）、出租车

---

① 饶定轲等：《当代中国知识分子研究》，华中师范大学出版社，2000，第 126 页。
② 饶定轲等：《当代中国知识分子研究》，华中师范大学出版社，2000，第 122 页。

司机（第 60 位）、工商个体户（第 64 位）、时装模特（第 69 位）①。这就表明，知识分子的"臭老九"地位已经得到根本的改变。

不仅如此，政治决策最高层也充分肯定了知识分子的地位和作用。江泽民在党的十四大上指出，知识分子是工人阶级中掌握科学文化知识较多的一部分，是先进生产力的开拓者，在改革开放和现代化建设过程中有着特殊重要的作用。能不能充分发挥广大知识分子的才能，在很大程度上决定着我们民族的盛衰和现代化建设的进程。要努力创造更加有利于知识分子施展聪明才智的良好环境，在全社会进一步形成尊重知识、尊重人才的良好风尚。在新世纪，胡锦涛在党的十七大报告中进一步强调了要尊重劳动、尊重知识、尊重人才、尊重创造的方针，并要求加强以高层次人才和高技能人才为重点的各类人才队伍建设，创新人才工作体制机制，激发各类人才的创造活力和创业热情，开创人才辈出、人尽其才的新局面。就此而论，在久经磨难之后，中国知识分子的确迎来了自己的最好境遇。

但是，总体上看，知识分子队伍还不能适应我国现代化建设的需要。从数量上说，尽管我们已经有了一支可观的知识分子队伍，但对于我们这个地域辽阔、人口众多的社会主义大国来说，还是很不够的。同发达国家相比，我国知识分子在总人口中所占的比例还很小，而且分布不平衡，在一些边远落后地区和比较艰苦的部门，知识分子更少，严重制约了我国社会主义现代化进程。当今世界的竞争，一个重要方面是对人才的竞争，没有足够数量的知识分子，社会要迅速发展是不可能的。从质量上看，我国知识分子整体水平不高，不少学科都处于世界落后状态，各类高级人才比较少。同时，还有一些知识分子政治觉悟低，缺乏艰苦奋斗和无私奉献的精神，斤斤计较个人得失，对祖国现代化建设缺乏应有的热情。从地位上看，影响在全社会意义上形成尊重知识、尊重人才的良好风尚的另一基本因素，涉及知识分子生存状态的另一层面，这就是他们的经济状况与地位。在这个方面，我们也不可乐观。在改革开放政策之下"先富起来"的那一部分人中，知识分子所占的比重，与他们对国家、民族所作的贡献相比，实在是不成比例。研究表明，在发达、稳定的社会结构中，各阶层的

① 中国城乡居民家庭生活调查课题组：《中国城乡居民家庭生活调查报告》，中国大百科全书出版社，1994，第 145~148 页。

社会地位与经济地位之间应当呈现较高的相关性。换言之，职业声望排序与职业收入排序应当大致平行，知识分子的社会地位与他们的经济收入，理应基本相当。可惜中国的现实状况是，职业声望排列居首的教授，在收入序列中却进不了前 10 位。同样，大学教师的收入远低于职业声望排后的局长、合资厂长，小学教师的收入远低于职业声望排后的个体工商户和时装模特①。这种状况带来的直接后果是从社会价值观方面严重阻碍了"尊重知识、尊重人才"良好风尚的形成，导致了知识分子行为和知识产品的短期化、功利化，严重影响了知识分子队伍的稳定和发展。

二 现代化对知识分子的要求

人类的历史已经或正在说明：人类社会的发展往往决定于人自身，决定于人的理性水平；同样，一个国家、一个民族的生存发展，也往往取决于国民的素质与国民的理性水平。我们正致力于建设中国特色社会主义，力争把我国建设成为富强、民主、文明、和谐的社会主义现代化国家。在这个过程中，知识分子起着特殊重要的作用。现代化从根本上说取决于人的素质。一个国家、一个民族、一个地区，只有当它的人口素质跟上了时代步伐，无论从心理上、行为上、知识上和道德水平上都实现了现代化，才能真正使国家实现现代化并保持长期的繁荣。如果作为社会主体的人的素质差，其创造性、自主性、开拓性就差，其公正、竞争的素质就差。人口素质的落后是根本性的落后。邓小平指出："我们国家国力的强弱，经济发展后劲的大小，越来越取决于劳动者的素质，取决于知识分子的数量和质量。……有了人才优势，再加上先进的社会主义制度，我们的目标就有把握达到。"② 人作为生产力中起主导的决定性作用的因素，其素质高低直接作用于社会生产力，从而决定一个国家的国力水平。我们要掌握和发展现代科学技术，创造更高的劳动生产率，把我国建设成为现代化的社会主义强国，就必须把人口"包袱"变为社会财富，积极开发人力资源，全面提高劳动者素质。

---

① 中国城乡居民家庭生活调查课题组：《中国城乡居民家庭生活调查报告》，中国大百科全书出版社，1994，第 145 ~ 148 页。

② 《邓小平文选》第 3 卷，人民出版社，1993，第 120 页。

1. 现代化要求提高知识分子的综合素质

我国的社会主义现代化是以知识经济为大的时代背景的。知识经济时代是以知识为基础，发展高新技术，从而高速发展经济和社会文明的时代。这是一个快速的全面发展的时代。新的时代对于知识分子的素质和能力提出了更高、更新的要求。社会主义现代化建设迫切需要提高知识分子的综合素质和能力。

（1）提高知识分子的综合素质和能力，是适应未来科技发展趋势的需要。从总的发展趋势看，未来科技发展呈现交叉综合和社会化、国际化的态势。这就对知识分子的综合素质和能力提出了更高的要求。具有较高素质和多方面能力的复合型人才是知识经济时代最需要的知识人才。在知识经济时代，"知识爆炸"现象加剧。有专家估算，1950 年时，人类知识总产量翻 1 番要 50 年；到 2020 年，人类知识总量翻 1 番的时间是 73 天[①]。知识的飞速发展要求知识分子既要具备雄厚的知识基础，又要立足于科学知识的前沿阵地，具有新的知识素质、新的研究和开发能力。

（2）提高知识分子的综合素质和创造能力是建设中国特色社会主义事业的需要。把建设中国特色社会主义事业全面推向 21 世纪，朝着辉煌目标前进，需要成千上万的高素质、高层次人才。这就要求广大知识分子认清使命，奋发进取，力争具备高水平的综合素质，成为高层次的全面发展的创新人才。

（3）提高知识分子的综合素质和能力是落实可持续发展战略的需要。把可持续发展作为一个重大战略，是我们党和政府总结我国建设的历史经验，汲取世界上工业化国家的教训，不断认识和把握经济社会发展规律，迎接知识经济时代挑战所作出的重大抉择。实施可持续发展战略，就是把人口、资源、环境等结合起来，统筹规划安排，综合协调地发展。实施可持续发展战略，已成为世界各国经济社会协调发展的共识。知识分子与可持续发展战略有着直接的联系。它要求知识分子打破狭隘的专业界限，具备人口、环境、资源、生态等多方面的知识，不断提高自身的综合素质。这样才有利于处理好社会与自然的关系，真正实现可持续发展。

总之，知识经济时代的发展、社会的进步，主要依赖于人的知识、智

---

① 钟兴明：《知识经济时代与中国知识分子》，巴蜀书社，2002，第 64 页。

力和能力。知识分子的综合素质构成知识社会发展的直接而持久的动力。在知识经济时代，中国的社会主义现代化建设需要一大批综合素质高的优秀知识分子。

2. 知识分子在现代化建设中应具备的综合素质

顺应知识经济时代的发展要求，从中国的国情和新世纪的发展目标出发，中国知识分子在现代化建设中应具备的综合素质和能力突出地表现为以下几个方面。

（1）理论素质和政治素质。知识经济时代全球信息交流空前频繁，各个国家的各种不同的观念、思潮和文化相互碰撞、相互作用。它既给我们带来大量的新信息、新观念、新事物，也带来不少负面的东西，这对我国知识分子的价值观念难免产生消极的影响。对于中国广大知识分子而言，需要通过提高自身的理论素质和政治素质来明辨是非，坚持社会主义的发展方向，坚定为中国现代化建设而奋斗的自觉性、自信心和决心。

（2）思想道德素质。思想道德是知识人才的灵魂，任何一个知识分子要在现代社会中正常发挥作用，就不能没有良好健全的人格、情操、理想、信念，也就是说不能没有正确的思想道德素质。这就要求知识分子在知识经济时代要努力塑造好自己的思想和品格。

（3）科学知识和科学精神。全面而丰富的科学知识，勇于追求真理的科学精神是知识经济时代知识分子综合素质的重要组成部分。知识分子要努力扩充自己的科学知识，具备热爱真理、勇于追求真理的精神。科学知识是宝贵的，在知识经济时代尤其如此。人类从事认识活动，其目的就是获取知识。依靠知识的积累，人类获得了比其他任何动物都伟大的掌握自然的能力。人类在掌握自然方面所取得的一切成就，归根到底是科学知识的成就。知识经济时代的知识分子要有比较牢固的专业知识，掌握本专业和相关、相近专业的最新发展状况，了解世界最新科学发展动向。广大知识分子要不断学习，不断积累科学知识，更新知识，使自身的科技水平和文化素质更上一层楼。此外，人们要探索未知领域，必须凭借实事求是、勇于探索、追求真理的科学精神。科学精神是一种去伪存真、辨别是非的能力。科学知识本身不能对付千变万化的假象和骗局。这就需要具备科学精神。只有具备了科学精神，才有较强的领悟力和举一反三的硬功夫；才能辨别是非，提示事物的内在矛盾；才能对事物进行分析、比较，从而把握真理。

（4）创造能力。21世纪是人类社会向知识经济迈进的时代，无论是经济增长方式还是社会形态都与20世纪有着根本的不同。随着科学技术的综合化、整体化及自然科学与人文社会科学的相互渗透、融合的趋势加速，随着社会主义市场经济的逐步完善，社会对人才的多样性、适应性需求日益增强，人们要求各种创新型人才。在知识经济时代，知识分子应具备的能力中，创新能力是最重要的。人类本身是在社会进步与人的创造性发展的互动中前进的。人的发展归根到底是人性和人的能力的发展，而最根本的是人的创造能力的发展。创造能力是知识经济时代支配和操纵社会和人的发展的主导力量。

3. 开展素质教育和继续教育，提高现代化进程中知识分子的素质

（1）注重对知识分子的素质教育。素质是先天遗传经过后天培养逐渐形成的一种内在的、综合的、整体的素养，是一个人对客观世界和周围事物的观念、态度和行为方式的总体体现。科学技术不断向深度和广度进军及由此带来的一系列复杂问题与日俱增，要求人们不仅要学会创造性地学习和工作，而且还要学会生存和学会做人。培养全面发展的有创造能力的高素质优秀人才就成为时代的呼唤。

实施素质教育既是知识分子个人发展的需要，也是社会发展的需要。现代社会对劳动者的素质有了更高的要求，劳动者要生存、要发展、要为社会作贡献就必须迎接时代的挑战。知识经济时代要求劳动者具有相当丰富的知识，对新事物敏感而又善于学习，能不断获取新知识，敢于和善于运用新知识并将其物化为能满足人们需要的产品或服务。善于将分散存在的知识融会贯通，组合集成，创造出新的知识并付诸新的应用途径等，这就要求劳动者有较高的思想道德素质、科学文化素质、身体心理素质、审美艺术素质，特别是创新素质。

素质教育必须建立良好的运行机制才能促进人才培养目标的实现。一个单位、一个企业甚至整个社会，都要营造素质教育的氛围，建立激励机制，对有创新、有贡献的人和事进行表彰奖励。在全新的教育模式中，素质教育将是根本。目前，世界发达国家都在讨论新世纪人才素质，尽管各国有各自的构想和目标，但都强调应有全球性战略眼光、一流意识和站在时代前列的精神。未来人才的差别，不仅在于专业知识和技能，更在于人才的基本素质。

（2）注重对知识分子的继续教育。继续教育是指对专业技术人员进行知识和技能的更新、补充、拓展、提高的一项追加性的教育活动，是伴随科技进步、经济与社会发展，经过自发到有组织的演变过程而逐渐发展起来的。继续教育出现于19世纪末，广泛形成于20世纪40年代。60年代后，随着新知识、新理论、新技术不断涌现，世界经济竞争日趋激烈，一些国家相继为继续教育立法，由此形成了一种国际性的大规模的新型教育活动。在知识经济时代，继续教育更加受到各国的普遍关注和高度重视，并成为现代教育体系的重要组成部分，成为专业技术人员队伍建设的重要内容和人才资源开发的重要途径和手段。

知识经济时代是科学技术迅速发展的时代。据英国技术预测专家詹姆斯·马丁测算，人类知识的倍增周期在19世纪约为50年，20世纪前半叶约为10年，80年代以来则为3年左右。与此同时，人类知识老化速度加快。据统计，一个人所掌握的知识的半衰期在15世纪约为85年，20世纪初约为30年，80年代已缩短为5年左右。在高新技术领域，知识以每分钟20%的速度衰减，从而需要更快速度的知识再生、人员才能的再生。总之，科学技术加速发展，不学习就会落后，就难以适应未来的工作，就会失业。即使是大学毕业生、工程师也一样。越来越多的美国人认为，现在美国大学四年毕业的本科生不能当工程师，只有经过继续教育才能胜任工作。科学技术的发展使世界经济逐渐走向国际化、集团化、全球化。生产规模的扩大，信息量的激增对于科技、教育、生产、管理及人的知识结构等提出了新的要求。在知识经济社会，劳动技能过时、素质低下的劳动者失去原有的工作是必然趋势，每一个劳动者都面临着知识更新与技能培训的压力，在一个固定行业从一而终几乎成为不可能的事情。掌握了一定的科学知识和劳动技能的劳动者可以凭借其自身的优势迅速找到新的就业岗位。所以对知识经济时代的劳动者来说，学习不仅是常规学历教育的任务，而且必须是终身的过程。继续教育在知识的补充、更新，在与科技的结合等方面都将扮演越来越重要的角色。正是在这种发展变化的时代要求下，传统的院校教育逐渐趋向素质教育，补充、更新、拓展新知识的继续教育活动在全世界范围内发展到前所未有的规模。

继续教育作为整个教育系统的重要组成部分，在积极有效地为科技进步、经济社会发展及人才培养服务方面起着非常重要的作用。开展继续教育，悉心培养掌握新知识和新技术并能创造性地解决经济、社会发展中实际问题的人才，是继续教育工作的历史使命。要把继续教育纳入科教兴国、可持续发展战略和建设高素质人才队伍的整体部署中，充分发挥其特殊作用，使其为社会主义现代化建设服务。

三　知识分子是现代化的重要力量

知识分子是工人阶级中具有较高文化水平，从事脑力劳动的社会阶层。知识分子作为先进生产力的开拓者和教育科学文化工作的主要承担者，在人类文明的各个时期，尤其在现代化建设的今天，具有举足轻重的作用。

1. 知识分子是知识创新者

所谓知识创新，是指通过科学研究获得新基础科学知识和技术科学知识的过程。知识创新的目的是追求新发现、探索新规律、创立新学说、创造新方法、发明新技术、积累新知识。知识经济与工业经济不同的显著特点是，知识（科学技术）不单单是生产发展的重要因素，而且是生产发展的基础，已经成为一种"无形资本"，取代了工业经济中的资金、资源等"有形资本"。知识经济就是指建立在这种"无形资本"——知识——的生产、分配和使用（消费）之上的经济。国家的整体发展潜力将不再主要取决于拥有的自然资源和资本的多少，而更多地取决于知识资源的多少，更多地依赖于企业或国家范围内求知活动和创新活动的活跃程度，依赖于企业或国家科学技术和经济活动参与者（主要是各类知识分子）求知能力和创新能力的大小。知识创新在我国现代化的进程中尤为重要。作为"追赶型的现代化"国家，我们固然可以更多地学习国外的先进科学知识，引进国外的先进技术。但是，我们不可能总是亦步亦趋地跟在别人的后面，形成一种被动挨打的局面。我们自己必须有基础研究方面的优势和高新技术方面的突破，才能在世界日益激烈的科技竞争中占据一席之地。

2. 知识分子是知识的应用者

知识创新是知识经济的基础，然而，科学技术知识作为一种观念形态，还是一种潜在的生产力，只有当其物化在生产过程和产品之中，实现了科学技术的产业化，才能成为现实生产力，所以马克思称现实生产力为"物化的知识力量"。科学技术知识的物化过程，或者说产业化过程，就是知识的应用。世界发达国家都十分重视科技成果的转化和高新技术的产业化。这些国家科技成果的转化率已达 50% 左右。科技成果转化和高新技术产业化，更是我国实现现代化的关键环节，我国要实现生产增长方式的转变，这一步是关键。然而，在这个方面，与世界发达国家比较，我国仍有很大差距。从科技成果转化率来看，我国只有 6% ~ 8%。科技成果转化的落后状态，严重地制约着我国现代化的进程。1998 年，江泽民在对《国家科技领导小组第三次会议纪要》的重要批示中明确指出："我们必须改革科技体制，从政策上支持和鼓励企业从事科研、开发和技术改造，加强应用技术的开发和推广，促进科技成果更好更快地向现实生产力转化，不断解决经济建设中的重大和关键技术问题，推动经济体制和经济增长方式的根本转变。"① 党和政府关于建设我国国家创新体系的构想，已经把知识应用系统和知识创新系统、技术创新系统、知识传播系统共同纳入国家创新体系，并提出了一系列加强知识应用的政策措施。而这一切，都需要知识分子的积极参与。

3. 知识分子是知识的传播者

知识传播，是指知识信息通过跨越时空的扩散，使不同个体间实现知识共享的过程。知识传播对于科技的发展和社会的进步具有十分重要的作用。早在 300 多年前，实验科学家的始祖培根在提出"知识就是力量"的名言时，就强调知识的力量不仅取决于其自身价值的大小，更取决于它是否被传播以及传播的广度和深度。在以知识为基础和"知识爆炸"的知识经济时代，知识传播所具有的意义尤为重要。知识的传播离不开知识分子，特别是在教育领域，知识分子更是起着十分重要的作用。在传播过程中，最重要、最核心的问题是教育，因为只有通过教育，才能使人类的文明成果有效地代代相传和发扬光大，才能大面积地提高劳动者的素质，才能大批量地培养和造就各类高素质的人才。展望 21 世纪，以高新技术为核心的知识经济将逐步占领经济发展的主导地位，人力资源的重要性将远远高于以往任何时代。

---

① 《江泽民对科技工作作重要指示》，1998 年 8 月 29 日《中国科学报》。

知识分子是社会主义建设事业的重要承担者，并将继续承担更大的历史责任。知识分子同工人、农民一样，是社会主义事业的依靠力量，他们正承担着工人阶级的重任并发挥着工人阶级的作用，他们以自己掌握的科学文化知识和聪明才智为社会主义现代化事业作出了重要贡献，取得了巨大成就。新时期，建设中国特色社会主义是一项前无古人的伟业，没有现成的经验与模式可以借鉴，面临着许多新情况、新问题。为减少盲目性，增强预见性与科学性，必须认识、研究、探索和总结社会主义现代化建设中的客观规律。知识分子的特殊地位决定他们在获取新认识、开拓新境界、实现新飞跃、探索新领域的过程中有着不可替代的作用。尤其是在科学技术已成为第一生产力的知识经济时代，作为这种科技智力化载体的知识分子是经济增长点上的主要支撑因素，他们对加快现代化的历史进程至关重要。能不能充分发挥知识分子的才能，在很大程度上决定着我们民族的兴衰和现代化建设的进程。

第三节　充分发挥知识分子的作用

一　发挥知识分子作用的理论前提

1. 知识分子是第一劳动力

邓小平关于科学技术是第一生产力的著名论断已经成为人们的共识。"知识分子是第一劳动力"是"科学技术是第一生产力"这一论断的必然结论。

科学技术是第一生产力，或说科学技术之成为第一生产力，直接与人的因素有联系，与知识分子的历史地位变化直接相关。我们从生产力诸要素的变化与知识分子的作用和历史地位的相关联系中，可以清楚地看到这种关系。生产工具是一切时代生产力的重要因素，越是到近现代，脑力劳动对生产工具进步的作用越大，甚至可以说，随着历史进程的发展生产工具越来越是以知识分子为主体的脑力劳动的成果。在 19 世纪以前，生产工具的创造或改进，其意义大都是"延长"人的双手或"改进"双手的功能。但是在当代则不同了，生产工具不仅仅是人手的"延长"了。当代的许多生产工具，尤其是那些在重要生产领域中有不可替代作用的生产工具，常常首先是人脑的"扩展"，是人脑潜在能力的开发，其次才是在这个基础上对人手的进一步开发，从而使之能够做过去无法做的许多创造社会物质财富和精神财富的工作。再从劳动者的素质变化来看，在历史上，劳动者作为生产力的要素，重要的是诸如其体力、掌握生产工具的熟练程度、使用生产工具的经验，等等。这样的劳动者，其平均受教育程度也是不高的。当代则完全不同了，知识形态的脑力劳动越来越重要，使得科学知识、文化素质越来越成为劳动者作为生产力的重要因素；劳动者素质的提高，主要在其知识成分的增加和由此衍生出来的其他因素。从劳动对象看，新的劳动对象主要是靠科学技术创造出来的，而这又是知识分子最广阔的天地。这些变化改变着知识分子的历史地位和作用，也说明知识分子的社会地位和作用最终是由社会生产决定的。

发展生产力，特别是在当代通过发展作为第一生产力的科学技术来发展生产力，主要是靠受过良好现代教育的、有专业知识和才能的知识分子。正是这一点在宏观上决定了知识分子在社会生产发展中的不可替代的地位和历史作用。无论从宏观上看，还是从微观上看，"科学技术是第一生产力"的命题，都是见物更见人的，是最看重人的社会历史作用的现代历史唯物主义命题。从这个意义上来评价这一命题，我们完全有理由认为它是对马克思主义的重要发展。我们还应强调的是，这里的"人"越来越是知识分子，在社会发展中，特别是在未来共产主义社会中，生产过程各环节的直接操作者，也必然越来越是以脑力劳动为主的社会劳动者，而最终是没有了脑力劳动与体力劳动界限的人。所以归根到底，社会生产的发展既要求全面发展的人，又促进人的全面发展，造就全面发展的人。

承认科学技术是第一生产力，承认我国的现代化必须步入世界知识经济的行列，那么，承认知识分子在我国现代化中的重要地位和重大作用，就是逻辑的必然了。因为知识分子是知识的活载体，是现代科学技术知识的创造者、开发者和传播者。正因为如此，邓小平多次告诫全党："我们要掌握和发展现代科学文化知识和各行各业的新技术新工艺，要创造比资本主义更高的劳动生产率，把我国建设成为现代化的社会主义强国，并且在上层建筑领域最终战胜资产阶级的影响，就必须培养具有高度科学文化水平的劳动者，必须造就宏大的又红又专的工人阶级知识分子队伍。"① 现代社会生产力的一个突出特点是科学技术对生产力具有决定性作用，成为推动社会生产力发展的首要力量。知识分子是现代科学技术的主要创造者和发明者，是推动科学技术向前发展的主要力量。20 世纪以来科学技术的突飞猛进，以及一次又一次的科技革命，无一不是由知识分子发起、推动和完成的。在现代社会，如果说科学技术是第一生产力的话，那么，知识分子毫无疑问是第一劳动力。

　　确立知识分子是第一劳动力的观念，对我国改革开放和现代化建设具有十分重要的意义。一是有利于真正形成尊重知识、尊重人才的良好社会环境。尊重知识、尊重人才，其根本点是着眼于知识和人才对社会生产力的意义。知识分子越来越是人才中的重要部分。要使科学技术真正成为第一生产力，最重要、最关键的就在于首先要尊重知识、尊重人才。离开知识和人才，现代生产力是不存在的，没有强烈的尊重知识、尊重人才的社会气氛和社会环境，生产力必然落后和脆弱，社会就会缺乏发展生机。邓小平曾多次指出要尊重知识、尊重人才，充分发挥知识分子的作用。这项知识分子政策，是新时期我们事业的需要。二是有利于尽快实现我国经济增长方式的转变。党中央提出了要实现经济增长方式由粗放型向集约型转变，把提高经济效益作为经济工作的中心的重大决策。过去我们一直坚持主要靠扩大建设规模，增加生产要素投入的粗放型经济增长方式，除了经济体制上的原因以外，一个很重要的直接原因就是对科学技术和科学管理在经济建设中的应用重视不够，没有充分认识和发挥知识分子在经济建设中的骨干作用。实现经济增长方式由粗放型向集约型转变，实质上就是要大力推进科学技术进步和科学管理，实现低投入低消耗、高质量高产出。这主要靠两个途径，即依靠科技进步和提高劳动者素质，而知识分子就是推动科技进步的主力军，也是推进社会教育发展的主要力量。因此，知识分子无疑是实现经济增长方式转变的主力。提高国民对知识分子是第一劳动力的认识，更好地发挥知识分子在经济建设中的作用，是实现经济增长方式转变的一项根本措施。三是有利于科教兴国战略的顺利实施。科教兴国战略是我国为保证国民经济持续快速健康发展，加速实现社会主义现代

---

① 《邓小平文选》第 2 卷，人民出版社，1994，第 104 页。

化建设宏伟目标而提出的一项重大战略措施。要实施这一战略，只能主要依靠广大知识分子来完成。因此，在国民中树立知识分子是第一劳动力的观念，进一步调动知识分子的主动性、积极性和创造性，是科教兴国战略得以顺利实施的关键。

2. 知识分子是先进生产力的开拓者

江泽民在党的十四大报告中指出："知识分子是工人阶级中掌握科学文化知识较多的一部分，是先进生产力的开拓者，在改革开放和现代化建设中有着特殊重要的作用。能不能充分发挥广大知识分子的才能，在很大程度上决定着我们民族的发展和现代化建设的进程。"① 知识分子是先进生产力的开拓者，这是新中国成立以来继确认知识分子是工人阶级一部分之后，党对知识分子作用认识的又一次飞跃，是对知识分子在我国现代化建设中的特殊重要作用的科学的、高度的理论概括。

党的十一届三中全会前后，知识分子的工人阶级属性的最终确认，为知识分子的使用扫清了政治障碍。特别是党的工作重心转移到经济建设上来，提出在我国实现四个现代化的任务之后，党对知识分子作用的认识就更加充分了。党对知识分子阶级属性的正确认识，不仅从政治上肯定了知识分子是工人阶级的一部分，而且充分肯定了他们在社会主义现代化建设事业中的重要价值。

1988 年 9 月，邓小平进一步鲜明地提出"科学技术是第一生产力"这一科学论断。正是在这一科学论断的基础上，1991 年 5 月 23 日，江泽民在中国科学技术协会第四次全国代表大会上的讲话中，第一次提出了"科学技术人员是新的生产力的开拓者"的命题。在党的十四大上，江泽民对此又作了更为完整的表述。他指出："知识分子是工人阶级中掌握科学文化知识较多的一部分，是先进生产力的开拓者。"这是继知识分子是工人阶级的一部分的命题之后，又一个关于知识分子历史定位的马克思主义命题，是在肯定知识分子的工人阶级属性的基础上对知识分子社会作用的最准确、最科学的概括，是党对知识分子社会地位认识的第二次飞跃。

关于知识分子是先进生产力的开拓者的论断，是对我国知识分子在社

① 《江泽民文选》第 1 卷，人民出版社，2006，第 233 页。

会主义新时期的作用的最准确、最完整的历史定位。这种定位是基于这样的基本条件：我们正处在以信息技术为主要标志的新技术革命时代，科学技术成为第一生产力，知识经济正开始替代传统的工业经济。处于这一时代的我国知识分子是工人阶级中有自己特殊性的一部分，即掌握科学文化知识较多的一部分，因而是新生产力的开拓者，是我国社会主义现代化的主导力量。

"知识分子是先进生产力的开拓者"首先是一个特征判断，是特指我国的知识分子在我国现代化中的地位和作用；同时，它又是一个普遍判断，是泛指知识分子在未来知识经济中的地位和作用。学者们普遍认为，知识经济的灵魂是创新，一个国家的知识经济的发展，所依靠的是以知识创新为基础，以技术创新为核心，包括制度创新、管理创新等构成的国家创新体系。没有创新，就没有知识经济。"开拓"就是创新的意思；肯定知识分子是先进生产力的开拓者，就是肯定知识分子在知识经济中的创新地位和作用。这一点，江泽民也讲过。他说："创新关键在人才，必须有一批又一批的优秀年轻人才脱颖而出，必须大量培养年轻的科学家和工程师。"① 不难看出，知识分子是先进生产力的开拓者这一科学命题，深刻地揭示了知识分子在知识经济中的作用，也科学地概括了我国知识分子在我国现代化中的特殊作用，把知识经济、知识分子和我国现代化有机地联系起来了，是我们在知识经济大背景下认识和评判知识分子在我国现代化建设过程中的作用的又一重要理论基点。

二　发挥知识分子作用的时代契机

现代化是知识与科技的时代，因而也是知识分子的时代。因为知识分子是知识和科学技术的载体，没有知识分子，就没有知识与科学技术的发展，因而也就没有中国的现代化。知识分子与现代化之间的这种必然联系已经开始改变了和继续改变着知识分子在社会上的地位。知识分子地位的改变是现代化潮流的涌动在社会生活中引起的一种不可避免的现象，现代

---

① 《江泽民在接见出席中国科学院第九次院士大会和工程院第四次院士大会部分院士与外籍院士时的讲话》，1998 年 8 月 12 日《中国科学报》。

化为知识分子作用的充分发挥提供了千载难逢的时代契机。

一个国家对知识分子的政策，是这个国家是否真正实行现代化，是否真正走上了现代化道路的试金石。知识分子过去在中国受压抑的地位，反映了我们过去还没有真正走上现代化道路。虽然我们在 20 世纪 60 年代就提出现代化的问题，但直到改革开放之前，我们所做的一切，都还只是在客观上为现代化创造条件。我们真正走上现代化的道路，是从改革开放以后开始的。因为现代化的基本特征是：市场经济、民主政治、多元文化、法治国家和开放社会。而我们过去走过的道路在很大程度上与此相悖，那就是：计划经济、威权政治、单一文化、人治国家和封闭社会。我们过去走的是一条与现代化完全相反的道路。在这条道路上走得越远，离现代化就越远。所以，压抑知识分子正是前现代化国家的特点。只要一个国家真正走上现代化道路，它就必须依靠知识的力量，因而也就必须改变知识分子的地位，必须全心全意地依靠知识分子。这是历史的潮流使然，现代化需要知识分子全力以赴地贡献自己的力量，而知识分子也只有在现代化潮流中才能真正得到解放和发展。

当前，我国的现代化事业正在蓬勃地向前发展，知识分子大有可为的时代已经到来。知识分子要尽快地从旧梦中醒来，卸下身上的沉重包袱，冲破旧舆论的包围，增强自身的修养，全身心投入到现代化建设中来，实现自身的历史使命。

三　知识分子要在现代化建设中建功立业

1. 永葆基本品格，致力于科教兴国

知识分子是先进生产力的开拓者，是我国社会主义现代化的主导力量。实现现代化，也是当代知识分子自觉的、神圣的历史使命。这既是我国当代知识分子的基本品格使然，也是我国历史发展的必然选择。

知识分子的基本品格是什么？列宁指出："知识分子之所以叫知识分子，就是因为他们最有意识、最彻底、最准确地反映了和表达了整个社会的阶级利益的发展和政治派别划分的发展。"[①] 中国当代知识分子，作为工

---

① 《列宁全集》第 7 卷，人民出版社，1986，第 30 页。

人阶级的一部分，具有工人阶级的一般品格，而且由于中国优秀传统文化的熏陶，还具有中国知识分子特有的品格。

中国传统文化强调刚健有为。《周易》中提出的"自强不息"，激励人们永远向上，奋斗不止。中国的这种传统文化，造就知识分子在面对道德伦理、终极关怀等最深层次的价值问题时，具有一种全社会、全民族的宏观视野，以整个中华民族的共同利益作为自己的利益。他们的格言是"修身、齐家、治国、平天下"，在有限的生命中参与社会政治文化生活的实践，追求个人道德的完善，具有强烈的爱国主义精神和历史使命感、责任感。新中国成立后，知识分子作为工人阶级中自觉的一员，在党的教育关怀下，又注入了中国工人阶级的优秀品格，成为工人阶级中具有较高文化的一部分。

从"学术救国"、"科学救国"到"科教兴国"，中华民族的复兴走什么道路，一直是近百年来知识分子苦苦思索的问题。近代知识分子虽然受中国传统文化的熏陶，但是接受了西方文化之后，对西方文化的种种优越性有了深切的感受。中国严重的落后状况与先进的西方社会之间的强烈反差，使他们深切地认识到，中国的危机不仅是外国侵略者带来的，更主要的是中国自身的政治经济文化以及社会弊端造成的，是一种全面的危机；要解救中国的命运，仅仅发动民众抵抗外国侵略是远远不够的，还必须把中国变成西方那样的现代化强国。因此，近代知识分子的救国行动不仅仅是唤起民众，激发其爱国主义热情，更主要的还是从政治思想文化各方面全面地改造中国。一些知识分子希望通过思想革命改造中国的国民，为政治现代化奠定基础，于是提出了"学术救国"的口号。另一部分知识分子从西方的科学技术和经济的发达中受到启发，认识到学习西方科学技术和经济的重要性，于是提出了"师夷长技以制夷"的主张，学习西方的先进的科学技术，发展资本主义经济，以达到制伏西方列强的目的，崇尚"科学救国"、"实业救国"。十月革命的胜利，给中国送来了马列主义，一大批先进知识分子，在中国宣传马列主义，并付诸实践。在中国共产党的领导下，经过28年艰苦卓绝的斗争，终于建立了人民政权，选择了社会主义道路，历代知识分子复兴中华民族的理想才得以实现。

党的十一届三中全会后，我们实现了工作中心的转移，确定了经济建设的中心地位。作为中国改革开放总设计师的邓小平，充分意识到在我国现代化过程中发展科学技术和教育的重要性。他告诫全党，四个现代化，关键是科学技术的现代化；科学技术人才的培养，基础在教育。江泽民在新的历史时期，又深化了这一认识。1995 年，他在全国科学技术大会上宣布：在全国实施科教兴国战略，并作为我国的基本国策。科教兴国的实质就是把教育和科学技术摆在优先发展的战略地位，依靠教育和科学的发展来建设社会主义现代化强国。实施科教兴国战略，是历史的必然选择，是实现现代化、振兴中华的必由之路，也是我国知识分子梦寐以求的崇高理想，充分反映了当代知识分子的心声和愿望。

我国现代化是在世界新技术革命兴起，知识经济时代到来，国际经济、科技竞争日趋激烈的历史条件下进行的一项宏伟事业，任务重、要求高。我国经济、科技、教育水平均较落后，与现代化的要求差距大，而我国知识分子占人口的总比例小。这表明，知识分子在我国现代化的进程中，负担重、责任大，需要付出巨大的努力。

2. 发挥优良传统，实现历史使命

当代中国知识分子有着与古代知识分子根本不同的地位和作用，但他们毕竟是吸吮着传统文化的乳汁成长起来的。中国知识分子在几千年的历史发展过程中形成的优良传统，是我们民族思想宝库中的重要精神财富。古代知识分子具有以天下为己任的高度社会责任感和历史使命感；具有士志于道的明确价值取向；修身践履，具有强烈的道德自律意识；忧国忧民，具有强烈的忧患意识。弘扬古代知识分子的优良传统，对于当代知识分子在社会主义现代化建设过程中更好地发挥其聪明才智，完成历史赋予的崇高使命具有重要意义。

首先，发扬古代知识分子忧国忧民、以天下为己任、热爱祖国的优良传统。忧国忧民的忧患意识是爱国主义思想的一个组成部分。忧患意识是指对民族、国家乃至人类所处困境的认识以及由此而产生的种种忧虑。具有强烈的忧患意识是中国古代知识分子的一个重要特点，它来源于知识分子对民族的先觉和特有的历史使命感。一方面，知识分子群体有着深厚的文化修养，博学多才，通晓事理，对社会问题具有敏锐的洞察力和预见性；另一方面，知识分子具有特殊的历史使命感和责任感，对社会、民族、国家等公共事务具有深切的关怀。现阶段，我们仍然需要忧患意识，这种忧患意识应该是以马克思主义为指导的、建立在正确认识和把握国情基础上的、与自信心相结合的忧患意识。要把个人的命运和祖国的命运紧密联系在一起，把忧患意识转化为振兴中华的实际行动。

其次，发扬古代知识分子参与社会生活的优良传统。儒家文化提倡积极入世精神，要求士子文人关心现实社会，把参与国家政治活动视为自己的分内之事，把治国平天下当做自己的崇高追求。孟子有"自任以天下之重"之语，平治天下，"方今天下舍我其谁哉？"充分说明了古代知识分子把治国安邦看成个人的使命，把民族、国家的命运与自己紧紧系在一起。强烈的历史使命感、积极入世的精神，是我国知识分子的优良品格。正是由于有这样的品格，才使我国的知识分子自古以来就有埋头苦干的人，有拼命硬干的人，有为民请命的人。也正是由于这样的品格，知识分子才会有自强不息的精神，才会有坚贞不屈的民族气节和强烈的爱国心。当代知识分子的入世精神具有不同于古代的崭新内容，这就是：深入实际，深入工农，研究社会，了解国情，理论联系实际，在实践中认识世界和改造世界。

再次，发扬古代知识分子那种对真理执著追求的精神。古代知识分子志于道，把对道的追求看作至高无上的事业，看作人生的最高目的，为了真理和正义敢于冒死相争，不惜以身殉道。当代知识分子也应该具有为真理而献身的精神，把对真理的追求视为至上的事业，敢于冲破落后的陈腐的观念，不断有所发现，有所发明，有所创造，有所前进。

最后，发扬古代知识分子道德自律精神的优良传统。如何在参与社会实践的过程中，实现齐家、治国、平天下的宏伟抱负，在古代知识分子看来，关键是要注重修身养性，重视道德主体的能动作用，要有强烈的道德自律意识。道德自律意识即作为道德主体的人自觉把社会道德规范内化为道德约束的个人行为准则并自觉付诸行动的一种强烈而稳定的道德意识。它表现了道德主体思想高度的自觉性。传统伦理文化非常注重道德修养，儒家尤其如此，深刻影响了后世。历代知识分子正是通过修身践履，形成道德自律意识，做到立德、立功、立言。当代知识分子要树立崇高的敬业精神，培养高尚的职业道德，艰苦奋斗，乐于奉献，经得起市场经济大潮的冲击和考验；要把为人民服务的精神和攀登科学高峰的志向结合起来，建功立业，在投身于建设中国特色社会主义的伟大实践中实现自己的价值。

3. 以振兴中华为己任，担负起现代化建设使命

（1）选择一条正确的成长道路。我国知识分子成长的正确道路，就是在马克思主义指导下，与实践相结合，与工农相结合。当代知识分子要履行自己的历史职责，就必须沿着这条道路前进。具体地说，知识分子既要有中华民族的民族精神，为祖国和人民的利益而工作，又要有共产党人的精神，为党和人民的利益而奋斗。同时，还要根据知识分子的特点，扬长补短。知识分子作为工人阶级的一部分，与其他部分既有同一性，又有差别性，他们各有各的长处，需要取长补短，共同进步。知识分子要全面了解国情，就应该深入实际，深入工农。总之，我国知识分子要把自己的聪明才智汇入到广大人民的历史创造活动，汇入中华民族振兴的壮丽事业，汇入社会主义现代化建设的伟大实践。

（2）积极投身改革，不断创新。党的十一届三中全会以来，从农村起步的各项改革已获很大成果。但改革之路才刚开始，在现代经济发展过程中，传统产业模式将逐渐向现代产业模式转化，国际化的竞争越来越激烈，信息资源及信息高速公路所起的重要作用成为知识经济时代的特点。这一切表明，丰富的知识和知识的快速更新将是这一时代的重要标志。这就要求知识分子在改革中发挥自己的知识效能时，不能裹足不前、因循守旧，要大胆创新，将自己的创新潜质最大限度地发挥出来。当代知识分子要不断加强自身知识修养，适应知识更新的速度，重视国际交流，掌握世界先进科技文化知识。

（3）积极投身到经济建设主战场。知识分子要为社会主义现代化建设作出贡献，必须牢固树立以经济建设为中心的指导思想，投身到经济建设主战场。长期以来，我们存在着科学技术和经济建设脱节的现象。一方面，工农业生产受到技术水平落后的影响和制约；另一方面，大批科技成果不能转化为现实生产力。解决这个矛盾，关键是要让知识分子在经济建设主战场上发挥作用。各级党和政府要切实加强领导，放活政策，动员和引导更多的知识分子到企业、农村和高科技领域去施展才华，向科技要品种、要质量、要效益。为科技兴工、科技兴农、科技兴贸出谋划策，为提前实现现代化建设的战略目标作贡献。广大知识分子要改变过去那种远离经济建设的学究式、经院式的研究方式，着眼于为经济建设服务，使自己的情感、智慧、能力在推动科技进步、加速经济发展中表现出来，在发展社会生产力的过程中表现出来。

（4）充分发挥精神文明骨干力量的作用。知识分子作为人类科学文化知识的重要继承者和传播者，作为先进科学技术的重要开拓者，作为美好精神产品的重要创造者，在精神文明建设中是一支骨干力量。广大知识分子要为实现社会主义现代化而奋斗，就应该从自身特点和优势出发，充分发挥精神文明建设骨干力量的作用。要致力于提高全民族的思想道德素质和科学文化素质，培育"有理想、有道德、有文化、有纪律"的社会主义新人。知识分子还要增强社会责任感和参政意识，努力认识和掌握我国经济、政治、文化和社会发展的客观规律，自觉为现代化建设和改革中的重大决策进行研究、论证，为党和政府实现正确的领导、进行科学的决策提供理论依据，从而为顺利完成现代化建设和改革的任务创造条件。

· 第八章 ·
中国共产党的知识分子政策

自从知识分子产生以后，就按自己历史规定的特殊任务，参与社会各方面的活动，成为推动社会发展的一支积极力量，特别在历史的转折时期，它总是起着先锋的作用。不同历史阶段的成熟的阶级，包括工人阶级，都重视知识分子问题，都要制定符合于本阶级利益的知识分子政策，以此来引导知识分子的社会行动，发挥知识分子的社会作用。统治阶级（包括尚未取得政权统治的新兴阶级）所制定的知识分子政策，并不总是正确的，这有一个认识的过程。综观中国共产党90多年的知识分子理论和政策，可以看到，既有符合中国革命和建设要求的洞察深刻的认识和有效的政策，也有不符合实际的错误的理论和政策。在20世纪的最后20几年间，中国共产党的知识分子理论与政策坚定不移地继续了关于知识分子是工人阶级一部分的认识，并在此基础上对其在社会主义现代化建设中的地位和作用作出了党的历史上从未有过的全面审视和高度评价，和现代化建设事业、和知识经济时代的到来密切联系在一起的体现时代特征和要求的政策内容日益凸显。总的来看，到20世纪末21世纪初，中国共产党在知识分子问题上的理论和政策已经彻底摆脱了党的历史上延续了很长时间的"左"的影响。党对知识分子社会角色的评价与认知日趋全面、深刻和实际，知识分子问题作为一个一度影响中国政治与社会正常发展的重大问题已经解决了。

第一节　马克思主义的知识分子思想

一　马克思、恩格斯的知识分子思想

马克思、恩格斯生活在19世纪，他们的理论构建主要是19世纪后半

期开展和完成的。他们关注的焦点是对资本主义制度的分析与批判，是无产阶级与资产阶级两大对立阶级之间的关系。在马克思、恩格斯的著作中，"知识分子"一词很少被提及。马克思、恩格斯也从未给"知识分子"下过定义。不过，从马克思、恩格斯的有关论述中，我们还是可以概括出他们关于知识分子的一些基本认识。

1. 知识分子是一个有别于其他社会群体的具有某些共性的阶层

马克思在《路易·波那巴的雾月十八日》中曾经谈道："站在资产阶级共和国方面的有金融贵族、工业资产阶级、中间阶级、小资产者、军队、组成别动队的流氓无产阶级、知识分子、牧师和农村居民。而站在巴黎无产阶级方面的却只有它自己。"① 把知识分子同其他社会阶级、阶层并列，这本身就说明它被视为一个单独的社会阶层。那么，知识分子阶层到底包括哪些人呢？显然，与之并列的那些阶级、阶层和群体是被排斥在外的，剩下的自然就是马克思、恩格斯著作中经常出现的学者、作家、诗人、教授、教师、律师、医生、工程师和职员了。凭什么要把他们归入一个阶层？把他们归入一个阶层，必然有对其共性的认定。那么，这些共性究竟是什么？很清楚，上述群体大多受到过较高、较系统的教育，拥有较高的知识与文化水平，是"有教养"、"有学问"的分子；同时，他们以自己的脑力劳动为谋生手段，属于脑力劳动者。可见，尽管知识分子这个词在马克思、恩格斯所处的时代还没有在西欧广泛应用，但从马克思、恩格斯的有关论述中我们可以知道，知识分子是一个既区别于统治阶级又区别于体力劳动者的从事脑力劳动的社会阶层。它的产生是社会分工的结果。在奴隶社会产品有了剩余，由不同的人分担精神劳动和物质劳动的情况下，知识分子产生了。知识分子作为生产精神产品的脑力劳动者，是一个既有别于统治阶级又有别于体力劳动者的社会群体。他们是一批凭借自己的知识从事学术和理论研究，传播文化科学知识，并以此为主要生活来源的人。

2. 脑力劳动者也是生产工人

体力劳动和脑力劳动的分工，是社会发展到一定阶段出现的，是社会进步的表现。在资本主义社会，除了极少数处于高层的知识分子之外，对

---

① 《马克思恩格斯选集》第 1 卷，人民出版社，1995，第 592 页。

广大靠自己的脑力劳动谋生者，马克思均称之为"生产工人"。马克思在《剩余价值理论》一书中指出，资本主义生产方式的特点就在于把各种不同的劳动，包括把脑力劳动和体力劳动、把以脑力劳动为主或者以体力劳动为主的各种劳动分离开来，分配给不同的人，而"这些人中的每一个人对资本的关系是雇佣劳动者的关系，是在这个特定意义上的生产工人的关系"①。例如，教师对于学校老板、演员对于戏院老板来说，都是纯粹的雇佣劳动者，是生产工人。马克思在《直接生产过程的结果》一文中还指出，在各种劳动者中，有的人多用手工作，有的人多用脑工作，有的人当经理、工程师、工艺师等，有的人当监工，有的人当直接的体力劳动者或者做十分简单的粗工，"于是劳动能力的愈来愈多的职能被列在生产劳动的直接概念下，这种劳动能力的承担者也被列在生产工人的概念下"②。由此可以看出，马克思认为，在资本主义社会，绝大多数脑力劳动者也是雇佣劳动者，是被剥削者，是生产工人。实际上，他已经把大多数知识分子看成工人阶级的一部分。马克思、恩格斯对知识分子的社会地位和阶级属性的分析虽然是初步的，但对工人阶级政党正确地认识知识分子问题，却有着重要的指导意义。

3. 革命需要大量知识分子的参加

马克思、恩格斯认为，知识分子能够参加革命，革命也需要知识分子的参加。在无产阶级反对资产阶级的斗争中，统治阶级中的一小部分人，特别是已经提高到从理论上认识整个历史运动这一水平的一部分资产阶级知识分子，就会转到无产阶级方面，脱离统治阶级而归附于革命的阶级，即掌握着未来的阶级，并投身于推翻资产阶级统治的无产阶级革命。革命需要大量知识分子的参加。马克思说："如果明天我们必须掌握政权，我们就需要工程师、化学家、农艺师；为了占有和使用生产资料，我们需要有技术素养的人才，而且数量很大。"③ 恩格斯也说："如果我们有哲学家和我们一起思考，有工人和我们一起为我们的事业奋斗，那末世界上还有什么力量能阻挡我们前进呢？"④ 也就是说，只要有知识分子的参加，我们

---

① 《马克思恩格斯全集》第 26 卷（第 1 分册），人民出版社，1972，第 444 页。
② 《马克思恩格斯全集》第 49 卷，人民出版社，1982，第 100～101 页。
③ 《马克思恩格斯全集》第 22 卷，人民出版社，1965，第 630 页。
④ 《马克思恩格斯全集》第 2 卷，人民出版社，1957，第 595 页。

的无产阶级革命事业就一定能够取得成功。

4. 无产阶级应造就自己的知识分子队伍

马克思、恩格斯已经认识到无产阶级造就自己的知识分子队伍的重要性。恩格斯在《致国际社会主义者大学生代表大会》的信件中就指出："过去的资产阶级革命向大学要求的仅仅是律师，作为培养他们的政治活动家的最好的原料；而工人阶级的解放，除此之外还需要医生、工程师、化学家、农艺师及其他专门人才，因为问题在于不仅要掌握政治机器，而且要掌管全部社会生产，而在这里需要的决不是响亮的词句，而是丰富的知识；希望你们的努力将使大学生们愈益认识到，正是应该从他们的行列中产生出这样一种脑力劳动无产阶级，他们负有使命同自己从事体力劳动的工人兄弟在一个队伍里肩并肩地在即将来临的革命中发挥巨大作用。"①恩格斯在这里实际上向工人阶级提出了培养自己的知识分子的伟大任务，向大学生们发出了使自己成长为工人阶级知识分子、并与工人阶级一道并肩战斗的伟大号召。

马克思、恩格斯关于知识分子问题的论述，由于受到时代条件的限制，虽然还不够系统、完整，甚至有点零碎，却有许多闪光之处。他们为列宁、毛泽东、邓小平等无产阶级革命家在其后的国际共产主义运动中，正确认识和处理知识分子与革命和建设的一系列问题指明了方向。

二　列宁、斯大林的知识分子思想

列宁、斯大林在领导俄国人民推翻沙皇专制统治、建立和建设苏维埃社会主义共和国的实践中，继承并发展了马克思、恩格斯关于知识分子的思想，对知识分子的阶级属性、历史地位、知识分子政策、知识分子的培养等问题，作了大量的论述，较好地解决了无产阶级政党在社会主义革命和建设时期如何认识和对待知识分子的问题，为其他国家的共产党提供了借鉴。

1. 关于知识分子的阶级属性

认清知识分子的阶级属性，是分析和解决有关知识分子的一切问题的

---

① 《马克思恩格斯全集》第22卷，人民出版社，1965，第487页。

出发点和前提条件。斯大林提出："知识分子从来不是一个阶级，而且也不能是一个阶级——它过去是、而且现在还是由社会各阶级出身的人组成的一个阶层。"① 斯大林说，从前的知识分子是出身于贵族和资产阶级的，有一部分是农民出身，工人出身的是少数；而在苏维埃时代，知识分子主要是工农出身的；但不管它的出身如何，不管它的性质怎样，它还是一个阶层而不是阶级。那么，知识分子阶层从属于哪个阶级呢？列宁明确指出，知识分子不是资本家，虽然他们的生活水平是资产阶级式的，并且他们在没有变成流民以前不得不维持这种水平，但是同时他们又不得不出卖自己的劳动产品，而且经常要出卖自己的劳动力，他们往往受到资本家的剥削和一定程度的社会轻视。因此，绝大多数知识分子与无产阶级在经济地位上是一样的，都是被剥削者。斯大林认为，在工业化和集体化事业胜利以后，当剥削制度的消灭和社会主义经济体系的确立已经实现的时候，知识界的情形就根本改变了，工人、农民和劳动知识分子，在全国经济、政治、社会和文化生活各方面，都享有完全平等的权利。在这里，斯大林将知识分子与工人、农民同等看待，实际上是把知识分子视为劳动人民的一部分。

2. 关于知识分子的历史地位

能否认清知识分子的历史地位，是关系着能否尊重知识分子的重要问题。列宁、斯大林对知识分子的地位作了充分的肯定和多方面的阐述。他们认为，知识分子是革命取得胜利的重要力量。早在十月革命前，列宁在分析当时的知识分子的革命性时就指出，知识分子比较能够反映广大的小资产阶级和农民的利益，尽管它很不坚定，但是它比较能够同专制制度进行革命的斗争。列宁指出："它一旦接近了人民，就会在这个斗争中成为一支巨大的力量。它自己虽然软弱无力，但是能够给小资产者和农民的极广大阶层提供他们恰恰缺少的东西：知识、纲领、领导、组织。"② 列宁、斯大林认为，知识分子不仅在俄国革命中作出过重要贡献，而且在社会主义建设过程中发挥着重要作用。他们指出，没有具备各种知识、技术和经验的专家来指导，便不能过渡到社会主义，因为社会主义需要广大群众自

① 《斯大林选集》（下卷），人民出版社，1979，第411页。
② 《列宁全集》第9卷，人民出版社，1963，第199~200页。

党地在资本主义已经达到的基础上超过资本主义的劳动生产率；只有利用资本主义遗留下来的全部文化因素，才能建设社会主义，而知识分子就是这样的因素；为了把技术运用起来并得到充分利用，就需要有掌握技术的人才，就需要有能够精通并十分内行地运用这种技术的干部；应当特别注意人才，特别注意干部，特别注意掌握技术的工作者；消除官僚主义最可靠的办法就是提高工农的文化水平；提高工人阶级和劳动农民群众的文化，是改善国家机关和任何其他机关的主要杠杆。列宁、斯大林在这里充分论述了人才、技术干部、专家、知识分子是关系到能否建成社会主义的重要因素，也就充分肯定了知识分子在社会主义建设过程中的重要历史地位。

3. 关于知识分子的政策

列宁、斯大林都非常重视知识分子政策问题，在许多讲话和报告中阐述了无产阶级政党应该采取和实行的知识分子政策。其要点有：第一，要利用剥削阶级出身的知识分子为新生的人民政权服务。列宁在《关于党纲的报告》中告诫全党说："对于专家我们不应当采取吹毛求疵的政策。这些专家不是剥削者的奴仆，而是有文化的工作者，他们在资产阶级社会里为资产阶级服务……在无产阶级社会里是会为我们服务的。"[1] 列宁还说，应当借助被推翻了的那个阶级出身的人来从事管理，虽然他们浸透了本阶级的偏见，但我们应当重新教育他们；虽然是资产阶级的但是精通业务的"科学和技术专家"，要比狂妄自大的共产党员宝贵十倍。第二，要像爱护眼珠那样爱护一切真诚工作的知识分子。无产阶级要想取得革命的成功和建设的胜利，就必须十分爱惜人才。早在 1902 年，列宁就提出："必须像爱护眼珠一样地爱护人才。"[2] 1921 年，列宁又指出："如果我们的一切领导机关，无论是共产党、苏维埃政权或工会不能像我们爱护眼珠那样爱护一切真诚工作的、精通和热爱本行业的专家，那么社会主义建设事业就不可能取得任何重大成就。"[3] 为此，列宁提出要同党内和工人队伍中存在的不重视专家的偏见作斗争。他说："一个共产党员若不能证明自己善于把

---

[1]　《列宁选集》第 3 卷，人民出版社，1995，第 768 页。

[2]　《列宁全集》第 34 卷，人民出版社，1963，第 103 页。

[3]　《列宁全集》第 42 卷，人民出版社，1987，第 374 页。

专家们的工作统一起来并虚心地给以指导……那么这样的共产党员往往是有害的。这样的共产党员在我们这里很多，我宁可拿出几十个来换一个老老实实研究本行业务的内行的资产阶级专家。"① 第三，要合理使用和提拔知识分子，为知识分子提供较好的工作和生活条件。针对党内存在的不善于发现和使用知识分子人才的问题，列宁、斯大林指出，要善于把头脑清晰、学识渊博和富有实际工作经验的知识分子安置在适当的领导岗位上；要吸收具有理论知识和丰富的实践知识的教育家以及在职业技术教育方面具有同样知识的人，担负地方的特别是中央的负责工作；各级政府机关要经常关心改善专家的生活待遇，要在给专家各方面保障、鼓励优秀专家、维护他们利益等方面取得实际效果；要特别关心非党知识分子，提拔他们去担任指挥职务，使他们真正相信党是重视有能力和有才干的工作人员的。

4. 关于知识分子的培养

列宁、斯大林在领导俄国社会主义革命和建设的过程中，向布尔什维克党提出了无产阶级必须培养造就自己的知识分子的任务，并把它提到工人阶级能否真正成为国家主人的高度来认识。他们认为，培养工人阶级和一般劳动者出身的、能够在社会政治方面和生产技术方面领导企业的新的社会主义干部，是党的重要任务；要提高建设的速度和扩大生产规模，就必须使工人阶级有自己的生产技术知识分子；工人阶级的文化力量问题是具有决定意义的问题之一，凡是能够提高工人阶级文化力量的手段，凡是能够有助于培养工人阶级管理国家、管理工业的技能和本领的手段，我们都应当尽量利用；高等学校、共产主义大学、工人进修学校和中等专业学校，都是培养经济工作和文化工作的指挥人员的学校；医学家和经济学家、合作社工作者和教育家、采矿工程师和统计学家、技师和化学家、农业工作者和铁道工程师、兽医和林业工作者、电气技师和机械师，都是建设新社会、建设社会主义经济和社会主义文化的未来的指挥人员，因此要大力培养各级各类工人阶级自己的知识分子。由于列宁、斯大林十分重视知识分子的培养问题，因而在苏联社会主义革命和建设时期，在造就知识分子队伍方面取得了很大成就。

---

① 《列宁选集》第 4 卷，人民出版社，1995，第 442 页。

总的来看，尽管列宁、斯大林在对知识分子问题的理解和处理上也曾犯有这样那样的错误，但他们关于知识分子问题的一系列论述，无疑丰富了马克思、恩格斯的知识分子思想，对各国无产阶级政党正确认识和解决知识分子问题，也有着重要的借鉴意义。

三　中国共产党的知识分子思想

知识分子问题无论是在民主革命时期，还是在社会主义革命和社会主义建设时期，都是极其重要的。这个问题处理得好不好，直接关系到革命和建设事业的成败。邓小平曾指出："中国的知识分子问题是一个特殊的问题，我们至今还没有解决好。解决这个问题非常迫切和重要。"[①] 中国共产党的几代领导集体的核心，一直十分重视关系着社会主义事业成败的知识分子问题。他们在一些讲话中，就知识分子的地位与作用、尊重知识与尊重人才方针的落实、知识分子的成长道路等问题，作了精辟的论述，为我们党进一步完善知识分子政策、做好知识分子工作，奠定了坚实的理论基础。

1. 关于知识分子的阶级属性

马克思主义认为，知识分子向来就不是一个阶级，而是由隶属于不同阶级的有较多文化知识的脑力劳动者构成的一个阶层。我党历史上在知识分子问题方面，曾严重背离马克思主义关于知识分子的基本观点，特别是在 20 世纪 20 年代后期和 30 年代前期，党内出现了几次较大的"左"倾错误，把知识分子笼统地划归资产阶级一边而予以排挤、打击。对此，毛泽东给予了坚决抵制。1933 年，以他为首的苏维埃政府在《关于土地改革若干问题的决定》中，就明确地把知识分子当做脑力劳动者，划归劳动人民这一边。1939 年 12 月，毛泽东发表了《中国革命和中国共产党》一文，并为中共中央起草了我党历史上有关知识分子的第一个纲领性文件——《大量吸收知识分子》。在这两篇文献中，毛泽东依据马克思主义阶级分析方法对旧中国知识分子的阶级属性作了基本正确的认定。他说："知识分子和学生并不是一个阶级和阶层。从他们的阶级出身看，从他们的生活条

---

① 《邓小平会见华人科学家时的谈话》，1984 年 10 月 3 日《人民日报》。

件看，从他们的政治立场看，现代中国知识分子和青年学生的多数可以归入小资产阶级。"① 而小资产阶级，根据他在《中国社会各阶级的分析》一文中的论述，是无产阶级最接近的朋友和可靠的同盟军。

新中国成立之初，在有关土改划阶级成分的文件和工会文件中，都讲到国家、合作社和私人雇佣的知识分子是工人阶级的一部分。然而，自 20世纪 50 年代后期起，在知识分子问题上，我党和毛泽东偏离了正确的方向。毛泽东忽视了在社会主义改造基本完成，剥削阶级作为阶级被消灭以后，知识分子队伍发生的深刻变化，忽视了大多数知识分子包括从旧社会过来的知识分子取得的巨大进步，实际上仍然把他们中的多数看成资产阶级知识分子，这是其晚年的重大失误。

党的十一届三中全会以后，我国的工作重心转移到经济建设上来。邓小平在领导全党和全国人民进行社会主义现代化建设的伟大实践中，继承了毛泽东知识分子问题上的正确思想，纠正了其晚年的偏差，而且还根据新时期的特点作了新的发展。关于知识分子的阶级属性，邓小平以非凡的胆识和伟大的气魄，对过去的各种失误进行了拨乱反正。

首先，邓小平针对"文化大革命"期间"四人帮"胡说"四个现代化实现之日，就是资本主义复辟之时"，把知识分子称为"臭老九"的谬论，强调四个现代化关键是科学技术的现代化，造就一支浩浩荡荡的工人阶级的又红又专的科学技术大军，是摆在我们面前的一个重要任务。此后，他又指出："我们国家，国力的强弱，经济发展后劲的大小，越来越取决于劳动者的素质，取决于知识分子的数量和质量。"② 这样，邓小平就通过强调科学技术在社会主义现代化建设过程中的重要作用的方式，为我党重新界定拥有较多科学技术知识的知识分子的阶级属性，进而为知识分子正名提供了有力的依据和必要前提。

其次，邓小平明确提出了"世界观的重要表现是为谁服务"的科学论断。"世界观的重要表现是为谁服务。一个人，如果爱我们社会主义祖国，自觉自愿地为社会主义服务，为工农兵服务，应该说这表示他初步确立了无产阶级世界观。按政治标准来说，就不能说他是白，而应该说是红

---

① 《毛泽东选集》第 2 卷，人民出版社，1991，第 641 页。
② 《邓小平文选》第 3 卷，人民出版社，1993，第 120 页。

了。"① 依此标准，我国广大的知识分子，包括从旧社会过来的知识分子中的绝大多数人，已经成为工人阶级的一部分，正在努力自觉地为社会主义事业服务。邓小平把为谁服务视为世界观的重要表现，不仅为正确判定知识分子的世界观提供了基本标准，同时也为我党重新界定知识分子是工人阶级一部分的阶级属性提供了又一科学依据。

再次，邓小平深刻指出，从事脑力劳动的人也是劳动者。他说，知识分子"与体力劳动者的区别，只是社会分工的不同。从事体力劳动的，从事脑力劳动的，都是社会主义的劳动者"②。邓小平的这一论断，完全符合我国知识分子的实际。我国知识分子并不单独占有生产资料，而是和体力劳动者一起，共同成为生产资料的主人，并且在生产过程中与体力劳动者处于平等的地位。这便决定了他们和以体力劳动为主的工人一样，通过劳动，获得生活资料，以领取工资的形式参加按劳分配。所以，尽管知识分子在劳动方式上，与工农存在较大差别，但这并不妨碍从总体上说，从取得生活资料来源的方式上说，知识分子已经成为工人阶级的一部分。

以江泽民为核心的第三代党的领导集体不仅坚持了"知识分子是工人阶级一部分"的正确论断，而且在对知识分子阶级属性的认识上又有了新的发展。1989 年第三代领导集体形成不久，由于当时刚刚处理了政治风波，在国内外舆论中出现了共产党要改变知识分子政策的议论，针对这种情况，江泽民在党的十三届四中全会上作出了明确的回答，并在同年的庆祝中华人民共和国成立 40 周年的讲话中进一步指出，我国知识分子已经是工人阶级的一部分，没有知识分子，不可能建设社会主义。第三代领导集体的主要成员大部分是知识分子出身，其中有些人还具有高级职称，他们都体验过去"左"的知识分子政策给党的事业造成的严重危害。这种切肤之痛不能不使他们认识到正确的知识分子政策的重要意义。

进入 20 世纪 90 年代后，改革进入攻坚阶段，深化改革、加快发展的现实需要，尤其是新的科技革命浪潮给我们带来的沉重压力和挑战，使第三代领导集体对知识分子问题的思考更加深入。在 1992 年党的十四大报告中，江泽民进一步指出，知识分子是工人阶级中掌握科学文化较多的一部

---

① 《邓小平文选》第 2 卷，人民出版社，1994，第 92 页。
② 《邓小平文选》第 2 卷，人民出版社，1994，第 89 页。

分，是先进生产力的开拓者，在改革开放和现代化建设中有着特殊的重要作用。这就不仅坚持了"知识分子是工人阶级一部分"的正确观点，而且揭示了知识分子的特点和优点，突出了知识分子的地位和作用。可以说，这其实在某种意义上宣扬了这样一个观点：知识分子是工人阶级中最优秀的一部分。

2. 关于知识分子的地位和作用

毛泽东基于对知识分子阶级属性和革命性的科学分析和判断，正确地指出，第一，没有知识分子的参加，革命的胜利是不可能的；第二，建设社会主义强国，需要大批知识分子；第三，知识分子要在革命和建设过程中发挥作用，应走与群众相结合的道路。然而，自 20 世纪 50 年代后期开始，党在对待知识分子问题上犯了"左"的错误。尤其是在"十年动乱"期间，"知识越多越反动"，知识分子被诬蔑为"反动学术权威"、"臭老九"，备受歧视迫害，以至于蒙冤受屈。粉碎"四人帮"后，邓小平开始逐步为知识分子恢复名誉，并最终形成了知识分子是我国社会主义现代化建设的依靠力量、知识分子发挥着特殊的重要作用的认识。

首先，知识分子是现代化建设和经济发展的基本依靠力量。邓小平在建设有中国特色社会主义的伟大实践中，对知识、人才、知识分子在社会主义建设中的重要地位和作用，进行了深入思考。邓小平强调："发展我国的社会主义经济，没有人才不行，没有知识不行。"① 实现四个现代化，关键是科学技术的现代化，这就决定了知识分子在我国新时期社会主义现代化建设和经济发展过程中占有特殊重要的地位，他们和工人阶级、农民阶级一道，是我国社会主义现代化建设的基本依靠力量。在一定意义上可以说，知识分子是我国最可贵的巨大财富，没有社会主义知识分子，就没有社会主义现代化。

其次，知识分子在科技进步、教育发展、全民族素质提高和精神文明建设中都起着至关重要的作用。邓小平认为，只有从人民中不断涌现出大批人才和知识分子，才能带动我们整个中华民族科学文化水平的提高；而缺乏知识分子和人才，我们的事业就会受到严重影响。"没有一支强大的高水平的专业科学研究队伍，就难以攀登现代科学技术的高峰，群众性的

---

① 《邓小平文选》第 3 卷，人民出版社，1993，第 9 页。

科学实践活动，也难以持久深入地一浪高过一浪地向前发展"①，民族文化素质也就难以全面提高。无论是文化建设，还是思想建设，都离不开知识分子的参与。能否充分发挥广大知识分子的聪明才智，在很大程度上决定着中华民族的兴衰存亡。

以江泽民为核心的第三代领导集体在新的历史时期，总结历史经验，从建设富强、民主、文明的社会主义现代化强国，实现中华民族伟大复兴的战略高度，更进一步肯定了知识分子的地位和作用。1990 年 5 月，江泽民在纪念五四报告会上指出："在五四运动中，一大批先进知识分子站在前头，同帝国主义和封建势力进行彻底的不妥协的斗争，发挥了先锋和桥梁作用。"② 在充分肯定了知识分子在革命中的重大作用的同时，第三代领导集体还肯定了知识分子在建立社会主义制度和进行大规模社会主义建设中的历史贡献。他们特别重视知识分子在现代化建设中的地位和作用，把知识分子看成实现跨世纪发展战略，实现中华民族伟大复兴的骨干力量。随着改革开放的逐步推进，改革中的一些深层次矛盾和问题逐渐暴露。如何保持国民经济的持续、快速、健康发展？1994 年 6 月，江泽民指出："在我们这样一个近 12 亿人口、资源相对不足、经济文化比较落后的国家，依靠什么来实现社会主义现代化建设的宏伟目标呢？具有决定意义的一条，就是把经济建设转到依靠科技进步和提高劳动者素质的轨道上来。……这是实现我国现代化的根本大计。"③ 从这种认识出发，第三代领导集体确立了科教兴国的伟大战略，提出了加快知识创新和人才开发、迎接知识经济时代挑战的要求。

3. 关于知识分子的方针政策

毛泽东曾经指出："全党同志必须认识到，对于知识分子的正确的政策，是革命胜利的重要条件之一。"④ 事实一再证明，对于知识分子的方针政策正确与否，是与革命和建设的成败息息相关的。什么时候知识分子政策正确，事业就兴旺；反之，就衰败。知识分子政策是党的政策体系中的一个有机的重要组成部分，其正确与否能够直接反映党的政策体系的正确与否。

---

① 《邓小平文选》第 2 卷，人民出版社，1994，第 97 页。
② 《江泽民文选》第 1 卷，人民出版社，2006，第 120 页。
③ 江泽民：《在全国教育工作会议上的讲话》，1994 年 6 月 14 日《人民日报》。
④ 《毛泽东选集》第 2 卷，人民出版社，1991，第 620 页。

我党在历史上，直到 1939 年底毛泽东为中共中央撰写《大量吸收知识分子》的决定以前，由于接连不断的革命斗争，没有把过多的精力放在考虑知识分子问题上，没有形成一套正确的完整的关于知识分子的方针政策。由于革命斗争的需要，毛泽东在 1939 年为中共中央起草的这个决定中提出了大量吸收知识分子的方针政策。为什么要大量吸收知识分子参加革命呢？因为在毛泽东看来，没有知识分子的参加，就没有广泛的统一战线。统一战线是我党在民主革命时期克敌制胜的"三大法宝"之一，而知识分子正是统一战线的一个重要组成部分。

毛泽东提出的大量吸收知识分子的方针政策在民主革命后期逐渐演变为"团结、教育、改造"的知识分子政策。在新中国成立初期相当长的一段时间里，党比较谨慎地贯彻这一政策，帮助从旧社会过来的知识分子解决世界观中最根本的立场问题，使他们思想觉悟获得了较大的提高。总体来看，在民主革命后期、解放初期，我党知识分子政策的中心是把知识分子当做团结、教育、改造的对象。

1957 年反右斗争扩大化后，毛泽东的知识分子思想出现了"左"的偏差，对知识分子也采取了错误的政策。特别是在"文化大革命"时期，由于林彪、江青反革命集团的干扰破坏，党对知识分子团结、教育、改造的方针政策只剩下了"改造"两个字。在这一政策下，知识分子成了被批判、打击、迫害的对象，提出了"宁要没有文化的社会主义劳动者，不要有文化的资产阶级精神贵族"等荒谬口号，社会主义建设事业遭受重大挫折。

邓小平在新的历史时期，针对过去错误的知识分子政策和知识分子所受的不公正待遇及所遇到的各种困难和问题，提出了一系列正确的主张和具体的方针政策。

第一，邓小平重新阐释了对知识分子的改造问题。针对"文化大革命"期间知识分子名为受改造实为受迫害的极不公正的政治待遇，邓小平在 1977 年召开的科学和教育工作座谈会上作了专门发言。他说："历史不断前进，人们的思想也要不断改造。不仅从旧社会过来的知识分子要改造，就是新中国成立以后培养出来的知识分子也要继续改造。不仅是知识分子的思想要继续改造，工人、农民和共产党员的思想也要继续改造。"[1]

---

① 《邓小平文选》第 2 卷，人民出版社，1994，第 49 页。

不难看出，邓小平所谓的改造，从对象上看，包括工人、农民、党员、知识分子；从目的上看，是为了适应社会主义现代化建设的需要；从方式上看，是改造与学习的有机结合。可见，邓小平关于知识分子的改造与"文化大革命"时期对知识分子的改造的内涵是有本质区别的。

第二，邓小平郑重提出了"尊重知识分子"的正确方针。邓小平提出的尊重知识、尊重人才、尊重知识分子的方针，构成了我国新时期知识分子政策的核心。

第三，邓小平提出要采取重大政策和措施，从各个方面为知识分子施展才能提供了广阔舞台和良好环境。知识分子的最大愿望是为祖国富强、民族振兴和人民幸福贡献自己的力量，最大的要求是自己的劳动得到社会的承认和尊重。要努力满足他们的这种愿望和要求，把他们的积极性和创造性充分发挥出来，就必须从政治上、工作上、生活上等各个方面为知识分子营造一个良好的环境。

邓小平在新的历史条件下，在领导我国人民建设有中国特色社会主义的实践中，继承了毛泽东知识分子思想的正确部分，同时纠正了毛泽东晚年在这一问题上的失误，达到了正确地认识知识分子、评价知识分子、对待知识分子的全新境界，从而发展了毛泽东的知识分子思想。

第三代领导集体认真贯彻了邓小平制定的"尊重知识、尊重人才"的知识分子政策。1990 年 8 月，以江泽民为核心的党中央发布了《关于进一步加强和改进知识分子工作的通知》，其中列举的党的知识分子政策得到了广大知识分子和人民群众的拥护。为使党的知识分子政策落到实处，第三代领导集体做了大量工作，积极探索新思路，寻找新方法。

首先，在政治上充分信任知识分子，加快干部"四化"进程。1995 年 2 月 9 日通过的《党政领导干部选拔任用条例》明确规定，提拔担任党政领导职务的，一般应当具有大学专科以上文化程度。这就从制度上为知识分子走上党政领导岗位提供了便利。由于党中央的重视和采取了一系列有力措施，各级党政领导班子的知识化、专业化程度在较短的时间内大大提高。

其次，在工作上积极为知识分子创造条件。江泽民在党的十四大报告中明确指出："努力创造更加有利于知识分子施展聪明才智的良好环境，在全社会进一步形成尊重知识、尊重人才的良好风尚。下决心采取重大政策和措施，积极改善知识分子的工作、学习和生活条件。"① 近几年来知识分子的社会地位大大提高，生活条件和工作条件大为改善。

再次，在生活上积极为知识分子办实事。江泽民曾明确指出："各级党委和政府要继续尽心尽力地改善知识分子的工作和生活条件，坚决克服官僚主义和拖拉作风。凡是经过努力可以解决的问题，都必须认真去办，尽快解决，少说空话，多办实事。"② 党的十三届四中全会以来，第三代领导集体为知识分子办了大量实事。比如，制定和颁布《著作权法》和《教师法》等一系列与知识分子有关的法律文件，制定科技体制和教育体制改革方案，提高教师工资，解决高校的筒子楼问题，等等。

4. 党的知识分子理论的创新

在新世纪、新阶段，在以胡锦涛为总书记的党中央领导下，党的知识分子理论随着时代的变化，又与时俱进地进行了许多创新发展：把科教兴国战略发展到人才强国战略，把党管干部原则发展到党管人才原则，把科学发展观作为人才工作的指导思想，等等。这些都是其理论创新发展的重要体现。

（1）人才强国战略是对科教兴国战略科学内涵的丰富和发展。实施人才强国战略，是以胡锦涛为总书记的新一届党中央全面分析我国面临的新的国际国内形势，根据江泽民关于"人才资源是第一资源"的科学论断而作出的重大战略决策。2003 年 12 月，新一届党中央专门召开了全国人才工作会议，颁发了《关于进一步加强人才工作的决定》。这是全面贯彻实施人才强国战略的纲领性文件，这在我党和新中国历史上是第一次，标志着我们党对人才在科技教育及经济和社会发展中重要性的认识达到了一个全新的高度。以胡锦涛为总书记的党中央高瞻远瞩，适时提出实施人才强国战略，深化和丰富了科教兴国战略的内涵，不仅书写了党与知识分子关系的新篇章，也表明我们党知识分子理论和政策的重点已由改革开放初期的纠错和落实，向新世纪、新阶段如何充分发挥知识分子的作用，如何将知识转化为生产力、转化为社会效益、转化为经营管理效率，如何产生良性循环发展效果、实现知识倍增效应等方面转变。

---

① 《江泽民文选》第 1 卷，人民出版社，2006，第 233～234 页。

② 江泽民：《爱国主义和我国知识分子的使命》，1990 年 5 月 4 日《人民日报》。

与20世纪90年代党中央提出的科教兴国战略相比，人才强国战略是对科教兴国战略的发展和创新。人才强国战略抓住了科教兴国战略的关键问题即人才问题，人才强国战略就是通过采取各个方面的措施，培养和造就宏大的高素质的人才队伍，去更好地更有效地完成科教兴国战略的任务。人才强国战略拓展了科教兴国战略的目标，把高素质的劳动者和高素质的人才结合起来，把我国从一个人力资源大国建设成一个人才资源强国。人才强国战略还为科教兴国战略提供了制高点和根本保证。因为人才是推动建设中国特色社会主义伟大事业发展的关键因素，如果没有人才强国战略的大力实施，没有培养出数以亿计的高素质劳动者、数以千万计的专门人才和一大批拔尖创新人才，科教兴国战略就会缺乏不竭的动力，就难以有效实施。从科教兴国到人才强国，充分体现了我们党兴国、强国理念的一脉相承而又与时俱进，符合经济社会发展的需要，进一步开创了知识分子工作的新局面。

（2）党管人才原则是对党管干部原则的延伸和拓展。国际和国内形势的变化和时代的发展对党管干部原则提出了更高的要求。中国共产党在总结党管干部的成功经验的基础上，根据新的时代变化，创造性地把党管干部原则发展到党管人才原则。胡锦涛在2003年5月召开的中央政治局会议上提出："实施人才强国战略，要坚持党管人才原则。"① 在2003年12月全国人才工作会议上胡锦涛进一步明确了党管人才原则的主要内容是党管人才，就是管宏观、管大局、管战略、管政策；提出其重点是做好制定政策、整合力量、营造环境的工作，努力做到用事业造就人才、用环境凝聚人才、用机制激励人才、用法律保障人才。

党管人才原则是党管干部原则的延伸，是新形势下党的人才理论与时俱进、开拓创新的重要体现，是新世纪人才工作沿着正确方向前进的根本保证，有利于新世纪、新阶段把各类优秀人才聚集到党和国家的各项事业中来，有利于制定符合人才成长、流动、增值规律和共产党执政规律的人才政策和措施。

（3）科学发展观作为人才工作的指导思想凸显了知识分子的地位和作

---

① 胡锦涛：《实施人才强国战略，坚持党管人才原则》，http://news. xinhuanet. com/news-center/2003－12/20/content_ 1241174. htm。

用。科学发展观是新世纪我国全面建设小康社会的伟大实践的重要指导思想，其全面落实，贵在实践，关键是人才。全面贯彻落实科学发展观，必须培养和造就一大批适应现代化建设需要的各类人才，为全面实现小康社会的宏伟目标提供强有力的人才保障。科学发展观对新时期知识分子的社会价值目标的确立及其实现途径的选择，在实践中具有重要的指导作用和启迪意义。"人才资源是第一资源"的科学论断，是科学发展观在人才工作中的进一步体现，对于做好新世纪、新阶段的知识分子工作具有重要的指导意义。"人才资源是第一资源"的科学论断，就是强调从经济的角度去考察知识分子的地位和作用，对新时期正确认识知识分子的社会地位和作用，开创人才工作新局面，牢固树立科学人才观具有十分重要的意义。

总之，进入新世纪后，党的知识分子理论的新构建适应了知识经济时代的发展要求，符合知识分子在新时代的新特点。在科学发展观的指导下，把培养人才、用好人才、吸引人才作为政策核心内容，坚持"人才资源是第一资源"的科学论断，提出党管人才的原则，大力实施人才强国的战略，这些充分体现了党在新世纪、新阶段对马克思主义知识分子思想和人才理论与时俱进的创新发展。

第二节　中国共产党知识分子政策的历史演变

中国共产党自 1921 年建党之日起，就有着关于知识分子与革命关系及其地位与作用的讨论和争辩。一直到 1978 年党的十一届三中全会，才比过去任何时期，有了更为充分认识知识和知识分子问题的条件，制定了比以前更为完整、正确的知识分子政策。全面回顾自建党之日起 90 余年来党的知识分子政策的发展过程，从历史中吸取经验教训，是十分必要的。

一　1921～1949 年的知识分子政策

1. 建党初期和第一次国内革命战争时期

列宁认为，工人阶级不可能自发地产生社会主义意识，这种意识只能通过知识分子从外面灌输进去。在 20 世纪 20 年代的中国也是如此，而且中国的产业工人很少。因此，中国土地上以科学社会主义为指导思想的政治组织，必然首先产生于中国的知识分子当中。中国共产党正式产生前，是先在知识分子中，产生了共产党或社会主义研究小组、研究会，在这些小组、研究会的基础上，才产生了正式的中国共产党。

党的一大对知识分子问题的认识，是讨论党的组成成分、党的工作路线和策略路线而涉及的。李汉俊提出，中国无产阶级尚幼稚，不懂得马克思的理论。现在党首先要用马克思理论武装知识分子，当革命的知识分子掌握了马克思主义时，再大力组织和教育工人，提高他们的觉悟，办马克思主义大学，出版报纸刊物，建立图书馆，组织和教育工人，提高他们的阶级觉悟，推动无产阶级革命。刘仁静认为，党应该立即向产业工人进军，在工人中发展党员，发动社会主义革命，以无产阶级专政为直接的斗争目标。无产阶级要和资产阶级划清界限，反对任何形式的公开合作。知识分子都是资产阶级思想的代表，一般拒绝其入党。两个方面的意见，各有支持者。党的一大在《党章》、《党纲》的热烈讨论中，按照党的组织原则，作出了比较正确的决定。《党纲》第四条规定：党员资格没有性别和民族的区别限制，任何人，凡接受党的纲领和政策，承认对党的忠诚，经党员一人介绍，即成为我党同志。根据这一条规定，知识分子在符合《党章》规定的条件下即可入党，所以党的一大制定的《党纲》并没有歧视知识分子的地方。

基于当时党的成员基本上是知识分子的现实，党的一大特别突出强调了党在日后工作中的工人运动方向和在产业工人中吸收最先进分子入党的问题。对于如何处理日后组织发展中的知识分子问题，党的一大通过的《党纲》明确提出：“中国共产党彻底断绝与资产阶级的黄色知识分子及其类似的其他党派的任何联系。”① 显然，该规定并不意味着拒绝所有知识分子加入共产党，因为既然存在着“黄色知识分子”，那么其前提无疑是承认有可以接受中国共产党主张的知识分子。其后，党组织继续吸收先进知识分子入党的事实也可以说明这一点。

1922 年 6 月召开的党的二大，提出了党在民主革命时期的纲领和建立

---

① 中国社会科学院现代史研究室、中国革命博物馆党史研究室选编《“一大”前后》第 2 册，人民出版社，1980，第 6~7 页。

民族统一战线的主张，此后随着国民革命运动和北伐战争的开始，越来越多的知识分子尤其是青年知识分子加入到民主革命阵营中来。一般来讲，党是将知识分子视为与工农一样遭受"外国资本和军阀的双重压迫"、面临生存困境的群体，从而属于民主革命阵营。党在国民革命的大潮中始终将知识分子视为革命阵营中的一支重要力量，不断呼吁和发动他们参加以推翻帝国主义和军阀统治为目标的革命斗争。

第四届党代表大会的宣传中提出，我们号召工人和农民、手工业者和知识阶级，来巩固自己的组织。这是第一次把工人、农民、知识分子平列为革命力量的提法。知识分子被正确认定为革命力量的三大组成部分之一。知识分子在革命运动中的地位与作用也得到了肯定。但是，在知识分子的社会属性上，还是有不同认识和争论。1927 年 6 月中央政治局《中国共产党第三次修正章程决案》第三条规定：候补党员候补时期，劳动者（工人、农民、手工工人、店员、士兵等）无候补期；非劳动者（知识分子、自由职业者等）之候补期三个月。这里，明确地把知识分子划为"非劳动者"，不符合马克思主义的脑力劳动也是劳动的认定。

总的来看，到 1927 年第一次国内革命战争结束为止，党对知识分子的认识、态度、政策是处于探索性的阶段，基本上摆正了知识分子在革命和在党组织中的地位与作用。因此，与此相应地，这个时期党的整个事业蓬勃向上发展。但在对知识分子的认识上没有彻底肃清"左"的偏差，组织形式上虽然统一了，但思想上还不统一，这就必然还要在今后的革命斗争中表现出来。

2. 第二次国内革命战争时期

党的六大的政治决议明确规定和阐明了"中国革命现阶段的性质是资产阶级民主革命"，但又认为民族资产阶级已经背叛革命，并说"上层小资产阶级"也动摇背叛革命而投降到反革命营垒里去了。因此六大改变了党的四大决议提出的工人、农民、知识分子都是革命力量的提法，认为资产阶级民主革命阶段之中的动力，现在只是中国无产阶级和农民了。此后，党内普遍发生了反知识分子的现象。

在瞿秋白、李立三的"左"倾路线领导下，强调了唯工人、农民成分论，强调领导成分要工人化。这样，不信任和排挤打击知识分子党员和干部的"左"倾错误日益严重。在党的六届四中全会上，王明夺取了党中央的领导权后，党内反知识分子的倾向总的来说依然故我，甚至在某种程度上还有所发展。在王明路线时期各革命根据地开展的"肃反"运动中，知识分子是重点整肃的对象之一。1933 年 3 月 3 日出版于上海的《斗争》刊登了《中央宣传部关于反对叛徒斗争的提纲》，认为变节的人中的大多数正是那些混在我们队伍中的小资产阶级知识分子。张国焘主持下的鄂豫皖苏区党的"改造"和"肃反"则是忠实地执行王明"左"倾路线的典型。

九一八事变后，在民族危机日趋严峻、国内抗日民族运动不断高涨的情况下，党开始调整政策，对知识分子的态度渐趋实际。逐渐地，"学生青年和智识劳动者们"列在工农兵之后，成为接受党的号召抗日反蒋的对象之一。

党有关知识分子的理论和政策的调整，除了民族危机的因素外，还有着根据地建设的考虑。到 1933 年，党领导的革命根据地发展到一个高峰。人才匮乏问题凸显，特别是在文化教育方面。于是，培养"革命知识分子"、"工人知识分子"的口号开始被高频率地提起。然而"革命知识分子"的培养需要时间和条件。那么，如何对待根据地内的"旧知识分子"便摆在了共产党领导人面前。回答十分明确，就是"利用""旧知识分子"为苏维埃政权服务。1934 年 1 月，毛泽东在第二次苏维埃全国代表大会的报告中指出，为了造就革命的知识分子，为了发展文化教育，利用地主资产阶级出身的知识分子为苏维埃服务，这是苏维埃文化政策中不能忽视的一点。

3. 抗日战争和解放战争时期

1935 年的遵义会议否定了"左"倾路线，红军到达陕北后，党中央进一步肃清"左"倾路线影响，使工作的各个方面回到马克思主义路线上来。1939 年 12 月，党中央总结了建党以来在知识分子问题上的经验教训，并根据抗日战争的新形势，作出了《大量吸收知识分子》的决定，指出："在长期与残酷的民族解放战争中，在建立新中国的伟大战争中，共产党必须善于吸收知识分子，才能组织伟大的抗日力量。组织千百万农民群众，发动革命的文化运动与发展统一战线，没有知识分子参加，革命胜利是不可能的。"[①] 毛泽东在《中国革命和中国共产党》这一伟大著作中说

---

① 《毛泽东选集》第 2 卷，人民出版社，1991，第 618 页。

道："知识分子和学生并不是一个阶级和阶层。从他们的家庭出身看，从他们的生活条件看，从他们的政治立场看，现代中国知识分子和青年学生的多数可以归入小资产阶级。"① 在对知识分子和学生作了阶级属性的论断以后，他在指出他们的特点、历史任务和地位时说道："他们有很大的革命性。他们或多或少有了资本主义的科学知识，富于政治感觉，他们在现阶段的中国革命中常常起着先锋的和桥梁的作用。马克思列宁主义思想在中国的广大的传播和接受，首先也是知识分子和青年学生中。革命力量的组织和革命事业的建设，离开革命知识分子的参加，是不能成功的。"

在上述党中央的决定和毛泽东的文章中，党纠正了第二次国内革命战争时期对知识和知识分子的"左"的认识，正确地肯定了知识分子在革命中的地位和作用。在党的正确政策的号召下，全国各地大批的知识分子，特别是青年知识分子，奔向延安，奔向敌后各个抗日根据地，使我们的党、政、军、民和抗日民族统一战线的建设和各个方面工作蓬勃发展。因此，党的抗日民主力量从抗日开始时的"星星之火"，不久就"燎原"于各抗日根据地和全国各地区，我们党空前发展壮大，为抗日战争的胜利奠定了基础。

在解放战争时期，抗日战争时期制定的正确的知识分子政策，得到了很大发展和认真贯彻执行。这一时期，对于知识分子的上述认识和政策基本上延续下来，不管知识分子出身何种家庭，只要服从解放区政府的法令，就团结他们、保护他们、使用他们。1948 年 8 月公布的中央修改和批准的《东北局关于公营企业中职员问题的决定》指出："技术人员、工程师、专门家、技师，是管理庞大复杂的近代企业必不可少的重要人员。我们对于一切技术人员，包括思想上还不同意共产主义的在内，只要忠于职务，不作破坏活动，都应给以工作，并在生活上给以必要的和可能的优待，使他们发挥专长、为人民服务。"②

为了能比抗战时期更能放手、更能广泛团结和使用知识分子，党在七届二中全会上制定了入城后的基本政治路线："我们必须全心全意地依靠工人阶级，团结其他劳动群众，争取知识分子，争取尽可能多的同我们合

---

① 《毛泽东选集》第 2 卷，人民出版社，1991，第 641 页。
② 中央档案馆编《中共中央文件选集（1948～1949 年）》，中共中央党校出版社，1987，第208 页。

作的民族资产阶级分子及其代表人物站在我们方面，或者使他们保持中立，以便向帝国主义者、国民党、官僚资产阶级作坚决斗争，一步一步地去战胜敌人。"① "无产阶级领导的以工农联盟为基础的人民民主专政，要求我们去认真地团结全体工人阶级、全体农民阶级和广大的革命知识分子，这些是专政的领导力量和基础力量。"② 这里，在新形势下的党的基本路线中，知识分子是民主专政的领导力量和基础力量之一。党的知识分子政策的重大发展，充分地体现了知识分子应有的地位和作用。解放战争时期的知识分子政策，是党在知识分子政策问题上对马克思主义理论及实践的前所未有的发展。

二　1949～1978 年的知识分子政策

新中国建立以来，党的事业、社会主义的建设事业在曲折中发展。与此相应地，党的知识分子政策也在曲折中发展，在相当长的时期内，知识被蔑视，知识分子被打击迫害，党的十一届三中全会前后才得到拨乱反正。

1. 新中国成立初期

新中国成立初期即 1949～1956 年，共 7 年。新中国建立后，在知识分子问题上，一方面，基本上继承着抗日战争和解放战争时期的正确政策；另一方面，党对旧社会过来的知识分子，采取了"团结、教育、改造"的"六字方针"。

随着对旧政权遗留人员的接收，中国知识分子队伍发生了很大变化。知识分子的构成大致可分为三类：一是经历战争洗礼的革命知识分子，人数较少。二是解放战争中接收的国民党遗留下来的各类专家、学者、记者、教员、文艺工作者等，这部分人数最多，构成新中国知识分子的主体。三是旧社会培养出来的广大青年学生。所谓知识分子问题主要是针对后两类而言的。当时许多知识分子在旧中国深受压迫，因而对新中国的成立寄予很大的希望，愿意重新学习，愿意为人民服务。但是，他们大多数出身于剥削阶级家庭，受旧的思想影响较深，不能适应新社会的需要。有

---

① 《毛泽东选集》第 4 卷，人民出版社，1991，第 1427～1428 页。
② 《毛泽东选集》第 4 卷，人民出版社，1991，第 1436～1437 页。

鉴于此，我党提出"团结、教育、改造"的方针，并采取了下列方式：一是组织知识分子进行政治学习。开办学习会、训练班，设立革命大学、军政大学，集中一段时间，组织知识分子学习社会发展史、马克思主义国家学说、政治经济学和党的方针政策等课程。二是组织知识分子参加革命实践。从 1951 年春开始有大批知识分子投入土地改革、镇压反革命、抗美援朝三大运动，使长期闭门读书、教书的文化人在火热的革命斗争中增长了见识。这些举措使得我国广大知识分子的政治觉悟普遍有所提高。

1954 年全国人民代表大会第一次会议在北京召开，刘少奇在宪法草案的报告中指出，知识分子从各种不同社会阶级出身，他们本身不能单独构成一个独立的社会阶级，他们可以同劳动人民结合而成为劳动人民的知识分子。到 1954 年，实践证明，不为建设新中国服务的知识分子很少了，就是说，知识分子阶层总的来说已经是劳动人民的一部分了。1956 年 1 月，中共中央召开了关于知识分子问题的会议，会上周恩来作了《关于知识分子问题的报告》，正式宣布了知识分子的绝大部分已经是工人阶级的一部分。接着，中央政治局提出了在今后 12 年使我国落后的科学技术接近世界先进水平，制定了《1956～1967 年科学发展远景规划》，号召"向科学进军"。受此鼓舞，我国广大知识分子掀起了向科学进军的热潮。

2. 社会主义曲折发展的 10 年

这一时期即 1956～1966 年，共 10 年。1956 年 9 月召开的党的八大一致通过的政治报告明确肯定了几十年来的封建剥削制度已经基本结束，社会主义的社会制度在我国已经基本建立起来了，我国无产阶级和资产阶级的矛盾已经基本上解决。党的主要任务是要集中全国人民的力量来发展社会生产力，把我国尽快地从落后的农业国变为先进的工业国，以逐步满足人民日益增长的物质和文化需要。党对知识界的情况也很满意，认为知识界已经组成了一支为社会主义服务的队伍。但是，毛泽东在 1957 年 2 月底发表的《关于正确处理人民内部矛盾的问题》和 1957 年 3 月发表的《在中国共产党全国宣传工作会议上的讲话》中，在根本性的问题即知识分子阶级属性问题上出现了反复。他认为："我们现在的大多数的知识分子，他们还是属于资产阶级的知识分子。"[①] 接着，1958 年 5 月召开的党的八大

---

① 《建国以来毛泽东文稿》第 6 册，中央文献出版社，1992，第 339～340 页。

二次会议，宣布我国有"两个剥削阶级"，其中之一就是民族资产阶级及其知识分子。这样，知识分子就被明确地划归资产阶级、剥削阶级。在以后一个接一个的运动中，许多知识分子被扣上各种政治帽子，受到批判、斗争。这就严重地挫伤了知识分子改造思想、投身社会主义建设的积极性。

到1960年，三年"大跃进"完全失败了，生产遭到很大破坏，广大人民群众遭受到饥饿的困苦，全国上下，除少数极"左"分子外，都反对所谓的"大跃进"，党内正确的意见又逐渐抬起头来，在看待知识分子的问题方面也逐渐恢复到正确轨道上来了。1962年2～3月，国家科委在广州召开了全国科学工作会议，即历史上著名的为知识分子"脱帽加冕"的"广州会议"。周恩来在会上作了《论知识分子问题》的报告，报告中恢复了党在1956年知识分子会议上的基本估计。随后，1962年3月28日，周恩来在二届全国人大三次会议所作的《政府工作报告》中再次指出："我国的知识分子的状况，已经同解放初期有了很大的不同。知识分子中的绝大多数……是属于劳动人民的知识分子。我们应该信任他们，关心他们，使他们很好地为社会主义服务。如果还把他们看成是资产阶级的知识分子，显然是不对的。"① 然而，党内对这一问题的认识是不一致的，周恩来在广州会议上关于知识分子问题的讲话"在中央内部就有少数人不同意甚至明确反对"，最关键的是，在周恩来"要求毛主席对这个问题表示态度时，毛主席也没有说话"②。毛泽东的这种态度实际上表明了他的立场，后来再次出现反复也就不足为怪了。在1962年秋的北戴河中央工作会议和党的八届十中全会上，毛泽东批评了广州会议给知识分子"脱帽加冕"的正确政策，会后党的知识分子工作遭到了更严重、更长时间的挫折。毛泽东先后发出两个关于文艺工作的指示，指责文艺工作者不少人跌到了修正主义的边缘。接着，报刊上对一些知识分子及其作品进行了公开的点名批判，1965年11月10日《评新编历史剧〈海瑞罢官〉》一文的发表，把这种批判推向高峰，导致了《二月提纲》和《五一六通知》的产生，导致了

---

① 中共中央统一战线工作部、中共中央文献研究室编《周恩来统一战线文选》，人民出版社，1984，第426页。

② 薄一波：《若干重大决策与事件的回顾（修订本）》（下卷），人民出版社，1997，第1040页。

"文化大革命"的发动。在某种意义上可以说,"文化大革命"的发动就是过分夸大知识分子问题的严重性的结果。

3. "文化大革命"时期

这一阶段是知识分子遭到空前浩劫的 10 年。

1966 年 5 月,中共中央召开了政治局扩大会议,会议发出了由毛泽东主持制定的《中国共产党中央委员通知》即《五一六通知》,"文化大革命"开始全面发动了！这是一场全民族的浩劫,它首先打在知识分子头上。《五一六通知》规定"文化大革命"的性质是"一场你死我活的阶级斗争",其任务是要"彻底揭露那些反党反社会主义的所谓'学术权威'的资产阶级反动立场,彻底批判学术界、教育界、新闻界、文化界、出版界的资产阶级反动思想,夺取在这些文化领域的领导权"①。这样,所有知识界,特别是有专长的、有学问的知识分子都被定性为反动派,成为革命对象了,都罩在"文化大革命"的"天罗地网"里了。

"文化大革命"是以意识形态领域内的大批判作为突破口发动起来的,文化领域是"文化大革命"的重灾区之一,这意味着以文化创造和传播为职业的知识分子将会在这场运动中受到冲击,更何况他们早就被判定为资产阶级知识分子——社会主义和无产阶级的异己,而"文化大革命"就是要"兴无灭资"。

无论是《五一六通知》,还是其后的《横扫一切牛鬼蛇神》的社论,对于"文化大革命"的对象——"资产阶级反动学术权威"、"资产阶级的专家、学者"、"文化界的资产阶级代表人物"等,均未作出明确界定。这就必然会导致混乱与随意性。既然知识分子从总体上说是资产阶级的,那么所谓资产阶级反动学术权威、专家学者、代表人物等,自然就是那些在各个专业领域有名望、有建树、职称较高、影响较大的知识分子了。实际情况也是如此。同"文化大革命"前相比,知识分子受打击或迫害的范围或广度是空前的。从旧社会过来的知识分子自不待言,就是共产党员知识分子和拥有各种革命、进步经历因而一直受到共产党信任和礼遇的知识分子也没有几个能逃脱在"文化大革命"中遭受打击的厄运。

1968 年夏,工宣队、军宣队陆续开进学校后,知识分子的境遇开始出

---

① 《中国共产党中央委员会通知》(1966 年 5 月 16 日),1967 年 5 月 17 日《人民日报》。

现微妙的变化。8月,《红旗》杂志发表姚文元的《工人阶级必须领导一切》的文章。该文传达了毛泽东的新指示:"实现无产阶级教育革命,必须有工人阶级领导,必须有工人群众参加,配合解放军战士,同学校的学生、教员、工人中决心把无产阶级教育革命进行到底的积极分子实行革命的三结合。"这就明确地表达了对知识分子的不信任。不久,毛泽东又为《红旗》杂志写下了一个编者按语,重申对知识分子实行"再教育、给出路"的"六字方针"。按语说:"这里提出一个问题,就是对过去大量的高等及中等学校毕业生早已从事工作及现正从事工作的人们,要注意对他们进行再教育,使他们与工农结合起来。其中必有结合得好的并有所发明创造的,应予以报道,以资鼓励。实在不行的,即所谓顽固不化的走资派及资产阶级技术权威,民愤很大需要打倒的,只是极少数。就是对于这些人,也要给出路。"[1] 此后,"再教育,给出路"成为"文化大革命"时期人所共知的知识分子政策,成为知识分子问题上使用频率最高的用语。

1971年8月,全国教育工作会议抛出了著名的"两个估计",即"文化大革命"前17年教育战线是资产阶级专了无产阶级的政,是资产阶级知识分子独霸天下,教师队伍中的大多数和新中国成立后培养的大批学生,其世界观基本上是资产阶级的,是资产阶级知识分子。"两个估计"并非突如其来的新东西,它是对"文化大革命"前夕及"文化大革命"以后有关知识分子的估计和理论的再明确、再发挥。"文化大革命"中知识分子的地位在中国历史上甚至世界历史上都是罕见的低下,从形象而具体的"臭老九"称谓上,可见一斑。

正在学校上大学、中学的一代,还没有能学习高级知识。他们在毛泽东亲自发动、亲自领导的"文化大革命"的影响下,放弃书本、走出教室,下放到农村接受贫下中农的"再教育"。令人奇怪的是,城市的工人阶级的觉悟也不如贫下中农了,不让青年去接受工人阶级的再教育,而去接受农民的再教育,这在理论上也是混乱的。在"文化大革命"的10年中,一代中年和一代青年都被耽误了,变为无文化、缺文化、少文化、不知道外国科技发展情况的两代人。

---

[1] 《〈红旗〉杂志发表〈从上海机械学院两条路线的斗争看理工科大学的教育革命〉的编者按语》,1968年9月5日《人民日报》。

在整个"文化大革命"期间，知识分子始终处于政治大革命的漩涡之中，不过不是弄潮儿，而是不断被巨浪掀翻、抛起、落向深渊的落伍者。他们无法在政治激流中掌握自己的命运，更谈不上对国家、民族命运的影响。这是中国知识分子的悲哀，也是整个中华民族的悲哀。

三　1978 年以来的知识分子政策

1976 年 10 月粉碎"四人帮"，标志着中华人民共和国进入了一个新的历史时期。党在摆脱了"左"的阶级斗争理论的束缚后，对什么是社会主义、如何建设社会主义的认识日趋深化。在这种情况下，对于知识分子在社会主义现代化建设中的地位和作用有了充分认识，并制定和实施了一系列符合时代特点和要求的知识分子政策。知识分子终于获得了一个良好的生存环境。

具有伟大历史意义的党的十一届三中全会，坚持解放思想、实事求是的思想路线，实现了全党工作重心的转移，坚决摒弃了"以阶级斗争为纲"的指导思想，明确了以经济建设为中心的战略思想。在这种历史背景下，由邓小平亲自过问，党对知识分子政策实行了新中国成立后的大调整，这次调整比此前任何一次调整步子都要大，比历史上任何一次对知识分子错误政策的纠正都要彻底。这使党的知识分子政策的历史揭开了新的篇章，开创了具有中国特色社会主义道路的知识分子工作的新局面。

1978 年 3 月 18 日，在全国科学大会开幕式上，邓小平代表党中央郑重指出："在社会主义社会里，工人阶级自己培养的脑力劳动者，与历史上的剥削社会中的知识分子不同了，总的来说，他们的绝大多数已经是工人阶级和劳动人民自己的知识分子，因此也可以说，已经是工人阶级自己的一部分。"[1] 这表明，党在对知识分子阶级属性的认识上又重新回到了马克思主义立场上。1978 年 11 月颁发的《中共中央组织部关于落实党的知识分子政策的几点意见》提出，对知识分子要"充分信任、放手使用"。1981 年党的十一届六中全会通过的决议中，进一步明确肯定知识分子同工人、农民一样是社会主义事业的依靠力量，没有文化和知识分子是不可能

---

① 《邓小平文选》第 2 卷，人民出版社，1994，第 89 页。

建设社会主义的。1982年，五届全国人大五次会议第一次将"社会主义的建设事业必须依靠工人、农民和知识分子，团结一切可以团结的力量"写入宪法。

1982年，党中央正式提出了"政治上一视同仁，工作上放手使用，生活上关心照顾"的知识分子政策。1991年8月发出的《中共中央关于进一步加强和改进知识分子工作的通知》在表述上对知识分子政策作了局部调整，使之更为准确，这就是"政治上充分信任，工作上放手使用，生活上关心照顾"，并且明确指出"党的知识分子政策的核心是尊重知识、尊重人才"。

在肯定知识分子是工人阶级的一部分的基础上，党对知识分子的作用又有了新的认识，并且把它提到了前所未有的高度。在世界新科技革命突飞猛进，国际经济竞争日益激烈和我国尽快实现社会主义现代化的大背景下，科学技术和知识分子的作用日益凸显。据此，邓小平适时地作出了"科学技术是第一生产力"的科学论断，对知识分子在社会主义新时期的作用作出了科学的评价。党的十四大对知识分子的社会地位和历史作用作了完整的表述："知识分子是工人阶级中掌握科学文化知识较多的一部分，是先进生产力的开拓者，在改革开放和现代化建设中有着特殊重要的作用。能不能充分发挥广大知识分子的才能，在很大程度上决定着我们民族的盛衰和现代化建设的进程。"[①] 为了创造更加有利于知识分子的良好环境，在全社会形成尊重知识、尊重人才的良好风尚，党采取了一系列有效措施，着力做好培养人才、用好人才、吸引人才的工作，积极改善知识分子的工作、学习和生活条件，对有突出贡献的知识分子给予重奖，并形成规范化的奖励制度。

在新世纪，党的知识分子政策得到进一步完善和落实。在2003年12月召开的全国人才工作会议上，胡锦涛强调："要牢固树立以人为本的观念，把促进人才健康成长和充分发挥人才作用放在首要位置，努力营造鼓励人才干事业、支持人才干成事业、帮助人才干好事业的社会环境，放手让一切劳动、知识、技术、管理和资本的活力竞相迸发，让一切创造社会

---

① 《江泽民文选》第1卷，人民出版社，2006，第233页。

财富的源泉充分涌流，以造福于人民。"① 会后制定了《中共中央、国务院关于进一步加强人才工作的决定》。面对世界多极化和经济全球化趋势的深入发展，党全面贯彻尊重劳动、尊重知识、尊重人才、尊重创造的方针，以建设创新型国家的要求作为基准，遵循创新型科技人才成长规律，用事业凝聚人才，用实践造就人才，用机制激励人才，用法制保障人才，不断发展壮大科技人才队伍。党中央的这一系列关于知识分子的政策，体现了对新时期知识分子工作的高度重视。

可以说，经过党的十一届三中全会后 30 余年的不断宣传和强调，无论是从执政党方面讲，还是从社会认同方面讲，中国共产党在知识分子问题上的理论和政策已经彻底摆脱了党的历史上延续了很长时间的"左"的影响。知识分子的总体评价作为一个重大的政治问题和社会问题已经基本解决了。在知识经济时代已经来临的今天，在中国共产党明确提出并不断强调科教兴国战略、人才强国战略的背景下，知识分子的重要性已毋庸置疑。

第三节　中国共产党知识分子政策的经验、反思与启示

一　中国共产党知识分子政策的基本经验

1. 坚持"两个基本判断"

总结历史经验教训，在知识分子问题上，我们党作出了"两个基本判断"，这就是"知识分子是工人阶级的一部分"和"知识分子是先进生产力的开拓者"。这两个基本判断是对我国知识分子属性和地位的科学概括，是社会主义初级阶段党的知识分子政策和知识分子工作的立足点。

（1）在理论上，必须坚持以经济关系作为划分阶级成分的唯一标准。对于知识分子阶级属性的判定在中国共产党的知识分子理论和政策中居于核心地位。中国共产党无论是作为革命党还是执政党，都需要解决一个依靠谁、联合谁以进行革命和建设的问题。作为一个马克思主义政党，党解

---

① 胡锦涛：《在全国人才工作会议上的讲话》，人民网，2003 年 12 月 20 日。

决这个问题的办法就是根据马克思主义阶级分析方法对社会群体进行阶级划分。

马克思、恩格斯认为，阶级在本质上是一个经济范畴，所以划分阶级的根本依据只能在经济领域中去寻找。恩格斯明确论述了经济因素在阶级划分中的重要作用。他指出："唯物主义历史观从下述原理出发：生产以及随生产而来的产品交换是一切社会制度的基础；在每个历史地出现的社会中，产品分配以及和它相伴随的社会之划分为阶级或等级，是由生产什么、怎样生产以及怎样交换产品来决定的。所以，一切社会变迁和政治变革的终极原因，不应当到人们的头脑中，到人们对永恒的真理和正义的日益增进的认识中去寻找，而应当到生产方式和交换方式的变更中去寻找；不应当到有关时代的哲学中去寻找，而应当到有关时代的经济中去寻找。"① 从马克思、恩格斯的著作中可以看出，他们关于阶级的第一个和最基本的观点，就是把阶级看成生产关系和交换关系的产物，他们是从一定的社会生产结构中各个社会集团地位的差别上来看待阶级和阶级划分的。当然，一个社会集团或阶级在经济方面的表征是多方面的，如在社会生产体系中的地位、生产资料占有关系、在社会劳动组织中的作用、收入的方式和多寡，等等。对阶级所表现出的这些特征，要辩证地把握。既要全面分析这些基本特征，又不能认为这些特征是不分主次的简单罗列。它们之间有内在的联系，其中对生产资料的占有关系无论在层次上还是在重要性上都高于其他特征，具有本质的意义。它是生产关系的基础，决定着人们在生产体系中的地位、在劳动组织中的作用和产品分配形式。马克思、恩格斯一直坚持把人们与生产资料的关系作为划分阶级的决定性标准。在他们看来，阶级不是一般的社会集团，而是代表某种生产方式的特殊的社会集团。阶级对立的实质是对生产资料的占有关系不同，这种不同决定了人们在一定经济结构中所处的地位不同，这种不同地位又决定了一部分人能够凭借对生产资料的占有权来剥削另外一部分不占有生产资料的人的劳动。因此，对生产资料的关系在阶级划分中起着决定的作用，是划分阶级的客观标准。

根据马克思主义阶级理论和划分阶级的经济标准，在判定知识分子阶

---

① 《马克思恩格斯选集》第 3 卷，人民出版社，1995，第 617～618 页。

级属性时，只能根据他们在生产关系中所处的地位，而不能再有其他什么标准，更不能以世界观作为依据。因为就一个人的经济地位和世界观的关系来说，是前者决定后者，而不是后者决定前者。因此，决定知识分子阶级属性的是其经济地位，而不是世界观；世界观属于意识形态范畴，具有相对独立性，一个人的世界观不仅由经济地位所决定，而且还受家庭出身、接受教育的状况、社会环境等诸多因素的影响。因此，它在某种程度上讲，具有不确定性，我们不能把一个不确定因素作为划分阶级的标准。

事实上，当生产关系这一标准得到遵循时，知识分子便被放到工人阶级队伍中，作为可以依靠的力量之一，一系列符合实际的正确的知识分子政策便会出台并得到贯彻实施。反之，便会有一系列脱离实际的政策或措施出台，并造成极大的消极后果。

（2）在思想观念上，必须承认脑力劳动者和体力劳动者都是劳动者。社会的发展不仅从根本上取决于物质财富的生产，也依赖于精神财富的生产。体力劳动和脑力劳动的分工，是社会发展到一定阶段出现的，是社会进步的表现。在资本主义社会，除了极少数处于高层的知识分子之外，对广大靠自己劳动谋生的知识分子，马克思均称之为"生产工人"。马克思在《直接生产过程的结果》一文中还指出，在各种劳动者中，有的人多用手工作，有的人多用脑工作，有的人当经理、工程师、工艺师等，有的人当监工，有的人当直接的体力劳动者或者做十分简单的粗工。"于是劳动能力的越来越多的职能被列在生产劳动的直接概念下，这种劳动能力的承担者也被列在生产工人的概念下。"①

知识分子所从事的脑力劳动，是一种复杂劳动，具有创造性、连续性和综合性，有别于体力劳动的许多特点。脑力劳动者要在科学研究领域发现新问题，提出新见解，创造新成果，就需要阅读大量的科学研究资料，经过反复的思考，不断实践，在多次失败中去获得成功。而这些往往不能受八小时工作制的限制。许多知识分子为了攻克一个难题，常常夜不能寐，食不能甘，连走路也要绞尽脑汁地思考，以寻求解决问题的办法。他们劳动和创造的成果主要是以信息的形式表现为一定的思想、知识等。中国要实现现代化建设的长期目标，需要大量的科学发现、理论深化和知识

---

① 《马克思恩格斯全集》第49卷，人民出版社，1982，第101页。

普及。这种特殊使命只能由知识分子来完成。因此，科学评价知识分子的劳动和创造要有战略眼光，要克服囿于一时一地的狭隘的观点。一个民族若看不到知识分子劳动和创造的重大意义，不能认同一种较为深远的价值取向，社会发展便可能会产生畸形。

（3）在思想感情上，必须把知识分子看成依靠的对象，而不是"异己的力量"。由于理论上的误区和观念上的错误，加之思想感情的隔阂，在一段时期内，在我们部分党员干部中曾经出现过把知识分子当做"异己力量"的宗派主义情绪。我国新民主主义革命是以农民为主力军的革命运动，当时军队中的领导干部大多数是文化水平不高的工农出身的同志，不少人对知识分子不了解、不熟悉，在部分同志中还存在着害怕知识分子甚至排斥知识分子的心理。新中国成立后，各方面的领导干部，多是从战场上下来的工农出身的干部。有些同志这种心理不仅仍然存在，而且由于地位的变化，发展为排斥知识分子的宗派主义情绪，并开展了一系列批判知识分子的政治运动。广大知识分子被戴上了"资产阶级"的帽子。这种"左"的倾向在"文化大革命"中发展到了顶点。在此期间，广大知识分子蒙受了巨大的灾难。在历经坎坷的同时，广大知识分子表现出了对祖国和人民的无比热爱。他们在十分困难的条件下仍坚持工作，并取得了"两弹一星"等一大批重要成果，在很大程度上为现代化建设提供了必要的物质技术基础。政治上对知识分子信任与否是决定知识分子在现代化建设中发挥作用大小的关键因素。事实证明，知识分子是党和人民完全可以信赖的群体。

2. 坚持"两个尊重"

"两个尊重"即"尊重知识、尊重人才"，最早是邓小平于1977年提出来的。以后他又多次讲过这个问题。"尊重知识、尊重人才"的思想，是邓小平关于知识分子理论的一个重要组成部分，它同"现代化建设要以经济建设为中心"、"发展生产力是我们的首要任务"、"科学技术是第一生产力"等理论一起构成了完整的科学体系，而以"科学技术是第一生产力"为其理论基础。

科学文化知识是人类争取自由和进步的一种武器，是推动历史前进的巨大力量。知识越多，越有利于提高人们的认识，提高人们改造世界的能力。恩格斯说过，对于成为统治阶级的无产阶级来说，"不仅要掌管政治机器，而且要掌管全部社会生产，而在这里最需要的决不是响亮的词句，而是丰富的知识"①。科学文化知识的积累和传播，才使人类文明得以发展和进步。而科学文化知识的积累和传播，正好体现了知识分子在人类社会历史发展中的作用。

世间最宝贵的是知识和人才。历史的前进，社会的发展，人类的进步，无不折射着各个时代、各类人才创造性的智慧的光芒。迎接经济全球化的机遇和挑战，迎接知识经济时代的机遇和挑战，其根本措施是积极主动地参与全球人才、科技的竞争。因为谁拥有知识和人才，谁就拥有财富，谁就拥有无与伦比的竞争力。时代呼唤着多类型、多层次、多规格的高素质知识分子。培养造就和使用好这些知识分子，是兴国运、壮国威、福万民、泽后代之根本举措。

知识分子旺则国力强，知识分子衰则国力弱。在知识经济时代，知识分子的作用比以往任何时候都更加明显，更加重要。知识分子是知识的活的载体，不仅体现价值，而且创造价值。知识分子对于承载的知识既保存、传播，又更新、发展，是一个特殊主动的载体。知识分子是知识创新的中坚力量。相对论、量子力学、分子生物学这些现代科学的理论基础，是知识分子的创造。随着知识经济时代的逐步到来，未来社会的主体是有知识的劳动者，知识分子将成为最主要、最基本的物质生产者和精神生产者，我国要迎接知识经济的挑战，必须有宏大的高素质的知识分子队伍，必须依靠这支队伍最大限度地发挥作用。

当今世界经济的竞争，实际上是科学技术的竞争，说到底是人才的竞争。一个国家人才的数量和质量及其能量发挥的程度，是一个国家综合国力强弱的重要指标之一。所以邓小平"两个尊重"的思想一经提出，便得到全党全民的热烈拥护，尤其得到广大知识分子的热烈拥护，成为促进我国社会主义现代化建设的重要指导思想，成为新时期知识分子政策的核心。

3. 坚持"两个结合"

知识分子与实践相结合、与工农相结合，是毛泽东首先提出来的，得到了广大知识分子的热烈拥护。实践证明，坚持"两个结合"，是知识分子健康成长的必由之路。

---

① 《马克思恩格斯全集》第 22 卷，人民出版社，1965，第 487 页。

我国革命和建设的历史及改革和开放的现实为知识分子工农化提供了深厚的历史和现实条件。从我国的历史和现实看，知识分子只有与工农群众紧密结合，实现知识分子工农化，才能沿着正确的方向前进，作出应有的贡献。

在当代，知识分子队伍总体上发生了根本改变，已经是工人阶级的一部分。这一重大变化极其有利于知识分子在实践中和工农群众中找到自己的用武之地，理直气壮地为人民服务，一往无前地追求自己的理想和事业。知识分子又是工人阶级中的一个特殊部分。一般地说，知识分子主要从事精神产品的生产，这是一种复杂的劳动，具有更高的创造性、探索性，更侧重于理论思维；在工作方式上具有较多的个性和相对自由的特点。这种劳动方式构成了知识分子身上一些明显的长处和优点，也会产生某些弱点和不足，其中最容易产生的是脱离群众、脱离实际、脱离现实的倾向。因此，有必要引导知识分子走与实践相结合、与工农相结合的道路。正如江泽民所说："当代知识分子要履行自己的历史职责，就必须沿着这条道路继续前进，在社会主义现代化的建设和改革开放的实践中，丰富和发展先进知识分子的优良传统，把它一代又一代地传下去。"[①]

4. 坚持"双百"方针

"百花齐放，百家争鸣"方针是我党科学文化工作的一项基本方针。毛泽东说："艺术问题上的百花齐放，学术问题上的百家争鸣，我看应该成为我们的方针。"[②]"双百"方针所涉及的工作对象主要是知识界，因此，它也是党团结知识分子，正确处理党同知识分子关系的一项基本工作方针。因为学术研究、文艺创作是知识分子赖以安身立命的主要事业，党和国家执行什么样的方针直接关系到知识分子事业的兴衰成败。新中国成立后的实践证明，什么时候"双百"方针执行得好，有一个安定团结、民主和谐的气氛，知识分子就可以心情舒畅地、积极活跃地从事学术研究和文艺创作，与党的关系也就十分和谐融洽；什么时候"双百"方针遭到破坏、执行得不好，不单科学文化事业的发展受到影响，党和知识分子的关

---

① 江泽民：《爱国主义和我国知识分子的历史使命》，载中共中央文献研究室编《毛泽东邓小平江泽民论世界观人生观价值观》，人民出版社，1997，第444页。

② 《毛泽东文集》第7卷，人民出版社，1999，第54页。

系也会出现问题。

"双百"方针和四项基本原则是统一的，而不是对立的，必须坚持党对科学文化事业的领导，坚持马克思主义的指导地位。只有在坚持四项基本原则的前提下充分实行学术自由和创作自由，才能保证科学文化事业沿着正确的方向发展，更好地为人民服务，为社会服务。离开四项基本原则谈"双百"方针，学术研究和文艺创作就有可能迷失方向，误入歧途。要给予知识分子一种宽松的工作氛围。从某种意义上讲，知识分子的科学研究成果及质量是与他们所得到的自由度成正比的。人们的创造性的精神活动的发展需要内心的自由，即思想上不受权威和社会偏见的束缚，也不受一般常规和习俗的束缚。换言之，知识分子需要社会提供文明、和谐、宽松的环境。要在坚持四项基本原则的前提下，努力发展学术自由和创作自由；要鼓励他们解放思想，畅所欲言，努力创造一种勇于探索和创新的气氛，促进不同学术、艺术之间的相互了解、相互借鉴；要积极开展健康的充分说理的和富有建设性的批评和自我批评，力戒用行政办法下结论。要坚持"真理面前人人平等"和实践是检验真理的唯一标准的原则，切忌用行政手段来作结论。

对于科学文化问题及这些领域的争论，"双百"方针也指出了一条正确的解决之路。毛泽东说："艺术上不同的形式和风格可以自由发挥，科学上不同的学派可以自由争论。利用行政力量，强制推行一种风格，一种学派，禁止另一种学派，我们认为有害于艺术和科学的发展。艺术和科学的是非问题，应当通过艺术界科学界的自由讨论去解决，通过艺术和科学的实践去解决，而不应当采取简单的方法去解决。"① 这才是科学的态度。

二 中国共产党知识分子政策的反思与启示

1. 适时进行视角的转换

自 1921 年中国共产党成立到 1949 年中华人民共和国建立，党在知识分子问题上逐渐形成了一套较系统的理论和政策。这种理论和政策的突出特征便是革命的视角、阶级分析的方法。对于领导中国革命的共产党人来

① 《毛泽东文集》第 7 卷，人民出版社，1999，第 229 页。

说，这样思考问题和回答问题是必然的。理论和政策的有效性，要以它是否有益于中国革命事业作为衡量标准。1949 年新中国成立以后，我们党开始由革命的政党转变为执政的政党。对刚刚执政的中国共产党来说，党对执政的规律还不可能有深刻的认识。在知识分子问题上，我们党在新中国成立后还没有摆脱革命党的思维。

知识分子无论在革命时期，还是在建设时期，都有很重要的地位和作用，这一点毛泽东非常清楚。在 1956 年 1 月召开的中央知识分子问题会议上，他强调："现在叫技术革命，文化革命，革愚蠢无知的命，没有知识分子是不行的，单靠老粗是不行的，中国应该有大批知识分子。"毛泽东的主观愿望是好的，但是在实践过程中，对知识分子问题的认识又出现了偏差。这其中的主要原因如下。

第一，中国落后的经济结构基础和传统文化模式制约了毛泽东对知识分子的认识。新中国成立后旧的经济结构没有发生巨大的变化，重农轻商思想依然严重。旧中国知识分子在历史舞台上所扮演的角色仅仅是社会上层的谋士、官僚或文人墨客等。这种传统的经济结构模式和文化影响了毛泽东对知识分子的看法。他认为知识分子既然不是工农，就需要改造，特别是世界观的改造。中国古代文人多集中活动在社会科学和人文科学领域，他们思想活跃，对新生事物敏感，不愿任人摆布，反抗意识强烈，容易对世俗不满，好发感慨。新中国建立之初，中国政权结构还有待完善，传统思想不可能不影响毛泽东。一旦社会上出现一些与中央政见不一致和知识分子在意识形态中的百家争鸣的现象时，毛泽东对知识分子的不信任、怀疑之心就油然而生，这也是历史沉积的再现。

第二，国际国内环境的影响。第二次世界大战后世界格局发生了重大变化，组成了以美国为首的资本主义阵营和以苏联为首的社会主义阵营。毛泽东在新中国成立之初提出，中国人不是倒向帝国主义一边，就是倒向社会主义一边，绝不例外，骑墙头是不行的，第二条道路是没有的。这样就使得毛泽东更加排斥资产阶级的一切，在很大程度上模仿苏联体制。但是，以毛泽东为首的中国共产党人在实践过程中，也逐渐认识到了苏联体制的弊端。毛泽东在分析波匈事件的原因时，认为东欧一些国家的基本问题就是阶级斗争没有搞好，那么多反革命没有搞掉，没有在阶级斗争中训练无产阶级，分清敌我，分清是非，分清唯心论和唯物论。1956 年下半年到 1957 年初，国内一些地区也出现了农民闹退社、工人罢工、学生闹事的事件，有的知识分子干部要求"大民主"。这些引起了毛泽东的警觉。然而，他过高地估计了国际风潮对国内的影响。为防止国内出现大批反党反社会主义的右派分子，为防止出现"修正主义"，毛泽东提出"以阶级斗争为纲"的口号，要求"阶级斗争要天天讲、年年讲、月月讲"。

第三，长期革命斗争的实践，使毛泽东形成了一种用斗争方式解决一切矛盾的思维模式。在一个相当长的历史阶段内，我们党的工作是以阶级斗争为中心，考虑问题主要是从阶级斗争的角度出发，一切服从革命、服从阶级斗争的需要，知识分子理论和政策自然也不例外。在阶级斗争的视野下，首要的问题是分清敌友，划分阶级阵营，判明不同社会成员的阶级属性及对革命的态度。毛泽东也是在斗争的过程中确立了自己在我党的领袖地位。在延安时代，毛泽东曾几次谈到自己成为马克思主义者的思想历程。他说："记得我在 1920 年，第一次看到考茨基的《阶级斗争》，陈望道翻译的《共产党宣言》和一个英国人作的《社会主义史》，我才知道人类自有史以来就有阶级斗争，阶级斗争是社会发展的原动力，初步地得到认识的方法论。……我只取了它四个字'阶级斗争'，老老实实地开始研究实际的阶级斗争。"[①] 从此，阶级斗争的观点就没有离开过毛泽东。毛泽东是阶级斗争的大师，他运用阶级斗争的理论深刻剖析中国社会，独创性地确立了新民主主义革命理论，解决了革命时期的一系列重大问题，建立了新中国。中国民主革命的一切胜利无不与阶级斗争相联系，无一不是正确运用阶级斗争的胜利，这也使得毛泽东形成了一种用斗争方式解决矛盾的思维形式。但是，在社会主义制度已在中国大陆确立，社会阶级状况已发生根本性变化之后，毛泽东仍然坚持用阶级斗争的方式来解决知识分子问题，把知识分子看成革命的对象。结果，不但对知识分子造成了严重的伤害，也使社会主义建设偏离了正确的方向。

总结新中国成立后我们党特别是毛泽东对知识分子问题认识上的失误，从根本上说，就是我们党还未能摆脱阶级斗争的思维惯性和行为惯性的影响，沿用"发动群众，搞阶级斗争"的旧思维、旧经验、旧方法，以此来观察和处理大量的、不属于阶级斗争性质的社会矛盾，来解决知识分

---

① 李锐：《毛泽东的早年与晚年》，贵州人民出版社，1991，第 114 页。

子中存在的问题。在社会主义建设时期，社会主要矛盾发生了根本变化，党的工作重点本应转向现代化建设，但在 1957～1976 年的 20 年里，由于指导思想上的失误，我们党未能真正实现从革命到现代化建设的战略转变，知识分子理论视角亦未能实现从阶级斗争视角到生产力视角的转换。在狭隘的阶级斗争视野下，阶级斗争在社会发展中的作用被强调得过分了，而生产力和科学技术的作用则被忽视了，科学技术及知识分子在发展生产力过程中的重要地位和巨大作用难以得到确认，广大知识分子的积极性和创造性无法充分发挥。可见，我们党作为执政党，还没有跳出革命党的思维，还没有形成比较成熟的执政思维，党对执政的规律认识不足。

针对知识分子问题，新时期党的知识分子理论和政策实现了视角的两次转换：第一次是拨乱反正初期，邓小平从生产力视角出发认识和解决知识分子问题，使党的知识分子理论和政策重新回到马克思主义的正确轨道；第二次是新世纪初始，江泽民、胡锦涛顺应当今世界发展从以经济增长为中心转变为以人的发展为中心的新趋势、新潮流，以新的视角即以人为本的新发展观视角审视和思考知识分子问题。

（1）拨乱反正期间，党的知识分子理论和政策从阶级斗争视角转向生产力视角。党的十一届三中全会以后，全党把工作重点转移到社会主义现代化建设上来，与之相适应，新时期党的知识分子理论吸取历史的经验教训，走出以往仅从阶级斗争角度思考和解决知识分子问题的褊狭，实现了视角转换，即从生产力视角来思考和解决知识分子问题，使党的知识分子理论和政策重新回到马克思主义的正确轨道。在生产力视野下，主要解决的问题是为什么要以发展生产力为中心以及如何更好地解放和发展生产力。在拨乱反正阶段我们党从生产力视角出发，正确地解决了科学技术、知识分子同生产力（经济建设）的关系问题，明确回答了科学技术是生产力，包括科技人员在内的知识分子是劳动者，是现代化建设的重要依靠力量。邓小平在全国科学大会的讲话中指出："科学技术是生产力，这是马克思主义历来的观点。……现代科学技术的发展，使科学技术与生产的关系越来越密切了。科学技术作为生产力，越来越显示出巨大的作用。"发展生产力"最主要的是靠科学的力量、技术的力量"。[①] 而要实现科学技术

---

① 《邓小平文选》第 2 卷，人民出版社，1994，第 87 页。

现代化，就要依靠掌握现代科学技术的知识分子。重视知识分子，充分发挥知识分子的作用是我国实现现代化的关键措施。新时期我们党正是从生产力视角出发，紧紧围绕经济建设这一中心工作，制定了一系列尊重知识、尊重人才、重视知识分子的新政策，大大激发了广大知识分子进行社会主义现代化建设的积极性和主动性，我国现代化事业获得了快速发展。

（2）新世纪初，党的知识分子理论和政策从生产力视角转向人的发展视角。20世纪末，以经济增长为中心的旧的发展模式陷入前所未有的困境，这种发展模式在促进经济快速增长的同时，也带来了自然资源枯竭、环境污染、生态危机等一系列问题。新世纪，我党顺应当今世界经济社会发展新潮流，提出了以人为本，实现经济社会全面、协调、可持续发展的新发展观。在以人为本的科学发展观指引下，我们党的知识分子理论和政策视角又一次进行了转换即从生产力视角转向人的发展视角。从人的发展视角出发，新世纪党的知识分子理论和政策关注的重点转向人、人才，强调新世纪知识分子工作的重心就是要着力建设一支规模宏大的高素质人才队伍。在新视野下，如何正确地看待人才，如何正确地评价人才以及如何科学地培养人才、吸引人才、使用人才成为新世纪知识分子理论和政策的重要内容。2001年江泽民提出了"人才资源是第一资源"的重要思想，人才被视为实现经济社会发展的关键性因素。

2003年胡锦涛在全国人才工作会议上明确提出了人才强国战略，强调要把国家经济增长和社会发展转移到依靠人才资源开发的轨道上来，努力开创人才辈出、人尽其才的新局面，把我国由人口大国转化为人才资源强国，走人才强国之路。为了更好地培养、吸引、使用人才，确保各类人才积极性得到充分发挥，这次会议通过的《关于进一步加强人才工作的决定》提出了三个方面的要求：一是要完善分配激励机制。完善按劳分配为主体、多种分配方式并存的分配制度，坚持效率优先、兼顾公平、各种生产要素按贡献参与分配。二是要建立规范有效的人才奖励制度。坚持精神奖励和物质奖励相结合，建立以政府奖励为导向、用人单位和社会力量奖励为主体的人才奖励体系，充分发挥经济利益和社会荣誉双重激励作用。坚持奖励与惩戒相结合，做到奖罚分明，实行有效激励。三是要建立健全人才保障制度。积极探索机关和事业单位社会保障制度改革，进一步完善企业社会保障制度。新世纪、新阶段，我国实施人才强国战略的重要内容，就是要坚持统筹规划、分类指导、突出重点和整体推进，着重培养造就大批高层次人才，带动整个人才队伍建设。新世纪，我们党以科学发展观为指导，从人的发展新视角出发，以人为本，以人才为本，重视人才、爱护人才、依靠人才，努力做到任人唯贤、唯才是举，人尽其才、才尽其用，把各类优秀人才集聚到党和国家的各项事业中来，这将为全面建设小康社会提供坚强的人才保证和智力支持。

知识分子理论和政策视角的两次转换带来了知识分子问题认识上的两次重大飞跃，大大促进了党的知识分子工作、人才工作的深入发展，这对于把我国由人口大国转化为人才资源强国，开创人才辈出、人尽其才的新局面，实现中华民族的伟大复兴具有极其重要的意义。

2. 知识分子只有投身经济和社会发展的大潮才能获得社会的尊重

一个社会对知识的需要程度决定了知识分子在该社会中的社会地位，而社会对知识的需要程度，是由经济生活在全部社会生活中的地位所决定的。当一个社会以意识形态为中心的时候，知识分子"在政治上和思想上是值得怀疑的"[①]。知识分子往往也要受到怀疑、歧视和打击。而当一个社会以经济生活为中心的时候，由于知识特别是科学技术的自由、充分发展，将给整个社会经济带来巨大的利益和活力，知识分子自然会得到全社会的尊重。

在中国这样一个经济落后的国家里，知识分子只有直接参与生产过程，并以自己的知识给社会带来财富的显著增加时，才能得到广大劳动群众的真正尊重和珍爱。这不仅是知识获得解放和应用的一个环节，也是国家进步所必需的一个程序。然而，党的十一届三中全会以前，由于执政党把执政合法性局限于意识形态领域，忽视社会主义意识形态赖以存在的物质基础，导致了中国的知识分子长期脱离物质生产过程。新中国成立后知识分子的曲折命运，即长期作为受"教育"、被"改造"的对象，始终不能与工人、农民取得同等的政治地位，一个基本原因，就是知识分子长期与社会生产体系分割开来。也就是说，知识分子只有在以经济建设为中心的时代，投身到经济建设的主战场，他们的科学知识才有施展之地。改革开放以来确立的经济绩效合法性基础，才使知识分子获得彻底解放。

---

① 王景伦：《毛泽东的理想主义和邓小平的现实主义》，时事出版社，1996，第260页。

马克思主义阶级理论认为，各个时代阶级的状况，取决于当时生产发展阶段的具体情况。知识分子伴随人类文明的步伐，走出蒙昧野蛮的原始社会后，直至知识经济时代到来之前，由于生产发展状况和社会发展水平的制约，只能依附于其他阶级而存在，没有自己独立的地位。20世纪中期以来，科学技术日新月异，生产力水平空前提高，在新科技革命推动下，经济增长方式发生重大变革，知识经济初露端倪。在知识经济时代，知识分子作为一个社会群体在人类历史上第一次直接参与到了社会物质生产过程中去，并迅速发展成为社会生产和经济建设中的一支越来越重要的骨干力量，初步显示了知识分子在人类物质生产中的巨大作用。各种类型的知识分子都与社会生产有着直接或间接的联系，从而获得了较高的社会地位，并得到了社会的尊重。

3. 全社会都要关爱知识分子

知识分子是我国社会主义现代化建设所必需的智力因素，是我们国家的宝贵财富。对广大知识分子工作上支持，生活上照顾，努力改善他们的工作条件和生活环境，是完全必要的，是一项保护人才的重要措施。这不仅能使知识分子更好地发挥他们的积极性和创造性，更重要的是将大大有利于社会生产力的发展，有利于人民物质文化生活水平的提高，同时，也有利于工人阶级和全体劳动者的知识化，加速现代化的进程。

知识分子是党和国家宝贵的财富，然而，他们的身体状况却令人担忧。2004年，国家有关部门公布的一个专项调查结果表明，我国知识分子平均寿命为58岁，低于全国平均寿命10岁左右。有资料显示，中年知识分子死亡率超过老年人2倍，死亡年龄段多为45～55岁[①]。分析知识分子早逝的原因，一个显而易见的事实是，在改革开放的今天，知识分子的物质生活已经得到极大的提高，实验室和科研条件在改善，高端人才在各地都备受欢迎，他们受到前所未有的重视和重用。从社会地位和经济地位看，知识分子已处于社会的中上层。按理说，知识分子应该可以舒适、惬意地工作和生活。然而，事实并非如此，在重视、重用知识分子的背后还有来自于社会的压力。这种压力一是来自于社会的成见。知识分子作为在

---

① 吴小妮：《党的知识分子政策与执政合法性基础的构建》，《烟台大学学报》2006年第2期，第229页。

整个社会中有远见、有头脑的阶层，自然被社会赋予了更高的要求，即使在自己专业领域之外的社会生活中，他们也被要求比普通人更有见识，比普通人有更高的道德水准等。知识分子在社会生活中不是被要求遵守社会规则的底线，而是要达到一种上线，否则便为社会所不容。二是来自于知识分子服务的科研机构、高等院校，它们在为知识分子创造更好的物质条件和科研条件的同时，为知识分子加上了职称、论文、专著等苛刻甚至有点僵化的硬性规定。

除了外部压力之外，知识分子还有来自内部的动力。从古至今，我国知识分子身上都有一股忧国忧民的使命感和责任感。强烈的发自内心的使命感会驱使他们为了国家和人民的利益不计得失，辛勤工作。或许单独的外部压力和内部动力都不足以使知识分子过度透支生命，然而当这两种力量结合起来时，生存和使命就会让知识分子忘我工作，忽视自己的身体健康。我们当然不能要求知识分子放弃其使命感，放弃其对国家和人民的责任。我们应该从外部给知识分子减压，让全社会都来关爱知识分子，使他们从精神上到物质上都能够轻松自如快乐地生活和工作。

要使知识分子发挥更大的作用，除了政治上充分信任、工作上放手使用、事业上热情支持，以此缓解知识分子的外部压力以外，还要在生活上多关心照顾。这是促使他们在工作中发挥更大作用的必要条件。如果我们能为他们切实解决好工作和生活中的实际需要，他们将会发挥更大的才能，为国家创造出更多的财富。这就要求担任领导职务的同志像邓小平所说的那样，要当好"后勤部长"，要理解科技人员的事业精神，尊重知识分子的艰苦劳动，爱惜专业人才的宝贵时间，全心全意为科研服务，想方设法为知识分子解决好工作生活中的具体困难，努力改善知识分子的工作生活条件，让广大知识分子在现代化建设中贡献出聪明才智。

· 主要参考文献 ·

《马克思恩格斯选集》（第1~4卷），人民出版社，1995。

《马克思恩格斯全集》，人民出版社，1956~1985。

《列宁选集》（第1~4卷），人民出版社，1995。

《列宁全集》，人民出版社，1984~1990。

《斯大林选集》，人民出版社，1979。

《毛泽东选集》，人民出版社，1991，1977。

《周恩来选集》，人民出版社，1984。

《邓小平文选》，人民出版社，1994，1993。

《江泽民文选》，人民出版社，2006。

胡锦涛：《高举中国特色社会主义伟大旗帜，为夺取全面建设小康社会新胜利而奋斗》，人民出版社，2007。

钟兴明：《知识经济时代与中国知识分子》，巴蜀书社，2002。

赵宝煦主编《知识分子与社会发展》，华夏出版社，2003。

杨凤城：《中国共产党的知识分子理论与政策研究》，中共党史出版社，2005。

施平：《知识分子的历史运动和作用》，上海社会科学院出版社，1988。

王小波等：《知识分子应该干什么》，时事出版社，1999。

山西人民广播电台政治理论部编《知识和知识分子问题广播讲座》，山西人民出版社，1984。

朱文显：《知识分子问题：从马克思到邓小平》，四川人民出版社，1999。

涂赞琥：《恩格斯家庭·氏族和国家理论的研究》，武汉大学出版社，1986。

陆学艺主编《当代中国社会阶层研究报告》，社会科学文献出版社，2002。

刘炳英等：《知识资本论》，中共中央党校出版社，2001。

刘保国：《马克思恩格斯阶级理论与现代社会研究》，知识产权出版社，2005。

饶定轲等主编《当代中国知识分子研究》，华中师范大学出版社，2000。

王增进：《后现代与知识分子社会位置》，中国社会科学出版社，2003。

陶文昭：《精英化世纪》，中国发展出版社，2000。

刘珺珺、赵万里：《知识与社会行动的结构》，天津人民出版社，2005。

刘美珣：《中国特色社会主义》，清华大学出版社，2004。

徐崇温：《当代资本主义新变化》，重庆出版社，2004。

郑也夫：《知识分子研究》，中国青年出版社，2004。

秦宣等：《邓小平与中国现代化》，北京出版社，2004。

张汝伦：《思考与批判》，三联书店，1999。

李锐：《毛泽东的早年与晚年》，贵州人民出版社，1991。

薄一波：《若干重大决策与事件的回顾（修订本）》，人民出版社，1997。

许全兴：《毛泽东晚年的理论与实践》，中国大百科全书出版社，1995。

陶东风：《社会转型与当代知识分子》，上海三联书店，1999。

张彦：《市场经济与中国科技知识分子》，河南人民出版社，1995。

阎志民主编《中国现阶段阶级阶层研究》，中共中央党校出版社，2002。

王景伦：《毛泽东的理想主义和邓小平的现实主义》，时事出版社，1996。

萧功秦：《知识分子与观念人》，天津人民出版社，2002。

梁从诫主编《现代社会与知识分子》，辽宁人民出版社，1989。

余英时：《士与中国文化》，上海人民出版社，2003。

〔德〕麦·波恩：《我的一生和我的观点》，李宝恒译，商务印书馆，1979。

〔英〕贝弗里奇：《科学研究的艺术》，陈捷译，科学出版社，1979。

〔苏〕高尔基：《不合时宜的思想》，朱希渝译，江苏人民出版社，1998。

〔美〕托夫勒：《第三次浪潮》，朱志焱等译，三联书店，1983。

〔美〕萨义德：《知识分子论》，单德兴译，三联书店，2002。

〔美〕拉塞尔·雅各比：《最后的知识分子》，洪洁译，江苏人民出版社，2002。

〔美〕帕森斯：《现代社会的结构与过程》，梁向阳译，光明日报出版社，1988。

〔美〕科塞：《社会冲突的功能》，孙立平等译，华夏出版社，1989。

〔德〕马克斯·韦伯：《经济与社会》，林荣远译，商务印书馆，1997。

〔美〕丹尼尔·贝尔：《后工业社会的来临》，高铦译，商务印书馆，1986。

〔美〕米尔斯：《白领——美国的中产阶级》，杨小东等译，浙江人民出版社，1986。

〔古希腊〕亚里士多德：《政治学》，吴寿彭译，商务印书馆，1965。

〔美〕艾尔文·古纳德：《知识分子的未来和新阶级的兴起》，顾晓辉、蔡嵘译，江苏人民出版社，2006。

·后 记·

本书是湖南省高等学校 2005 年度科学研究项目"知识经济时代知识分子阶级属性研究"（编号 05B024）的最终成果。在研究过程中，湖南省财政厅、湖南省教育厅给予了经费资助，长沙理工大学傅如良教授、中南林业科技大学廖小平教授提出了宝贵建议。在写作过程中，笔者学习并引用了许多专家学者的科研成果，本书的完成离不开这些无私的学术支持。在出版过程中，社会科学文献出版社的领导和责任编辑给予了大力帮助，并付出了辛勤劳动，长沙理工大学在出版经费上给予了大力资助。借此机会，笔者一并表示衷心的感谢！由于笔者水平有限，书中错误和不足之处在所难免，恳请学界同行和广大读者批评指正。

刘保国

2011 年 10 月 15 日

图书在版编目（CIP）数据

知识经济时代的知识分子 / 刘保国著. —北京：社会科学
文献出版社，2012.8
（马克思主义与当代中国）
ISBN 978 - 7 - 5097 - 3419 - 3

Ⅰ.①知…　Ⅱ.①刘…　Ⅲ.①知识分子—研究—
中国—现代　Ⅳ.①D663.5

中国版本图书馆 CIP 数据核字（2012）第 100956 号

·马克思主义与当代中国·
知识经济时代的知识分子

著　　者 / 刘保国

出 版 人 / 谢寿光
出 版 者 / 社会科学文献出版社
地　　址 / 北京市西城区北三环中路甲 29 号院 3 号楼华龙大厦
邮政编码 / 100029

责任部门 / 社会政法分社（010）59367156　　　　责任编辑 / 曹义恒　刘　荣
电子信箱 / shekebu@ ssap. cn　　　　　　　　　责任校对 / 岳书云
项目统筹 / 曹义恒　　　　　　　　　　　　　　　责任印制 / 岳　阳
经　　销 / 社会科学文献出版社市场营销中心（010）59367081　59367089
读者服务 / 读者服务中心（010）59367028

印　　装 / 北京鹏润伟业印刷有限公司
开　　本 / 787mm×1092mm　1/16　　　　　　　印　张 / 16
版　　次 / 2012 年 8 月第 1 版　　　　　　　　　字　数 / 261 千字
印　　次 / 2012 年 8 月第 1 次印刷
书　　号 / ISBN 978 - 7 - 5097 - 3419 - 3
定　　价 / 49.00 元